U0964226

外国语言文学与文化研究文库
WAIGUO YUYAN WENXUE YU
WENHUA YANJIU WENKU

THE SOCIAL AND CULTURAL ADAPTATION OF CHINESE AMERICANS

美国华人的社会文化适应研究

——以北卡罗来纳州的华人为例

Illustrated by the Case of Chinese Americans in North Carolina

⊙ 刘 丽 著

首都经济贸易大学出版社
Capital University of Economics and Business Press
·北 京·

图书在版编目(CIP)数据

美国华人的社会文化适应研究:以北卡罗来纳州的华人为例/刘丽著.
-- 北京:首都经济贸易大学出版社,2018.10

ISBN 978-7-5638-2879-1

Ⅰ.①美… Ⅱ.①刘… Ⅲ.①华人社会—社会生活—研究—美国
Ⅳ.①D634.371.2

中国版本图书馆 CIP 数据核字(2018)第233866号

美国华人的社会文化适应研究——以北卡罗来纳州的华人为例
刘 丽 著
Meiguo Huaren De Shehui Wenhua Shiying Yanjiu

责任编辑 彭伽佳
封面设计 小 尘
出版发行 首都经济贸易大学出版社
地　　址 北京市朝阳区红庙(邮编 100026)
电　　话 (010)65976483 65065761 65071505(传真)
网　　址 http://www.sjmcb.com
E-mail publish@cueb.edu.cn
经　　销 全国新华书店
照　　排 北京砚祥志远激光照排技术有限公司
印　　刷 人民日报印刷厂
开　　本 710毫米×1000毫米 1/16
字　　数 338千字
印　　张 19.25
版　　次 2018年10月第1版 2018年10月第1次印刷
书　　号 ISBN 978-7-5638-2879-1
定　　价 55.00元

图书印装若有质量问题,本社负责调换
版权所有 侵权必究

序 言

海外华人的社会文化适应问题一直是国内外学术界关注的重要课题。目前关于美国华人社会文化适应问题的研究多从社会适应或文化适应的角度展开，研究对象大多集中在加利福尼亚州（后简称“加州”）、纽约州等美国中西部和东北部的华人，原因是这些地区自19世纪中叶以来一直是华人聚集之地，华人人口规模较大且具有一定的影响力。然而，以往的研究却忽视了对美国南部华人社会文化发展的讨论。美国南部华人也是美国华人中不可忽视的重要组成部分。

本书共分为7章：

第一章为绪论。首先介绍本书的目的和意义，接着对国内外相关文献进行回顾，阐述相关的研究理论和研究方法，进而对社会文化适应、族群认同理论和美国移民文化政策进行梳理和分析。“华人”与“华侨”、“族群”与“民族”是人类学和民族学领域颇具争议的概念，本书对这两对概念进行了必要的界定。本书以北卡罗来纳州的华人为研究对象，运用人类学、民族学理论，以及田野调查中的参与观察法、文物文献搜集法以及访谈法，对该州华人的社会文化适应问题进行了比较全面的调查和分析。

第二章介绍美国北卡罗来纳州概况。为了全面展现这个极具美国南部特色之州，本书的介绍从自然地理环境、社会文化背景和产业模式等展开。

第三章分析北卡罗来纳州华人家庭与婚姻生活。在婚姻方面，第一代华人以族内通婚为主，更加认同本族群的婚姻观念。由于语言和文化背景相同，族内婚姻相对比较稳定。第二代华人由于深受美国主流社会文化的影响，族际通婚现象比较普遍，结婚对象首选白人，排斥黑人，婚姻观念更认同美国主流族群。北卡罗来纳州华人家庭以核心家庭为主。家庭中，子女教育依然备受重视，继承了华人族群固有的教育理念。在养老问题上，中国传统养老观念与美国养老观念并存。

第四章讨论北卡罗来纳州华人社团和由华人社团间接主导的华人政治参与活动。华人社团是该州华人最重要的社会组织形式，它们立足当地华人社区，为当地华人服务，凝聚了当地华人的力量，促进了当地华人的团结，同时也在努力促进北卡罗来纳州和中国之间的交流与合作，尤其是经济领域。政治参与活动是社会适应的另外一种重要表现形式。北卡罗来纳州华人政治参与活动多是由当地华人社团间接主导的。参与选民登记投票和政治募捐是北卡罗来纳州华人参政的主要方式，这两种参政方式的起始时间也较早，但通过竞选议员、政府公职以及争取政治委任参与美国政治的方式还处于萌芽阶段。

第五章分析北卡罗来纳州华人的内外部社会关系。该州华人内部关系和谐，虽然存在一些小的分歧也在所难免，新老移民之间既有往来，又存在隔阂。北卡罗来纳州华人与其他族群呈混居状态，但这种居住模式并没有明显地增强他们与其他族群之间的相互交往，还是不如华人之间的交往频繁。究其原因，主要还是语言和文化差异造成的。此外，美国社会固有的种族隐性歧视仍然存在并从中作梗。

第六章阐述北卡罗来纳州华人的语言适应，这主要是通过语言的使用、中文学校、华文报纸和宗教信仰等方面表现出来的。北卡罗来纳州第一代华人偏爱中文，但为了适应美国主流社会，不得不学习和熟练掌握英文；第二代华人则偏爱英文，但作为华人，为了传承中华文化，也需要努力学习中文。北卡罗来纳州中文学校是第二代华人学习中文的主要场所，以教授中文和弘扬中华文化为宗旨。同时，为了适应美国的教育体系，又做出了相应的调整。该州的华文报纸——《侨报周末（北卡南卡版）》向当地华人及时传递有关南北卡罗来纳州华人社区、北卡罗来纳州、美国、中国及世界其他地区的信息。为了满足华人不同的文字需求,采用中文简体和中文繁体混排的版面模式,分类广告版面穿插英文。

第七章介绍了北卡罗来纳州华人宗教信仰的本土化与族群性。北卡罗来纳州华人的宗教信仰主要为佛教和基督教。北卡罗来纳州佛光山是当地华人佛教徒聚集的场所,为了适应美国本土环境,佛教在语言使用和宣传方式上进行了一系列本土化的改良。相比之下,北卡罗来纳州华人基督教徒在规模上更胜一筹。面对语言与文化上的较大差异,该州华人基督教徒逐渐脱离了美国教会,纷纷建立起华人自己的教会,并在语言使用、运作模式和活动方式等方面进行了调整,凸显了华人的族群性。

本书最后的结语部分首先讨论的是社会文化适应与族群认同的相互作用,其次揭示了族群认同的复杂性与多样性,最后阐释中美两国政策对华人社会文化适应与族群认同的影响。

目　录

第一章　绪　论

19 世纪中叶，美国华人开始在美国中西部和东北部的几个州聚居。至今，加州、华盛顿州、伊利诺伊州和纽约等州仍是华人的主要聚集地。第二次世界大战后，随着美国经济结构的转型、区域经济的发展变化以及禁止种族歧视各项立法的实施，像其他美国人一样，华人的空间流动也进入了一个新的活跃期。① 美国南部各州的华人人口开始增长，尤其是在 20 世纪 60 年代后。北卡罗来纳州位于美国东南部，属于美国传统的南部州。该州的华人基本上都是 20 世纪 60 年代后移居至此的，目前，北卡罗来纳州居住着 30 000 多华人。北卡罗来纳州华人是南部华人②移民的典型，也是美国华人不可忽视的一部分。学术界一直十分关注对美国中西部和东北部华人的研究，却忽视了对美国南部华人的研究。目前，学术界对北卡罗来纳州华人还未进行过系统地研究。本书以社会文化适应为主题，详细调查和阐述北卡罗来纳州华人的社会文化生活现状。笔者希望能够借助本书的研究，引起国内外学者对美国南部华人更多的关注。

---

① 董小川：《现代欧美国家民族的同化与排斥》，上海三联书店 2008 年版，第 265 页。

② 本书中的美国南部华人是指居住在美国南部各州的华人。目前，学术界和民众对“南部”一词的界定比较模糊，通常是指在美国内战中支持和加入南部联盟国的各州，而不完全指地理方位上的南部，即在很大程度上指的是美国中南部和东南部的一片区域。这些州在历史背景和文化上存在一定的共性，而与美国其他州有一些差异性，如方言、宗教、风俗习惯、音乐风格、烹饪等方面。北卡罗来纳是典型的美国南部州。

第一节　研究缘起与研究意义

笔者对美国的研究兴趣由来已久，对美国华人的研究兴趣是在此基础上形成的。除此之外，本书的研究也是笔者对以往研究的一种延续。对北卡罗来纳州华人社会文化适应的研究，既存在一定的理论意义，也具有一定的实际意义。

一、研究缘起

大概是因为受到所学专业方向和所关注研究领域的影响，也大概是因为多年前开始喜欢上美国电影和美剧，笔者对美国这个强大而神奇的国度以及生活在这个国度里各种肤色的族群越来越感兴趣。如早期的欧洲殖民者和印第安人之间的矛盾和斗争是如何引发的？内战结束后到20 世纪初将近二百年的时间，黑人的社会地位为何一直如此低下？美国白人至上的种族主义是怎样得以延续并发挥作用的？美国的欧洲移民是否已经完全同化为白人？为此，笔者阅读了很多相关的书籍和文章，明白了个中缘由，同时仍心存疑虑。此外，笔者发现身边越来越多的朋友选择到美国留学或移民到美国，笔者每每都会不由自主地问他们：“为什么要去美国留学”，“为什么要移民美国”，“找工作难吗”，“你在美国受到过种族歧视吗”，“能适应美国的生活吗”，等等。有的朋友会赞扬美国的平等和自由，有的朋友则倾诉在美国的苦衷。这促使笔者想要深入了解他们以及其他华人在美国生活的真实现状。

早在 19 世纪中叶就有中国人心怀有朝一日衣锦还乡的梦想，不辞辛劳，漂洋过海来到美国。随后，奔赴美国的中国人更是络绎不绝。他们经历过各种艰辛，遭受过严重的种族歧视和排华浪潮，最终从“落叶归根”转变为“落地生根”。1965 年美国移民法案的实施以及中国内地实行改革开放政策后，越来越多的大陆和港澳台同胞纷纷移民美国，成为美国华人中的新生力量。大多数华人新移民都倾向于定居在加州、纽约州、华盛顿州和伊利诺伊州等美国中西部和东北部华人比较集中的地区。因此，不管是历史上还是现今，针对美国这些地区华人的研究占据了主流。笔者也曾经认真学习过其中一些重要的研究，受益匪浅。但总有个声音在笔者的内心回荡，即美国南部华人的生活是怎样的呢？这种好奇心伴随笔者多年。2013 年，笔者有幸获得了到美国访学的机会，为期一年。当时，笔者既可以选择位于美国北部的密歇根大学，也可以选择位于美国南部的北卡罗来纳州立大学，笔者毅然选择了北卡罗来纳州立大学。因为，在这里，笔者可以亲身接触到美国南部的华人，从而满足笔者多年的好奇心，同时也符合笔者的研究需要。

北卡罗来纳州华人喜欢把北卡罗来纳州简称为 NC（North Carolina 的缩写）或北卡。为行文方便起见，本书将称之为北卡。

初到北卡，笔者便立刻感觉到自己变成了一名少数族裔。周围大多是白人和黑人面孔，时而还会碰到几个穆斯林和亚裔面孔。当有貌似华人的面孔出现时，内心会有些许莫名的安慰和温暖，虽然有时发现对方并不是华人，而是韩裔、越南裔或日裔等。笔者的这一感受使笔者切实体会到了族群认同的强大力量。在这里，和笔者体质特征相同的华人是否也有着相似的感受呢？他们是怎样理解自己的华人族群身份的呢？他们是否眷恋自己的“姆庇之家”①？他们对美国主流族群的认同如何？他们同北卡其他族群的交往如何？他们是否同纽约、旧金山、芝加哥等地的华人一样有着相同的生活方式和社会组织？他们是如何适应当地的主流社会和文化的？这

① 美国学者哈罗德·伊罗生在所著的《群氓之族：群体认同与政治变迁》一书中提到“姆庇之家”。肯尼亚独立（1963 年）后，国内政局因部落之间的紧张而陷于纷扰，掌权的基库尤人（Kikuyu）召集族人举行宣誓仪式，誓约为：“誓死固守姆庇之家（House of Muumbi）。”“姆庇”是基库尤人共同的母亲，姆庇之家即孕育基库尤人的子宫与养育基库尤人的家园。族人以此宣誓效忠部族，并以此为最大的责任。

些问题不时涌现在笔者的脑海中。为了解决这些疑惑，笔者决定以社会文化适应为主题，对北卡华人的生活现状进行研究并展开田野调查。

二、研究意义

社会文化适应一直是人类学、民族学、社会学和心理学等学科备受关注的领域。通过分析国内外有关华人社会文化适应的资料，笔者发现目前在理论方面还存在以下两个问题，并将努力解决这两个问题。

第一，对社会文化适应理论的阐释存在一定的局限性。学术界通常分开讨论社会适应理论和文化适应理论，侧重其中一种。事实上，社会和文化是密切联系在一起的。社会范畴中的因素必然会受到文化因素的影响。反之，文化源于社会生活，文化范畴中的因素也必然会受到社会因素的影响。因此，社会适应理论和文化适应理论不是孤立存在的，二者是交织在一起的。想要全面地了解社会中某一个群体的适应状况，应当既包括了解其社会适应的过程或结果，也包括了解其文化适应的过程或结果。

第二，对社会文化适应理论的研究离不开族群认同理论。目前，关于华人的诸多研究都是将两者分离开来进行分析的，很少有研究深入细致地探讨华人社会文化适应与族群认同的关系。笔者试图探讨和分析二者的相互关系与相互影响。关于族群认同类型的划分标准，目前国内外学者各持己见，大多数研究都是从民俗、语言、教育和宗教等角度来论述美国华人文化方面的认同与变迁。文化上的认同是族群认同的基础，是组成族群认同的客观因素，如语言认同、宗教认同。然而，当我们谈及族群认同时，还应该把其他族群方面的认同纳入其中。结合以往学者对族群认同类型的划分方法，笔者针对美国华人族群认同的特点，提出了合理的划分类型。

此外，本书的研究还具有一定的实际意义。根据 2010 年美国人口普查数据，美国华人有 300 多万，是亚裔中的第一大族裔。如果把已经成为美国公民的华人、拥有绿卡的永久居民、持非移民签证的留学生和持临时性工作签证的公司雇员等都计算在内，这个数字则更大。由于美国华人大多集中于美国中西部和东北部各州，国内外学者关于美国华人的研究也大多集中于这些地区。在美国南部也有一定数量的华人定居，并且人数呈现逐年上升的趋势，他们也是美国华人族群的重要组成部分。然而，学术界针对美国南部华人的研究却较少。通过对北卡华人社会文化适应的相关调查和研究，对美国华人的全方位研究做些补充，本书会对美国南部华人的研究起到一些力所能及的推动作用。对北卡华人社会文化适应的研究将有助于我们更好地了解当前美国南部华人的现状，同时也有助于我们了解美国南部华人族群与当地其他族群的关系、与中国的关系以及与美国北部华人的异同。这些研究结果可以为我国制定对美侨务政策提供参考。

第二节 文献回顾

国内外学术界对美国华人社会文化适应的相关研究可以分为宏观研究和微观研究两种。宏观研究是指把美国华人作为一个整体进行的研究，微观研究是指针对美国某一社区、城市或地区的华人所从事的研究。到目前为止，国内外学术界针对美国华人的宏观研究和针对美国中西部、东北部华人的微观研究特别是对旧金山、洛杉矶、芝加哥和纽约华人的微观研究比较丰富，然而，针对美国南部华人的研究却非常薄弱，针对北卡华人的研究更是凤毛麟角。

一、国内研究现状

国内学者对美国华人社会文化适应的研究起步较晚。到目前为止，对美国华人社会文化适应整体和宏观层面的研究较多。关于华人老移民的相关研究，如吴景超1928年的博士论文《唐人街：共生与同化》[①]，论述了美国华人的移民方式、生存环境、家族与家庭生活、唐人街的社会组织、帮会与帮会争斗及各种与唐人街有关的社会现象，其中涉及文化冲突和华人同化的问题。较之美国华人老移民的研究，关于华人新移民的研究相对较多。曾少聪在《美国华人新移民与华人社会》[②] 一文中介绍了美国华人新移民的概况、美国华人社区的扩大、新移民导致华人职业的变迁以及新移民引发华人侨团的变化。李其荣、姚照丰在《美国华人新移民第二代及其身份认同》[③] 一文中探讨了美国华人新移民第二代的整体身份认同，认为他们既信仰美国文化，也保留着族裔特性，具有双重认同特征。潮起龙从历史演变的角度阐述了100多年来美国华人认同的变迁，并划分为四个阶段进行分析。[④] 梁茂春认为，美国华人应对精神健康问题的态度与方式，从某些侧面反映了他们对主流社会文化的适应情况，华人的"选择性同化策略"使他们一定程度上减缓了主流社会的文化压力，并保持了较为良好的精神健康状态。[⑤] 吴前进在《美国华侨华人文化变迁论》一书中，探讨了美国华侨、华人在中美文化冲撞、交织和融合过程中价值观念转变的过程，并从多个学科和角度展示了华侨、华人文化变迁的发展和所取得的现实成果。黄兆群通过研究美国华人家庭模式的历史演变，探讨了美国华人的族裔特性和中国移民在美国所经历的艰难的文化适应过程；他把历代美国华人家庭分为传统华人家庭、早期美国华人家庭、20世纪前半期的小生产者家庭、华人家庭的正规化和美国现代华人家庭五个阶段。[⑥] 李永以第

① 吴景超：《唐人街：共生与同化》，天津人民出版社1991年版。

② 曾少聪："美国华人新移民与华人社会"，《世界民族》，2005年第6期，第45~52页。

③ 李其荣、姚照丰："美国华人新移民第二代及其身份认同"，《世界民族》，2012年第1期，第52~59页。

④ 潮起龙："美国华人的认同历史演变"，《史学理论研究》，2014年第2期，第78~88页。

⑤ 梁茂春："从精神健康看美国华人的文化适应"，《华侨华人历史研究》，2005年第4期，第34~43页。

⑥ 黄兆群："美国华人家庭模式的历史演变"，《山东师大学报（社会科学版）》，1992年第2期，第34~38页。

二次世界大战为分水岭，从美国华人家庭结构变化的原因入手，分析了美国华人家庭的历史演变。对美国华人的家庭结构，他大体上也借鉴了前人的分类方法，如分裂的家庭、小生产者的家庭、团聚的家庭、新建立的家庭、滞留的家庭、双职工家庭和中产阶级家庭等。[①] 刘海铭在《美国华人餐饮业及其文化认同》[②] 一文中叙述了1965年前后两个阶段美国中餐业的变迁，并对蒙特利尔公园市中餐业的兴起和圣盖博谷地区中餐业的变化进行了阐述，指出新一代华人在多元文化背景和与主流社会的磨合中所追求的生活方式和包括饮食在内的文化认同。

国内有关美国华人社会文化适应微观层面的研究主要是针对美国中西部、东北部华人展开的。这一点和美国华人多集中在纽约、芝加哥、波士顿和旧金山以及洛杉矶等大城市有关。例如，在《“恋旧”与“洋化”：纽约唐人街美国华人的民俗生活与文化认同》[③] 一文中，杜宪兵从生活习俗、节日礼俗和社会组织三个方面描述了纽约唐人街华人的民俗生活，并从文化适应的角度论述了其文化认同的变迁，认为纽约唐人街华人采取了“选择性同化”的文化适应策略。张传明撰写的《冲突、调试与融合：美国华人认同变迁（1849—1979）——以加州华人为中心的研究》一文，将美国华人认同问题分为“文化认同”、“政治认同”及“族群认同”三种基本类型，认为在1849年至1979年间，华人认同发生了变化，指出无论华人对其认同做何选择，都是对当时社会环境的适应，其认同演变路径是移植—传承—冲突—调适—融合。杜亮（Liang Du的音译）以美国东北部一个小城市——来克市一个中文学校及其所属社区为调查对象，主要通过参与观察和访谈，剖析了以华人社区为基础的族群教育（包括继承语言教

① 李永：“美国华人家庭的历史演变”，《八桂侨刊》，2008年第4期，第28~32页。

② 刘海铭著，李爱慧译：“美国华人餐饮业及其文化认同”，《华侨华人历史研究》，2008年第1期，第12~22页。

③ 杜宪兵：“‘恋旧’与‘洋化’：纽约唐人街美国华人的民俗生活与文化认同”，《民俗研究》，2009年第1期，第234~245页。

育项目和其他社区文化活动）如何影响地方华人社区内族群认同的形成，尤其是社区内年轻一代华人的族群认同。[①] 此外，李崇新以自己在俄勒冈塞勒姆福音教会的经历为素材，指出华人教会的主要社会功能有宗教信仰、社交互助、语言学习、族群认同和社群整合等几个方面。雷有光从民族文化传承的角度，对密西西比州杰克逊城华人的社会融入情况、语言的适应与选择、民族文化的选择与传承、对下一代教育与职业的期望以及文化认同和族裔身份认同进行了系统的调查和分析，并指出杰克逊城华人对中华文化的认同和对自己"中国人"身份的归属感决定了他们的文化选择仍然以中国为取向。[②] 目前，国内还没有任何针对美国北卡罗来纳州华人的相关研究，更不用说关于该州华人社会文化适应方面的研究了。本书意欲填补这一领域的空白，为美国华人社会文化适应研究增添一份素材，同时也希望以后有更多的国内学者能够关注北卡州以及美国南部各州的华人。

二、国外研究现状

随着华人在美国人数的日益增长以及华人社会和经济地位的不断提高，国外学者主要是美国学者对华人的研究也越来越重视，其中，美国华人学者的研究颇为丰富。他们大多从华人经济、社会、文化和政治等角度来阐述华人移民史、参政、社团、宗教、家庭、教育和社区等方面的社会文化变迁与适应等问题。早期研究中比较著名的学者有李谭玫瑰、沈己尧、宋李瑞芳、陈依范、陈素贞、麦礼谦、周敏、莫里森·黄和令狐萍等

① Liang Du, *Learning to Be Chinese American—Community, Education, and Ethnic Identity*, Lanham: Lexington Books, 2010.

② 雷有光：《海外华人民族文化传承研究——以美国密西西比州杰城华人为个案》，中央民族大学博士学位论文，2012 年。

人。李谭玫瑰所著的《华人在美国》[1] 可谓华人学者中研究美国华人较早的著作，该书讲述了美国华人的生存状况、不幸遭遇以及文化变迁的过程。沈己尧的《海外排华百年史》[2] 主要阐述了美国、加拿大、澳大利亚和新西兰四国对华移民政策的演变，为后人的研究奠定了基础。该书把美国对华移民政策划分为自由时期、禁止时期、限制时期和平等时期四个时期。直到如今，学术界还秉承着沈己尧的这种划分方法。为了驳斥以往美国社会对华人形象的歪曲、丑化和夸大，宋李瑞芳在其《美国华人的历史与现状》一书中客观地描述了华人赴美的背景、所遭遇的排斥、人口、唐人街、家庭关系、职业和社会地位的提高等各个方面。陈依范的《美国华人史》[3] 首先叙述了美国华人早期赴美的历史背景和生存与发展的奋斗历程，接着描述了排华运动中华人所遭受的迫害与排斥，最后介绍了第二次世界大战后到 1980 年华人开始融入美国社会的情况以及他们在科技、政治和文化等领域所取得的成就。陈素珍主编的《拒绝入境：排华和美国的华人社会，1882—1943》[4] 一书收录了 8 位美国学者的 8 篇论文，多数是华人学者，主要研究 1882 年至 1943 年美国排华法案和排华表现以及华人社会在此期间的生存与应对状况。陈素珍在该书中分析了 1870 年至 1943 年间美国对华人妇女的排斥。麦礼谦自 20 世纪 60 年代开始从事美国华人史的研究，著作颇多，其中，《从华侨到华人——二十世纪美国华人社会发展史》[5] 是他的一部力作，从社会、教育、经济、政治和文化等方面全方位地阐述了华人在美国的历史发展过程。周敏利用聚居区族裔经济理论

---

① Rose Hum Lee, *The Chinese in the United States of America*, Hong Kong: Hong Kong University Press, 1960.

② 沈己尧:《海外排华百年史》，海峡学术出版社 1993 年版。

③ 陈依范:《美国华人史》，世界知识出版社 1987 年版。

④ Suzhen Chan, *Entry Denied: Exclusion and the Chinese Community in America*, 1882—1943, Philadelphia: Temple University Press, 1991.

⑤ 麦礼谦:《从华侨到华人——二十世纪美国华人社会发展史》，香港书店 1992 年版。

和亲身走访调查，在《唐人街：深具社会经济潜质的华人社区》[①] 一书中向大众揭示了新时代唐人街族裔经济的发展以及社区网络在新移民中的作用。莫里森·黄专注于对美国华人家庭的研究，他把华裔美国人家庭的形式与演变分为五个历史时期，并认为各个历史时期和家庭类型之间存在相当大的重叠。此外，他还讨论了现代美国华人家庭发生的一些变化以及适应情况。[②] 令狐萍深入细致地刻画了华人妇女在美国生存奋斗一个半世纪以来的历史，并分析了华人妇女与其他族裔移民妇女的异同。[③]

21 世纪初，一批学术素养深厚的美国华人学者涌现出来，致力于对美国华人的研究。彼得·邝根据自己长期在纽约唐人街居住和活动的经历，以及与数以百计人的谈话，呈现了新时代唐人街华人社区的现状，重点描述了唐人街的社区经济、社会组织和阶级差异。[④] 赵小建的《重建家园：动荡中的美国华人社会（1945—1965）》[⑤] 一书叙述了美国早期华人移民力争家庭团聚的努力、性别的模式与转变、社团与报业的发展以及华人如何走出冷战的阴霾。宋静怡（Jingyi Song 的音译）在《塑造与重塑华人的认同——大萧条与第二次世界大战期间的纽约华人》[⑥] 一书中，以纽约华人为研究对象，以华人出于形势和自身利益所驱在大萧条时期到第二次世界大战期间所建立起来的经济组织、文化组织和政治组织为主线，阐述了华人认同的转变，尤其是第二代华人采取积极行动融入美国主流社会，以获得公平公正的机会。周敏继续成为研究美国华人的主力军。她探讨了族裔特性和社会资本两个因素在美国华人移民社会适应中的作用，解释了族裔特性对移民后代教育的影响方式及溢出效应，展示了族裔特性如何创造社

① 周敏著，鲍霭斌译：《唐人街：深具社会经济潜质的华人社区》，商务印书馆 1995 年版。

② 莫里森·G. 黄著，黄兆群译："美国华人家庭"，《世界民族》，1993 年第 4 期，第 19～31 页。

③ 令狐萍：《金山谣——美国华裔妇女史》，中国社会科学出版社 1999 年版。

④ 彼得·邝著，杨立信等译：《新唐人街：当代美国华人社区》，世界知识出版社 2002 年版。

⑤ 赵小建：《重建家园：动荡中的美国华人社会（1945—1965）》，复旦大学出版社 2006 年版。

⑥ Jingyi Song, *Shaping and Reshaping Chinese American Identity—New York's Chinese during the Depression and World War II*, Lanham: Lexington Books, 2010.

会资本，使族群在一个有利的环境中形成积极的态度，采取有效的策略去影响其后代的教育，达到族裔特有的教育目标，甚至高于主流社会的教育期望。[①] 在研究美国华人的学者中，美国华人学者越来越占据主流。这一方面是因为作为华人，他们非常关注自身族群的发展和利益，另一方面也是因为对自身做相关研究较为便利。

除华人学者外，其他族裔的一些美国学者也把研究的目光对准了美国华人，关注华人的社会文化适应。玛丽·柯立芝（Mary R. Coolidge）是早期研究美国华人的美国学者。1909 年，她所著的《中国移民》[②] 一书出版。在该书中，柯立芝肯定了美国华人在美国西部建设中的贡献，批判了白人工会与白人种族主义者煽动排华的行为。冈瑟·巴斯（Gunther Barth）研究了 1850 年至 1870 年在美国的中国移民，认为中国移民的“旅居性”心理阻碍了他们同化于主流社会，也是造成美国排华的主要原因。[③] 1970 年，詹姆斯·洛温（James W. Loewen）的《密西西比的华人》[④] 一书以种族隔离制度为理论依据，介绍了华人移民密西西比州的历史，并阐述了华人经济角色的转变、社会地位的改进、族际婚姻和冲突等方面情况。斯坦福·莱曼（Stanford M. Lyman）的《华裔美国人》[⑤] 一书重点论述了美国华人传统社会组织结构的构成及调整。此外，他的《中国移民中的婚姻与家，1850—1960》[⑥] 一文则描述了华人自 19 世纪 50 年代移民美国到 20 世纪 60 年代期间的婚姻状况和家庭生活。葛力克（Clarence E. Glick）自 20 世纪 20 年代末起一直致力于美国华人尤其是夏威夷华人的研究，并于

---

① 周敏、黎熙元：“族裔特性、社会资本与美国华人中文学校——从美国华人中文学校和华裔辅助性教育体系的发展看美国华人移民的社会适应”，《世界民族》，2005 年第 4 期，第 31 页。

② Mary R. Coolidge, *Chinese Immigration*, New York: Hentry Holt and Company, 1909.

③ Gunther Barth, *Bitter Strength: Histry of the Chinese in the United States* 1850—1870, Cambridge MA: Harvard University Press, 1964.

④ 詹姆斯·洛温著，何翠萍译：《密西西比的华人》，台北正中书局 1985 年版。

⑤ Stanford M. Lyman, *Chinese Americans*, New York: Random House, 1974.

⑥ Stanford M. Lyman, “Marriage and the Family among Chinese Immigrants to America, 1850—1960”, *Phylon*, vol. 24, 1968, p. 321 – 330.

1980年出版了《旅居者与定居者：夏威夷的华裔移民》① 一书。该书主要以官方档案、政府私人统计、书报杂志以及他于1930年左右所做的访谈为基础，详细叙述了1840年至1940年间，华人如何立足、定居和同化于夏威夷的。1983年，伊夫林·格林（Evelyn N. Glenn）以不断变换的结构限制因素和美国华人面对限制为了维持家庭生活所付出的努力二者之间的互动为框架，探讨了一百多年来美国华人家庭结构的变化。他把不同时期的美国华人家庭结构分为分裂的家庭、小生产者家庭和双职工家庭。② 此外，还有一些美国其他族裔学者著书立作，研究华人移民社会、家庭和文化等方面的历史变迁。例如，小胡安·冈萨雷斯（Juan L. Gonzales Jr）的《美国种族和民族家庭》、伯杰特·瑞日斯（Birgit Zinzius）的《美国华人：传统与现实》、查尔斯·明德尔（Charles H. Mindel）等人的《美国的民族家庭：模式与变化》和梅尔福特·韦斯的《山谷城：美国华人社区》等。

到目前为止，国内外学术界对北卡罗来纳州华人的研究非常有限，只有零星的几个，如佐治亚·威尔（Georgia Wier）的学位论文《教堂山中国食物的味道》③ 通过构建饮食日记、对话和观察，探讨了教堂山的华人在饮食方面的传统和变化。一方面，被调查者为了保持自身的满足感和健康，通常会延续中式的烹饪和饮食习惯；另一方面，他们在食物素材和饮食的社会方面也采取了创新性的调整和改变。然而，中国饮食传统还是他们最注重和钟爱的。保持中国的饮食传统并根据可行的环境和文化做出调节，使他们意识到族群认同的重要性。彼得·约翰·米切纳（Peter John

① Clarence E. Glick, *Sojourners and Settlers: Chinese Migrants in Hawaii.* Honolulu: University Press of Hawaii, 1980.

② Evelyn N. Glenn, "Split Household, Small Producer and Dual Wage Earner: An Analysis of Chinese – American Family Strategies", *Journal of Marriage and the Family*, Vol. 45 No. 1, 1983, p. 35 ~ 46.

③ Georgia Wier, *The Chinese Way: The Taste of Chinese Food in Chapel Hill*, North Carolina Collection Thesis, 1992.

Mitchener）的学位论文《从中国到教堂山：对大陆华人和台湾华人社会价值观的探析》通过一系列的访谈，阐述了来自中国大陆和中国台湾的华人大学生在教堂山的生活方式。文中包括对日常礼仪、家庭生活、对话、恋爱观和社会交际等几个方面的调查，并探讨了中美价值观对他们生活方式的影响。此外，还有诺埃尔·Y. 林（Noel Y. Lin）的学位论文《在西方发现佛教：北卡罗来纳州华人佛教徒的民族志研究》①。该文对北卡佛光山的信徒进行了调查，发现并不是所有的信徒长期以来都是佛教信徒——第一代华人移民较多是最近才皈依佛教的，他们并不像以往信徒那样保持和适应着原来的传统，而是在建构和改进一种新的信仰方式。施于杭通过对北卡两个华人基督教会成员的问卷调查，考察了美国华人的政治取向和政治期望，并就美国华人在中美关系发展中的作用进行了阐述。② 由此可见，针对北卡罗来纳州华人的研究是非常零散和有限的。因此，加强对北卡罗来纳州华人的研究十分必要。

第三节 概念界定和研究理论

"族群"和"民族"、"华侨"和"华人"这两组概念在学术界有较大的争议。很多学者纷纷对这两组概念进行了界定和区分，表达了自己的观点。鉴于美国的移民特点、移民政策、中国的侨务政策以及本书的研究对象类型，笔者在阐述和分析过程中分别采用"族群"和"华人"这两个概念。社会适应理论和文化适应理论密切相关，可以统称为社会文化适应

① Noel Y. Lin, *Finding Buddha in the West: An Ethnographic Study of A Chinese Buddhist Community in North Carolina*, North Carolina Collection Thesis, 2001.

② 施于杭："美籍华人的政治取向和期望：兼论美籍华人在中美关系发展中的作"，引自孔秉德、尹晓煌主编，宇宁平等译：《美籍华人与中美关系》，新华出版社 2004 年版，第 96 页。

理论。本节将对此进行详细的讨论。对族群认同理论的阐释，学术界存在若干流派，其中，原生论和工具论的影响较大。笔者在前人研究的基础上对族群认同的这两个理论流派进行了梳理和分析，同时也对族群认同的类型进行了合理划分。此外，美国华人的社会文化适应必然会受到美国移民文化政策的制约和影响，因此笔者也把美国移民文化政策纳入其中并加以阐述。

一、概念界定和区分

（一）族群和民族

“族群”（ethnic group）一词最早于20世纪30年代被使用。20世纪60年代以来，“族群”一词在西方学术界被广泛应用。最早对族群做出定义的是马克斯·韦伯（Max Weber）。他认为，族群是指“那些因体质类型、文化具有相似性，或因殖民或移民的共同记忆，而对他们共同的世系抱有一种主观信念的人群。这种主观信念对于非亲属社区关系的延续十分重要。”① 韦伯关于族群的定义强调了体质、习俗、共同记忆在族群因素中的重要性。巴斯（Fredrick Barth）认为族群应具有以下特征：“①生物上具有极强的自我延续性。②共享基本的文化价值，实现文化形式上的公开的统一。③组成交流和互动的领域。④具有自我认同和被他人认可的成员资格，以形成一种与其他具有同一阶层（order）的不同种类。”② 巴斯不仅强调族群体制和文化的一致性，还强调族群形成的主要因素是它的“边界”，即社会边界。此外，他还强调族群自我认同和他人认同的特性。《麦克米伦人类学词典》把族群定义为：“能自我区分并与其他相互往来或共

① M. Weber, “The Ethnic Group”, In *Theories of Society*, T. Parsons & E. Shils (eds.), Vol. 1, Gleereol IL: The Fress Press, 1969, p. 306.

② 弗雷德里克·巴斯主编，李丽琴译：《族群与边界——文化差异下的社会组织》，商务印书馆2014年版，第2~3页。

存的群体相区分的任何一个人类群体。这一群体和其他群体之间存在着某个或某些不同特征，如语言、种族或文化的。”① 国内一些学者对族群的概念也进行了解释。其中，郝时远的研究比较深入全面。郝时远认为，“ethnic”一词的希腊语原型是对城邦国家的居民、族体、非基督教或非犹太教的异教徒、部落、种族的抽象指称；在经历演变形成英语“ethnic group”之后，该概念变得更为宽泛和难以把握。通过对二十多种有关族群概念元素的整理，郝时远指出，“ethnic group”一词突出共同文化这一基础，主要是宗教信仰、体貌特征、语言、民族归属和出生的同一背景、祖先这五种属性，同时，他强调“少数”也是显而易见的要素。② 此外，郝时远还在另外三篇论文中详尽地阐述了西方学界对族群概念的理解和使用情况，并探讨了这一概念在中文语境中的内涵。③

在西方，“民族”一词最早出现在《荷马史诗》中，但当时的概念还不太确定，既可指人群，也可指种族。日本学者夭果贞治认为，西方第一个给“民族”下定义的是意大利政治思想家马志尼（Giuseppe Mazzini）。他认为，民族具有“土地、起源、习惯、语言的统一”。④ 此后，关于民族概念的界定也是分歧丛生，分为“客观标准派”和“主观认定派”。“客观标准派”强调民族形成中诸如血缘、地域、宗教、语言、风俗和制度因素等。“主观认定派”强调认同、情感、想象、行为及其他精神性因素在民族形成中的作用。但这两个派别自身也存在致命的缺陷。⑤ 在我国，“民族”一词是在 19 世纪末 20 世纪初时由日语借鉴而来。我国民族学界对

---

① Seymour Smith, *Charlotte* 1986 *Dictionary of Anthropology*, London & Basingstoke: Macmilan, 1986, p. 95.

② 郝时远：“对西方学界有关族群 ethnic group 释义的辨析”，《广西民族学院学报（哲学社会科学版）》，2002 年第 4 期，第 11 ~ 12 页。

③ 郝时远 2002 年发表的另外三篇有关族群概念的论文分别是：“Ethnos（民族）和 Ethnic group（族群）的早期含义与应用”“美国等西方国家应用 ethnic group 的实证研究”“美国等西方国家社会裂变中的‘认同群体’与 ethnic group”。

④ 周大明主编：《文化人类学概论》，中山大学出版社 2009 年版，第 91 页。

⑤ 郝亚明：“试论民族概念界定的困境与转向”，《民族研究》，2011 年第 2 期，第 2 页。

“民族”的定义通常以斯大林的定义为基础，即“民族是历史上形成的一个有共同语言、有共同地域、有共同经济生活以及表现于共同文化上的共同心理状态的稳定的人们共同体。”该定义强调民族形成的四个共同要素。族群和民族两个概念曾经在国内引起过激烈的讨论。在国内，有的学者反对使用族群概念或认为 ethnic group 指的就是民族；有的学者承认族群概念的特定学术价值，但反对泛族群化；还有的学者支持使用族群概念，认为这一概念具有淡化政治色彩的特征。王东明对这两个概念之争进行了详细的论述。[①] 总体来看，学者们大体赞同民族的政治属性和族群的文化属性。从文化意义上看，美国华人是美国的一个种族文化群体；从国家民族意义上看，美国华人又是美利坚民族的组成部分。笔者把北卡华人群体看作一个种族文化群体，因此称之为北卡华人族群或华裔族群，以与现代民族概念的政治属性相区分。

（二）华侨和华人

庄国土认为，“华侨”一词最早出现在 1883 年郑观应呈交李鸿章的《禀北洋通商大臣李鸿章傅相为招商局与怡和、太古订合同》一文中。该文内载：“凡南洋各埠华侨最多之处，须逐渐布置，亦派船来往。”[②] 20 世纪之前的中文典籍对“华侨”概念提及甚少，多用的是“汉人”、“唐人”、“闽粤人”、“内地民人”、“华民”、“华工”、“华人”和“华商”等，其内涵与“华侨”这一概念等同，均表示侨居国外的中国人及其保留中国文化的后裔。20 世纪初到 1955 年期间，“华侨”通常被称作海外中国人，是指移居海外的具有中国血统，同时在某种程度上还保留着中国文化的人。1955 年，在万隆亚非会议中，中国政府宣布放弃双重国籍。绝大多数华侨归化为所在国的公民，成为华人。中国政府曾经对“华侨”一词做

① 具体可参见王东明《关于“民族”与“族群”概念之争的综述》一文。

② 庄国土：“‘华侨’一词名称考”，《南洋研究》，1984 年第 1 期，第 17 页。

过正式的规定，例如，2009 年的《国务院侨务办公室关于印发〈关于界定华侨外籍华人归侨侨眷身份的规定〉的通知》对“华侨”和“外籍华人”概念进行了新的界定。[①] 本书的研究对象是居住在北卡并且已经取得美国国籍或居住权的原中国公民及其后裔，为行文方便，笔者称之为北卡华人。

二、社会文化适应理论

“社会适应”一词最早由赫伯特·斯宾塞（Herbert Spencer）用于对社会有机体理论的阐述。约翰·戈尔德拉什（John Goldlush）和安东尼·H. 里士满（Athony H. Richmond）认为，社会适应是个体与群体之间的互动协调以及他们对特定的物理与社会环境的反应。具体而言，社会适应包括两个方面的内涵：客观上，移民在就业、收入、消费、语言、组织参与等方面适应了新的社会生活；主观上，移民实现了认同感的转换，同时在态度与价值观念上实现了内部化（internalization）。[②] 关于影响华侨华人之社会适应的因素很多，有的学者把影响因素具体分为个人因素、家庭和社会关系因素、移出地和移入地社会因素。个人因素是华侨华人社会适应的自变量，而家庭和社会关系因素、移出地和移入地社会因素则是华侨华人之社会适应的因变量。因变量通过自变量起作用，

① 华侨是指定居在国外的中国公民，其中，“定居”是指中国公民已经取得住在国长期或者永久居留权，并已在住在国连续居留两年，两年内累计居留不少于 18 个月；中国公民虽未取得住在国长期或者永久居留权，但已取得住在国连续 5 年以上（含 5 年）合法居留资格，5 年内在住在国累计居留不少于 30 个月，视为华侨；中国公民出国留学（包括公派和自费）在外学习期间，或因公务出国（包括外派劳务人员）在外工作期间，均不视为华侨。外籍华人是指已加入外国国籍的原中国公民及其外国籍后裔，中国公民的外国籍后裔。根据《中华人民共和国国籍法》的规定，父母双方或一方为中国公民，本人出生在外国，具有中国国籍；但父母双方或一方为中国公民并定居在外国，本人出生时即具有外国国籍的，不具有中国国籍。因此，父母双方均为中国留学生的，在国外所生子女不具有外国国籍，不是外籍华人。

② 梁波、王海英：“国外移民社会融入研究综述”，《甘肃行政学院学报》，2010 年第 2 期，第 19 页。

两者共同影响华侨华人社会适应的进程及其结果。个人因素包括年龄、性别、语言、受教育程度、心理素质和人格等方面。家庭和社会关系因素是指华侨华人其他家庭成员和社会关系人对社会适应的影响，其中，社会关系人可以指同胞、移居国其他族群的朋友等。移出地和移入地的社会因素中，对华侨华人社会适应影响最大的有三个方面：中国和移居国社会文化反差的大小，移入地国家对华侨华人移民的态度，移居国社会组织尤其是华侨华人组织的作用。①

文化适应的概念最早出现于1880年，美国民族事务局的鲍威尔（J. W. Powell）将“acculturation”定义为来自其他文化者模仿一种新的文化过程中行为所发生的心理转变。鲍威尔的这一界定强调外文化者单方面地去适应移居国文化的过程。社会心理学领域对文化适应的研究较多，侧重个体或群体心理层面的分析。人类学领域对文化适应的研究则侧重群体层面，且界定相对比较宽泛，注重文化适应和文化变迁的相互关系。人类学领域比较推崇的是人类学家雷德菲尔德·林顿（Redfield Linton）和赫斯科维茨（Melville Herskovits）对文化适应的界定，即文化适应指的是“由个体所组成的、具有不同文化的两个群体之间，在新的社会文化背景中所进行的持续的直接文化接触，导致一方或双方原有的文化模式出现变化”。此外，国内人类学领域的知名学者也对文化适应做了界定，通常文化人类学把文化适应译成“涵化”、“文化移入”或“文化互动”等。曾少聪认为，涵化是指两种或两种以上的文化相互接触、影响而发生的文化过程。②

1921年，帕克（Robert E. Park）和米勒（Merton H. Miller）提出了文化适应的单维度模型。20世纪60年代，戈登（Milton M. Gordon）等

① 林龙飞：“华侨华人社会适应内在机理探析”，《东南亚纵横》，2008年第4期，第65~66页。

② 曾少聪：《漂泊与根植——当代东南亚华人族群关系研究》，中国社会科学出版社2004年版，第221页。

人进一步发展了文化适应的单维度模型，认为个体在适应主流文化的过程中，既会保持自身源文化的某些方面，又会接受主流文化的一些东西，处于双文化状态，但最终会同化于主流文化。戈登本人主要还是持同化论的观点。20 世纪 90 年代初，贝利（John W. Berry）根据文化适应者对适应采取的态度，把文化适应划分为四个类型——融合、分离、同化和边缘化。如果文化适应者既希望保持自身原有的文化身份和文化特征，又希望与客居国的其他社会成员建立和保持积极、良好的关系，则为融合（integration）。如果文化适应者不愿意保持自身原有的文化身份和文化特征，只是想要与客居国的其他社会成员建立和保持积极、良好的关系，则为同化（assimilation）。如果文化适应者只愿意保持自身原有的文化身份和文化特征，不想与客居国的其他社会成员建立和保持积极、良好的关系，则为分离（separation）。如果文化适应者既不愿意保持自身原有的文化身份和文化特征，又不愿意与客居国的其他社会成员建立和保持积极、良好的关系，则为边缘化（marginalization）。贝利对文化适应类型的划分始终围绕着两个问题：第一，是否希望保留自身原有的文化特征和身份；第二，是否希望接受主流文化的文化特征并参与到主流社会。为此，这种方法也被称为文化适应双维度模型。双维度模型显然比单维度模型更能全面、客观地反映文化适应者的选择和适应状况。然而，双维度模型也存在缺陷，只考虑了文化适应者单方面的主观能动性，忽视了客观因素的影响作用，即主流群体对非主流群体文化适应的影响作用。为此，贝利又增加了一个维度，并把主流群体对非主流群体文化适应的态度分为四种——排斥、隔离、熔炉主义和多元文化主义①。（如图 1－1 所示）

① John W. Berry, "Conceptual Approaches to Acculturation". In *Acculturation: Advances in Theory, Measurement & Applied Research*, Kevin M. Chun, Pamela Balls Organista & Gerardo Martin, Washington: American Psychological Association Press, 2003, p. 23.

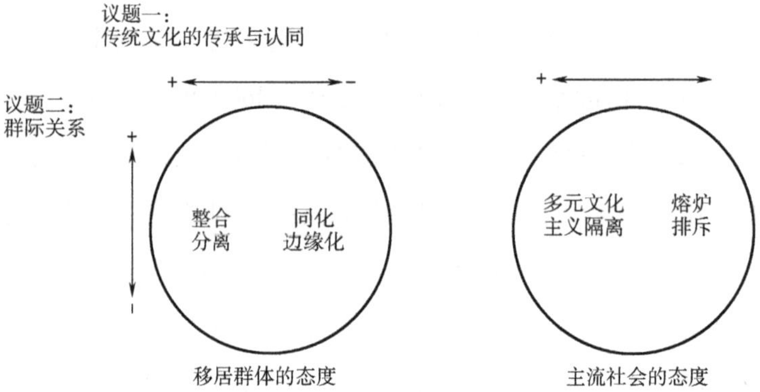

图 1－1　移民群体和更大社会的涵化态度①

布瑞斯（R. Y. Bourhis）在贝利的基础上修改了有关文化适应维度问题，把主流群体文化适应策略对非主流群体文化适应的影响纳入其中，称为交互性文化适应模式（Interactive Acculturation Model），即文化适应的多维度模型，如图 1－2 所示。此外，布瑞斯认为，贝利划分出来的边缘化状态也有可能是文化适应者崇尚“个人主义”的一种文化适应取向。②

		是否接受移民保持自己的文化认同	
		是	否
是否认可移民接受主流群体的文化认同	是	整合	同化
	否	隔离	排斥个人主义

图 1－2　布瑞斯的交互性文化适应模式

① 约翰·贝利、简·菲妮著，刘真、常永才译：《文化过渡中的移民青少年——跨国背景下的涵化、认同与适应》，中央民族大学出版社 2014 年版，第 64 页。

② R. Y. Bourhis, L. Moise, S. Perreault & S. Senecal, “Towards an Interactive Acculturation Model”, In *International Journal of Psychology*, vol. 32 No. 6, 1997, p. 369～386.

通过观察学术界对社会适应和文化适应的界定，不难发现二者之间既有重叠之处，也存在差异。社会适应的范围更为宽泛，包括整个社会大环境，其中涉及部分文化因素，而文化适应的范围相对较小，通常集中在语言、宗教、价值观念、思维方式和传统习俗等方面。社会适应和文化适应有较多重合之处。广义上讲，社会适应过程中通常涉及文化因素和文化适应的过程，但又不局限于文化因素和文化适应。顾名思义，文化适应是以文化层面为中心的个体或群体的主动性融入。文化适应以社会大环境为背景，受社会大环境的影响。此外，在研究适应模型时，也可以把二者合并在一起分析，基于多维模型视角，以移民群体和主流群体的社会文化适应策略取向为出发点，分析移民群体或非主流群体的社会文化适应策略和状况。对移民群体社会文化适应进行研究时，可以从以下几个维度展开：家庭婚姻、社会组织、社会关系、政治参与、语言使用、移民媒体、宗教信仰以及经济活动等。移民群体与移居国社会文化生活差异的大小，移居国和祖籍国的相关移民政策，都会在不同程度上影响移民群体在移居国的社会文化适应速度和程度。同时，移民群体并不是一味地、被动地去改变自身，以适应移居国的社会文化生活，而是充分发挥自身的主观能动性，利用自身的优势和特点，采取对自身有利的调适行为。虽然移民群体在移居国大多处于非主流群体地位，但这并不说明主流群体的社会文化丝毫不会受到移民群体社会文化的影响，只是影响较为微弱、缓慢而已。因此，在研究社会文化适应时，要用辩证的观点看问题。

三、族群认同理论

族群认同理论源于心理学领域的“认同”理论。“认同”一词最早由心理学家弗洛伊德提出。他把认同“看作是一个心理过程，是个人向另一个人或团体的价值、规范与面貌去模仿、内化并形成自己的行为模式的过程。”① 此后，奥尔波特和埃里克森等学者进一步发展了自我身份认同理论。奥尔波特提出了“自我身份认同理论”，认为自我状态的发展过程会经历从生理的自我到社会的自我、最后到心理的自我的发展过程。埃里克森提出了“自我同一理论”，指出人的一生要经历 8 个主要阶段，每个阶段都有不同的发展特点和任务。如果某一阶段出现问题，会导致自我同一性的弥散。20 世纪 70 年代，泰弗尔和特纳等人提出了“社会认同理论”。他们认为，一个人的社会群体成员身分和群体类别是一个人自我概念的重要组成部分，并主张人们努力地获得和维持积极的社会认同。费尼则在埃里克森自我同一性的基础上提出了“种族身份认同理论”。她认为，来自少数民族群体的个人经历着与种族探索和承诺有关的四种身份认同状态——弥散、排他、延期补偿和接受。② 上述各认同理论的提出和发展，特别是社会认同理论，促进了族群认同理论的形成，先后出现了几种流派——文化论、原生论、工具论、建构论、族群边界论等，其中，原生论和工具论是学术界讨论比较多的两种理论。笔者将从原生论和工具论的视角来阐述北卡华人的社会文化适应问题。

（一）原生论

原生论（Primordialism）也称为根基论。原生论认为，族群的情感纽带是“原生的”，主要来自天赋或根基性的情感联系。语言、宗教、种族、共同的历史遭遇和记忆、族属性和土地等这些基本要素是族群成员保持相互联系的“原生纽带”，而且这样的原生纽带存在于一切人类群体之中，并超越时空存在。对族群成员来说，原生性的纽带和感情是根深蒂固的、

① 梁丽萍：《中国人的宗教——宗教认同的理论分析与实证研究》，社会科学文献出版社 2004 年版，第 12 页。

② 张淑华、李海莹、刘芳：“身份认同研究综述”，《心理研究》，2012 年第 5 期，第 22 ~ 23 页。

非理性的、下意识的。它是这样推论的：人们处于某一社会中，生活在其他成员周围，与他们相互联系，共享宗教信仰，说同一种语言，遵循共同的生产生活习俗，从而产生一致感，情感认同油然而生，而且这样的认同可以超越时空而维持。[①]

希尔斯（Edward Shils）、格尔茨（Clifford Geertz）和范登伯格（Pierre L. van den Berghe）是原生论的三个主要代表人物。爱德华·希尔斯是美国社会学家。1957 年，希尔斯在一篇论述家庭亲属关系的论文中借用了个人的宗教归属和宗教信仰的一些观点，首先提出了原生情感的概念。他认为，在现代国家里，虽然公共的、公民的纽带是主要的，但家庭、宗教和族群的原生纽带仍然非常重要，并认为这种情感并非源于社会互动，而是具有既定性和难以言说的重要意义。[②] 克利福德·格尔茨更加认同族群问题是一种原生情感（primordial sentiments）问题。他认为，基于血缘、语言、习俗、种族和宗教等方面的一致性，蕴含着一种难以名状的、难以抗拒的强大力量，对社会或个人而言，有些情感更多地是源于某种自然的或“精神上”同源关系，而不是源于社会互动。[③] 希尔斯和格尔茨属于原生论的文化历史学派，偏重人们附着于自身的历史和文化上的“原生情感”或赋予自身历史与文化的象征性意义。原生论的另一派是以范登伯格为代表的社会生物学派。范登伯格本人是一名社会生物学家。他运用社会生物学理论分析族群现象，认为族群实际上是亲属关系的延伸，族群认同可能被用于操纵、使用和剥削。[④]此外，还有一些学者的观点也倾向于原生论。如哈罗德，他认为族群认同是由一组现成的天性与价值组成，出于家庭的偶然，在某一时间，某一地方，从每个人来到这个世界的那一刻起，他就与

① 参见 http：//www. kejiaren. cc/showtopic－1035. aspx。

② 左宏愿：“原生论与建构论：当代西方的两种族群认同理论”，《国外社会科学》，2012 年第 3 期，第 108 页。

③ Clifford Geertz, *The Interpretation of Cultures*, London: Fontana Press, 1993, p. 255～310.

④ 纳日碧力戈：《现代背景下的族群建构》，云南教育出版社 2000 年版，第 46～47 页。

其他人共同拥有了那一组天性与价值。[①] 哈罗德从身体、名字、语言、历史、神话和宗教等要素入手，深入剖析了族群认同，并强调这些要素之间是无法分割的。此外，他还特别指出，上述要素在族群认同中所占的比重也不大相同。例如，对有着光辉历史的华人来说，历史与起源是值得大书特书的认同，但对以前曾为贱民的印度人而言，这却是最令人不堪回首的记忆。[②] 又如雷米尼克（Ronald A. Reminick）指出，至少要从四个角度来认识族群认同：第一，个体交流的社会等级或不同的社会领域；第二，文化的族群认同和社会的族群认同之间的区别；第三，时间的角度；第四，疏离的问题。其中，认同形成的社会等级包括三个级别：第一级是最亲近的亲属，第二级是核心家庭之外的扩展亲属或亲戚，第三极是次级群体、教堂、学校、志愿者协会。[③] 雷米尼克强调亲属关系的密切程度对个人族群认同的影响，他的这一论述体现了原生论的观点。有的学者认为巴特也是原生论的代表人物，笔者认为有些不妥。巴特所提倡的族群边界整体上讲应该是建构主义工具论的理论观点。

对于原生论，有些学者提出了批判，主要是针对原生论夸大基因决定族群性和误解族群是亲属制度的延伸这两点。人类进化的过程就是摆脱基因决定的过程，就是创造文化、超越动物本能的过程。亲属制是人类多种社会组织的原动力，也是人类社会最早的社会基本组织，而族群只是这些社会组织中的一种。不过族群比其他社会组织更多地借用了家庭、家族乃至氏族的一些特征，如语言、信仰、共同居地、共同族徽等。借用特征并不等于延伸。[④] 笔者认为这种批判是正确的，但不是提倡原生论的所有学

---

① 哈罗德·伊罗生著，邓伯宸译：《群氓之族：群体认同与政治变迁》，广西师范大学出版社 2015 年版，第 80 页。

② 哈罗德·伊罗生著，邓伯宸译：《群氓之族：群体认同与政治变迁》，广西师范大学出版社 2015 年版，第 84 页。

③ Ronald A. Reminick, *The Theory of Ethnicity—An Anthropologist's Perspective*, Lanham MD: University Press of American™, Inc. 1983, p. 17 ~ 18.

④ 纳日碧力戈：《现代背景下的族群建构》，云南教育出版社 2000 年版，第 50 ~ 51 页。

者均持有这样的观点。例如，韦伯指出，族群群体并不是亲属群体，族群群体所指代的范围要比亲属群体大得多。笔者认为，作为族群认同理论之一的原生论虽然格外强调根基性的强大作用，但本身也具有一定的肯定意义。原生论注重语言、习俗、信仰、宗教和共同历史记忆等文化因素在族群认同中的重要作用，认为族群认同是对文化表现形式的传承，这一点毋庸置疑。在后面的论述中，笔者将借鉴原生论的部分观点。

（二）工具论

工具论（Instrumentalism）也称为场景论或环境论。工具论的立场与原生论正好相反，强调族群认同的工具性或场景性，认为族群认同存在理性选择。场景论强调族群认同对场景的实时反映能力，特别是在面临政治或经济利益的竞争中，族群领袖人物会利用族群认同来维护本族群的利益。对工具论者而言，族群认同是缺乏稳定性的、善变的。族群集体或个别成员会根据自身的政治或经济利益来改变自己的族群身份，从而改变族群认同。持工具论的主要代表人物有库恩（Abner Cohen）和布拉斯（Paul R. Brass）。

库恩被认为是族群工具论的最早倡导者。库恩在《非洲都市中的风俗与政治》一书中描述了来自尼日利亚伊巴丹地区的豪萨移民是如何通过族群认同垄断了约罗巴城中的贩牛业的，从而提出族群认同本质上是一种政治现象。他认为豪萨移民之所以强调族群传统文化，主要是因为传统文化可以唤醒并加强一个族群的政治凝聚力。人们不会因为彼此的习俗不同而相互仇视、相互厮杀，人们因文化差异引起的争执或冲突主要是由于文化差异与他们之间的政治分歧相关。当一些利益群体的成员不能依照法定的规则把自己组织起来时，他们就会利用既有的文化机制把彼此组织起来，正是在此条件下，族群意识得以产生。[①] 布拉斯也是工具论的代表人物，

① Abner Cohen, *Custom and Politics in Urban Africa*. Berkley: University of California, 1969.

和库恩不同的是，布拉斯强调族群精英分子在唤起和操纵族群认同中的重要作用。只有在当地精英和其他族群的精英、当地精英与外部行政部门或当地精英内部存在矛盾或冲突时，才会产生族群自我意识、族群诉求以及族群冲突。布拉斯认为，族群精英分子会挑选出本族群文化的某些方面，赋予其新的价值和意义，并当作象征符号来动员本族群的成员与其他族群竞争，以捍卫本族群的利益。因此，那些善于操弄本族群成员深层原生情感和善于应对政治关系变化的族群精英分子会占据较大的优势。①

原生论主要研究主体的认同表达，注重群体的内在本质，美国学者持原生论观点的居多。持工具论的学者更倾向于关注社会结构和社会组织，注重外生资源，英国学者和其他一些学科的学者持此观点的居多。工具论取向实际上并不否认原生论。工具论者更侧重到底是什么因素促成了那些以彰显族群认同为特点的社会现象与社会运动。但是，他们在讨论涉及族群如何聚拢、凝聚这类问题时，同样也揭示了族群认同的原生性。② 针对美国华人这一特定的族群，笔者认为，两种理论在美国北卡华人的族群认同过程中都起着一定的作用，二者并不冲突；相反，两者相互结合，充分反映了北卡华人的族群认同。

族群认同理论和社会文化适应理论之间存在密切的关系。移民群体族群认同的程度势必会影响其适应所在国主流社会文化的程度。通常，族群认同感越强烈，越会阻碍移民群体适应主流社会文化的进程。反之，移民群体适应主流社会文化的程度也会影响其族群认同的程度，良好的社会文化适应有利于移民群体摆脱族群身份认同的迷茫。此外，如前所述，主流族群对移民群体社会文化适应的策略和态度特别是主流群体针对移民群体所采取的社会文化政策，也会影响移民群体社会文化适应的策略和程度，

---

① 潘蛟：《族群认同和民族主义理论》（讲义），2015 年，第 32 ~ 34 页。

② 范可："文化多样性及其挑战"，《中国农业大学学报（社会科学版）》，2008 年第 4 期，第 99 页。

从而影响移民群体族群认同的程度，这既可以表现在个体层面，也可以表现在群体层面。需要补充说明的是，移出地对移民群体的社会文化适应和族群认同也有一定的影响。

（三）族群认同的类型

关于族群认同类型的划分，学者们根据自己的研究和理解，提出了不同的划分标准。林云和曾少聪以族群认同为主题，从政治认同、民族认同和叶落归根三个角度论述了菲律宾华人族群认同的变迁。[①] 庄国土把东南亚华人的认同分为政治认同和族群认同两大类，其他各种认同，包括文化、历史、阶级、法律、社区、种族等认同都可以归于这两类中；族群认同主要由两方面因素决定：一是种族特点，二是族群文化。[②] 这几位学者都是研究东南亚华人的专家。因此，对华人族群认同类型的划分，主要是以东南亚华人为参照的，但对美国华人族群类型的划分也具有一定的参考意义。伊索吉沃（Wisvolod W. Isajiw）则把族群认同分为内族群认同和外族群认同两种。内族群认同包括三个维度：认知的、道德的和情感的。认知维度是指自我形象与族群形象、本族群遗产与历史知识、族群价值观知识。道德维度是指族群个体对本族群的责任感，这种责任感可以促进本族群的团结。情感维度是指依附于本族群的族群情感。外族群认同包括可观察到的社会与文化行为，如保持本族群传统，讲本族群的语言，参加本族群社区举办的族群交流网络、组织和功能机构。[③] 基于以往学者们的划分方法并结合原生论和工具论的观点，笔者倾向于把族群认同类型的划分宽

---

① 林云、曾少聪：“族群认同：菲律宾华人认同的变迁”，《当代亚太》，2006 年第 6 期，第 51 页。

② 庄国土：“略论东南亚华族的族群认同及其发展趋势”，《厦门大学学报（哲学社会科学版）》，2002 年第 3 期，第 64 页。

③ Wisvolod W. Isajiw, “Ethnic Identity Retention”, in *Ethnic Identity and Equality*, R. Breton, W. W. Isajiw, W. E. Kalbach & J. G. Reitz (eds.), Toronro: University of Toronto Press, 1990, p. 59.

泛化。原生论强调的是种族、血缘、共同历史记忆和文化等因素在族群认同中的重要性。根据原生论，我们可以把族群认同类型划分为种族认同、血缘认同、历史认同和文化认同。对此，国内外学者们已经做了诸多研究。工具论强调族群认同会随着政治、经济和其他方面的利益而发生变化。据此，我们也可以把政治认同、阶级认同等相关类型也纳入族群认同类型之中。这些族群类型是相互交织在一起共同发挥作用的。华人这一族群更多表现出来的是文化认同和政治认同。其中，文化认同又可以细分为语言认同、宗教认同、价值观认同等。

四、美国移民文化政策

北美殖民地的早期移民主要源于英国，移民文化自然属于盎格鲁—撒克逊文化。当其他移民群体移入北美后，殖民政府非常注重强化其他移民群体的盎格鲁—撒克逊文化，而排斥其他族群的文化。从客观上看，这是追求所谓的种族纯洁性，是种族主义的强烈表现。事实上，这更是英国殖民者为了实现其政治统治所实施的一种手段。第二次世界大战前，盎格鲁—撒克逊化在美国社会一直根深蒂固。英国文化和传统被认为是成就美国伟大历史的根源，而其他移民文化只会破坏英国文化和传统。文化上或种族上低劣的、不易被同化的移民应该被排除在外。体质上与盎格鲁—撒克逊白人相差越大的移民，社会地位也越低。这就不难理解为何 19 世纪末至 20 世纪初华人在美国遭受歧视和排挤了。美国建国前后，盎格鲁—撒克逊文化成为美国的主流文化。虽然这一主流文化是种族优越论的表现，但在一定程度上也对众多的移民群体起到了聚合作用，对美国的制度化和秩序化发挥了积极的作用。第一次世界大战后，美国和加拿大国内的民族主义受到冲击，各族裔表现出明显的政治倾向和强烈的民族主义情绪。美国政府变得恐慌，先发动舆论攻势，进而采取行动以稳定大局。美国总统罗斯福提出了“百分百美国人”思想，各州积极响应并采取行动，通过法律手段来强化美国化。美国参加第一次世界大战后，美国化运动被推向高潮，主要表现为对德国和德裔美国人的憎恨和抵制。第一次世界大战后，美国进入了“赤色恐怖”和排犹时期，强制性同化政策达到了极点。

1909 年，美国犹太移民赞格威尔在他的剧本《大熔炉》（*The Melting Pot*）中提出了“熔炉”一词。当时萌发的熔炉思想也因该剧而家喻户晓，并逐渐取代了同化思想。随着 20 世纪 20 年代少数民族移民的大量涌入，少数民族力量迅速崛起，同化思想受到了猛烈的冲击。熔炉思想主张各族群熔铸成一个新的族裔文化群体，在文化上造就出一种新的、与族群个体文化不同而又包含其中的共同文化，而各种族间也可以实现合并。至 20 世纪 60 年代，随着美国社会民主化和平等观念的发展，熔炉思想逐渐退出历史舞台。盎格鲁同化论和熔炉思想的提倡者都认识到一致性对国家统一的重要性，但在对一致性的理解上却存在分歧。熔炉思想的倡导者把同化看作长期的、缓慢的过程，并且认为族群混合具有一定的文化优势。有学者指出，熔炉思想所提出的熔炉最终还是盎格鲁—撒克逊化的熔炉。戈登认为，“无论是‘盎格鲁一致性’还是‘熔炉’，都设想移民群体将会在同化进程中丧失自己的社区认同，而且设想那些后来的移民及其后代将会作为个体被吸收进已经存在的‘美利坚’社会结构。”①

多元文化政策是对同化政策和熔炉思想的反思，首先兴起于加拿大。随着“熔炉”思想的削弱和“加拿大化”运动的失败，加拿大政府开始重新审视自身的族群关系和政策。1971 年，特鲁多总理正式宣布实施多元文化政策。加拿大的多元文化政策实际是指族群语言的多元性和族群文化的多元性。在遵守国家指导原则的基础上，尊重和保护各个族群文化，提倡各个族群和谐共处。多元文化理论和政策在加拿大推出后，迅速引起了欧美国家的注意，并纷纷效仿。美国犹太裔学者霍勒斯·卡伦在 1924 年

---

① 米尔顿·M. 戈登，马戎译：《美国生活中的同化》，译林出版社 2015 年版，第 122 页。

就正式提出了“文化多元论”并引起了学术界的关注，但那时熔炉论思想在美国一直占据相对优势地位。卡伦的“文化多元主义”观点和“多元文化主义”中的一些观点有相似之处，都指出了美国社会文化的多元性，强调应当尊重不同文化，但是两者之间又存在明显的不同。“文化多元主义”是对“美国化”运动的一种抵制，要求的是白人社会（或欧洲文明）内部各种文化之间的平等；“多元文化主义”争取的不仅是对美国社会不同种族和族裔文化和传统的尊重，而且是对传统的美国主流文化的全面检讨和重新界定。[①] 20 世纪 60 年代，以黑人为主导的民权运动的兴起使美国不得不放弃熔炉论，重新定位自己处理族群问题的方向，为多元文化主义的兴起奠定了政治基础。此外，“肯定性行动计划”（Affimative Action）的实施对多元文化主义的兴起也有着重要的影响。“肯定性行动计划”纠正了对少数民族和妇女的歧视，在教育界和学术界掀起了巨浪。美国虽然没有正式宣布实施多元文化政策，但在熔炉论被摈弃之后，多元文化受到了美国社会的推崇，被称为多元种族或“沙拉拼盘”。

20 世纪 90 年代以后，对多元文化政策的各种批评日益增多。美国移民问题专家斯特芬·卡斯特和马克·米勒提出，“多元文化主义”不应局限于文化领域，应该包括至少以下四个基本点：第一，外来移民有权成为移入国的公民；第二，给予外来移民族群以平等的权益是政府义不容辞的责任；第三，具有不同文化特性的族群或个人有权要求得到尊重；第四，主流社会应当根据外来移民族群的特殊文化需求修订相关政策。[②] 有的学者认为，多元文化政策是一种变相的种族主义，以一种新的面貌取代了原有的种族主义。王希认为，多元文化主义存在以下三个问题：多元文化主义在理论上没有完全解决“一元”与“多元”的问题；多元文化主义是否能成为一种持久的意识形态和政治胶合剂是个问题；“文化”与“权利

① 王希：“多元文化主义的起源、实践与局限性”，《美国研究》，2000 年第 2 期，第 12 页。

② 李明欢：“‘多元文化’论争世纪回眸”，《社会学研究》，2001 年第 3 期，第 101 页。

结构”之间的矛盾如何解决。[①] 亨廷顿向来质疑美国多元文化政策：“在一个世界各国人民都以文化来界定自己的时代，一个没有文化核心而仅仅以政治信条来界定自己的社会哪有立足之地？政治原则对于一个持久的共同体来说只是一个易变的基础。在一个讲求文化的多文明世界里，美国可能不过是一个正在消失的讲求意识形态的西方世界中最后残留下来的一个不合时宜者。”[②] 在亨廷顿看来，“美国的核心文化向来是，而且至今仍然主要是17世纪至18世纪创建美国社会的那些定居者的文化。这一文化的主要成分包括基督教信仰，新教价值观和道德观念，工作道德，英语，英国式的法律、司法和限制政府权力的传统，以及欧洲的文学、艺术、哲学和音乐传统，其原则是自由、平等、个人主义、代议制政府和私有财产制。”[③]

虽然多元文化政策受到了美国国内外一些学者的质疑，但笔者认为，从文化层面上讲，多元文化主义政策还是比同化政策和熔炉思想有了质的飞跃。同化政策完全以盎格鲁—撒克逊文化为中心，认为其他文化都是劣等文化，拒不接受其他文化，尽显种族主义和民族中心主义。尽管熔炉思想主张各族群熔铸成一个新的族裔文化群体，从而形成一种新的共同文化，但其实际上也是不切实际的，发展的最终结果在很大程度上还会是强势文化胜出，即盎格鲁—撒克逊文化胜出。多元文化主义至少承认了盎格鲁—撒克逊文化以外的其他文化的存在，并认可了这些文化存在的重要性，使它们能够得到正面的张扬。美国各族群在不危及美国国家政权的前提下，可以保持各族群自身的文化。不可否认的是，美国的主流文化仍然是亨廷顿所描述的盎格鲁—撒克逊文化。目前，虽然美国的大花园呈现出

---

① 王希：“多元文化主义的起源、实践与局限性”，《美国研究》，2000年第2期，第13~17页。

② 塞缪尔·亨廷顿著，周琪等译：《文明的冲突与世界秩序的重建》，新华出版社1998年版，第282页。

③ 塞缪尔·亨廷顿著，程克雄译：《谁是美国人？——美国国民特性面临的挑战》，新华出版社2010年版，第32页。

各种文化百花齐放的局面，但其中绽放最为夺目的还是盎格鲁—撒克逊文化。

第四节　研究方法和框架

田野调查法是民族学和人类学的基本研究方法。通过田野调查，可以获得最宝贵的第一手资料。笔者采用了田野调查法，主要是参与观察法、文献分析法和访谈法三种。本书以北卡华人为研究对象，对该州华人的社会文化适应与族群认同现状进行了相关调查和研究。在文化适应与族群认同方面，主要围绕语言和宗教信仰展开论述；在社会适应与族群认同方面，主要围绕婚姻家庭、社会活动和社会关系展开论述。

一、研究方法

为了充分了解北卡华人的社会文化适应与族群认同现状，笔者首先选择了具有代表性的田野点——北卡三角园区和夏洛特地区。三角园区中的其中一角为首府罗利，其他两角分别是教堂山和德罕。这一地区既是北卡的高等教育园区，也是其重点科技园区，吸引了众多的华人来此工作和定居，使该地区成为北卡华人非常集中的地区。北卡夏洛特地区是北卡华人的第二大聚居地，是北卡和美国的金融中心。因此，把这两个地区作为田野点，具有典型的研究意义。笔者于2013年9月首先到达北卡三角园区，展开了为期一年的田野调查，至2014年9月离开该田野点。初到北卡时，笔者一直在思考如何才能接触到田野点中的华人。除了接待笔者的北卡州立大学的几名华人教授外，笔者根本不认识当地的其他华人。之后，经这几位华人教授和在此地访学的访问学者介绍，笔者渐渐认识了一些其他华人，并受邀去他们家中做客或参加家庭聚会。为了接触到更多的华人并了解他们的生活，笔者每周末都会前往华人教堂或是华人信徒的家中，参与他们的礼拜活动。此外，笔者还到华人非常集中的中文学校进行调研。每逢这里的华人社团举办活动和演出时，笔者也都会到场参加。

文献资料考察和分析通常是调查研究不可或缺的重要组成部分，对于人类学和民族学而言，更是如此。因此，本书还采用了文献分析法。笔者对目前学术界关于社会文化适应和族群认同理论、田野点、北卡华人和美国华人等方面的资料进行了全面的搜集。这一过程分两部分完成。首先，笔者在北京各大图书馆、中国知网、Springer 等学术资源库中搜集了相关资料，并对这些资料进行了全面的梳理；然后，基于国内所搜集的资料，笔者在美国做田野调查期间，又对美国现存的相关资料进行了搜集和整理，所搜集的资料主要源于北卡州立大学图书馆、北卡大学图书馆和杜克大学图书馆。此外，笔者还前往北卡罗来纳州的相关档案部门，寻找相关资料。在做田野调查时，笔者时刻注意搜集调查点的现有资料。就笔者所搜集的全部资料来看，社会文化适应和族群认同理论方面的研究资料比较充足。可见国内外学术界对族群认同十分关注，虽然持有不同的观点，有些看法还有待商榷。关于田野点的相关资料也较为丰富。由于华人移居北卡时间较短，且人口相对较少，关于北卡华人的资料非常有限。对此，笔者只能通过较多的田野调查和访谈等方法，弥补这方面资料不足的问题。

为了获取较深层次的一手资料，笔者还设计了访谈提纲，针对三角园区的华人做了深度访谈。通常是通过朋友、学人和教会等不同方式认识这里的一些华人，并建立朋友关系，之后再进行访谈。此外，笔者也主动出击，直接通过邮件、电话、微信、Skype 等方式联系北卡当地的一些华人社会组织代表人物，说明目的，诚恳地邀请他们接受访谈。这些北卡华人都非常热心地抽出时间接受了邀请，让笔者非常感动。为了保护访谈者的隐私，笔者在书中将隐去部分访谈者的真实姓名，代之以别名。

二、研究框架

本书以北卡华人为研究对象，对该州华人的社会文化适应与族群认同现状进行相关调查和研究，全书共包括7章：

第一章为绪论，首先阐述研究目的和研究意义，接着回顾和梳理国内外有关美国华人的社会文化适应和族群认同的整体研究情况，同时介绍国内外学者对北卡华人的研究情况；在研究理论中，对“族群”和“民族”、“华侨”和“华人”的概念进行界定，对社会文化适应、族群认同和美国文化政策进行梳理与阐释；最后介绍所采用的主要研究方法。

第二章为田野点介绍，包括北卡罗来纳州的自然地理环境、社会文化背景、现代产业模式和与中国的往来情况。

第三章先探讨北卡第一代华人和第二代华人的婚姻观念与婚姻生活，以及两代华人之间存在的异同；接着探讨北卡华人家庭模式、家庭教育和养老观念的转变与适应。

第四章以北卡华人社团组织和政治参与为中心，详述北卡华人社团的主要类型、成员、管理模式和社会功能，以及由华人社团间接主导的当地华人政治参与情况。

第五章剖析北卡华人的内部关系和外部关系，同时讨论族群认同和族群社会关系之间的相互影响。

第六章主要分析北卡华人的语言适应与认同。首先介绍北卡第一代和第二代华人中文和英文的使用概况以及所做出的调适行为；接着阐述北卡中文学校的整体状况，包括创建目的与运营模式、师资与生源、课程设置与所使用的教材以及所发挥的社会功能，其中还分析了北卡中文学校为适应美国公立教育体系而做出的改变；最后探讨北卡华文报纸的创办、改版和社会功能，突显了族群认同的本质主义原生性和建构主义工具性是如何在北卡华人的语言生活中体现出来的。

第七章分析北卡华人在宗教信仰中所做出的调试以及折射出来的族群认同。本章分别以北卡佛光山和罗利华人基督教会为例，阐述了北卡华人佛教和基督教信仰中的本土化行为和族群性的表现。

最后是结论部分，进一步剖析了北卡华人社会文化适应与族群认同的相互作用，阐述族群认同的复杂性与多样性，指出影响北卡华人社会文化适应的国家政策因素，强调对美国南部华人进行研究的必要性。

第二章　北卡罗来纳州概况

北卡罗来纳州（简称“北卡”）位于美国东南海岸。自美国殖民地时期起，北卡一直是具有美国南部特色的一个州，自然环境优美。2006 年，在民调专家赛门·安霍特（Simon Anholt）公布的“安霍特各州形象指标”中，北卡成为美国人心中最向往居住的州。北卡的历史可以追溯到最早印第安人居住的时期。17 世纪开始，这片土地被欧洲殖民者陆续占领，成为美国最初 13 个殖民地之一。在欧洲殖民过程中，北卡的印第安人遭到剥削和迫害。北卡历来以农业为主，像美国南方众多州一样，需要大量的劳动力，蓄奴制度因此在北卡形成，并存留了相当长一段时期，黑人则是被奴役的对象。如今，北卡的产业模式发生了巨大的转变。与加州、纽约州等地区的华人相比，华人大规模移居北卡的时间较晚，始于 20 世纪 60 年代后。随着北卡华人规模的扩大，北卡与中国之间的往来日益频繁。

第一节　自然环境

天气和气候会影响人的生活的舒适度和农作物的生长。尽管人类社会掌握了较多关于天气和气候的运行规律，但是仍然无法完全避免自然灾难的发生，像飓风、洪水和干旱等。北卡的天气和气候整体比较宜人，但时而也会遭到恶劣天气的袭击，特别是飓风。北卡植被覆盖率比较高，地理区域划分清晰，分为三种类型：东部沿海平原、中部皮德蒙克高原以及西部阿巴拉契亚山区。

一、气候与植被

北卡四季分明，中纬度的位置使该州阳光充足，尤其是夏天，通常这里夏天干热。冬天日照强度没有夏天大，并且白天较短、温度较低，当然也不太寒冷，除了西部山区，降雪普遍较少。春秋两季气候宜人。北卡一年四季都有降雨，7 月和 8 月尤其多雨。西部山区和海岸地区风速稍大，其他地区风速较为平和，偶尔也会受到龙卷风的侵袭。阿巴拉契亚山区属于大陆性气候，东南地区属亚热带气候。由于所处的海拔不同，北卡各地温度存在一定差异，一般海拔越高，温度就越低。西部阿巴拉契亚山区海拔较高，年平均温度较低，在 52 华氏度左右；中部皮德蒙克高原和东部沿海地区年平均温度在 60 华氏度左右。

北卡降雨量因地理位置不同而有所不同，与佐治亚州接壤的西部山区朝西的斜坡地带年平均降雨量最大，在 80 英寸左右；朝东的斜坡地带年平均降雨量明显减少。皮德蒙克高原是北卡最干旱的地区，年平均降雨量低于 46 英寸。沿皮德蒙克高原越往东，降雨量越大，到了东南沿海地区，年平均降雨量超过了 54 英寸。①

北卡的自然植被种类丰富多样，是该州最大的自然资源之一，为工业提供了大批的木材，同时也是北卡一道亮丽的风景线。沿海橡树林和山区云杉林的种类是美国东部各州所不能比的。然而，随着几个世纪以来北卡人口的增加和城市化进程，大片的森林和植被遭到了破坏。北卡政府采取了一系列措施保护森林和植被，并努力恢复该州自然植被的覆盖面积。

二、地理区域

北卡东濒大西洋，西接田纳西州，南邻南卡罗来纳州和佐治亚州，北

① Douglas M. Orr Jr. & Alfred W. Stuart, *The North Carolina Atlas*, Chapel Hill and London: University of North Carolina Press, 2000, p. 23 ~25.

邻弗吉尼亚州（见图2－1）。北卡总面积136 560平方公里，在美国各州中排名第28位。北卡下辖100个县，州府为罗利（Raleigh），最大的城市为夏洛特（Charlotte）。北卡州分为3个地理区域——东部沿海平原、中部皮德蒙克高原和西部阿巴拉契亚山区。

图2－1　美国各州地图

资料来源：http：//www. china. com. cn/international/zhuanti/08mgdx/2008－08/19/content_ 16272712. htm。

北卡东部沿海平原占全州面积的45%，东临大西洋，西面有瀑布线。因为这里地势开始变得平缓，内陆瀑布变成河流和小溪，与皮德蒙特高原分隔。海拔低于皮德蒙特高原和阿巴拉契亚山区。湿地是沿海平原的标志性特征，有许多野生生物和水中生物在这里栖息。沿海平原可以分为两个部分——外沿海平原和内沿海平原。外沿海平原也称作沿海低地，临近大西洋，地势非常平缓，沼泽和湖泊众多，排水功能不是很好。内沿海平原海拔高于外沿海平原，排水功能要好于外沿海平原。内沿海平原有些地方也有湿地，或高地沼泽，通常称为浅沼泽。此外，还有卡罗来纳海湾，很多浅沼泽起源于卡罗来纳海湾。

皮德蒙特高原紧邻沿海平原西部，约占全州面积的38%。东边临近沿海平原处海拔大约300英尺[①]，有一片连绵起伏的丘陵，森林覆盖率非常高。越向西海拔越高，形成了陡峭的山峰。到了蓝带山，海拔高达1 500英尺。从印第安人时期到如今，皮德蒙特高原一直是连接美国东南部和南部腹地的一条自然通道。七条主要河流及其支流流经皮德蒙特高原坚硬的岩石区，可供电力使用。此外，皮德蒙特高原岩石中含有金和其他宝贵的金属资源。从卡巴鲁斯郡到南部的佐治亚，曾经是美国淘金时期的一个淘金点。

布里瓦德断层的断层线把皮德蒙特高原和阿巴拉契亚山区分割开来。阿巴拉契亚山区东西两侧分别以阿巴拉契亚山脉南端的蓝岭和尤纳加两条山脉为界，由一些相互交错的山脉和较小的高原和盆地组成。阿巴拉契亚西部山区有着北卡最古老的岩石——基岩。东部山区的岩石则形成较晚，是火山岩和沉积岩的混合。在北卡阿巴拉契亚山区，海拔超过6 000英尺的山峰有43座，海拔在5 000英尺到6 000英尺间的山峰有82座之多。[②]

第二节　社会文化背景

北卡罗来纳州最早出现的族群是印第安人。17世纪中，英国殖民者开始在这里建立殖民地。美国独立后，北卡成为美国最初的13个州之一。美国内战爆发后，北卡也卷入了其中，加入南部联盟军作战，以失败告

① 英尺，英美制长度单位，1英尺合0.304 8米。

② Douglas M. Orr Jr. & Alfred W. Stuart, *The North Carolina Atlas*, p. 20.

终。战后，北卡进入了重建时期。北卡的种族和族群类型呈现出多样化，从最早的印第安人、白人和黑人，发展到现在各个种族和族群全部都有。华人登上北卡的历史舞台始于19 世纪 90 年代，人数非常少。20 世纪 60 年代后，北卡华人人口迅速增加。北卡历史上一直是一个农业大州，棉花和烟草是最主要的农作物，两大支柱产业为纺织业和烟草业。20 世纪 50 年代末，随着三角园区的建立，高新技术产业在北卡兴起并蓬勃发展起来；也正是北卡的高新技术产业，吸引了越来越多的华人前来，华人在北卡的力量也日益壮大。北卡与中国的往来的加强，很大程度上得益于北卡华人的努力。

一、历史

据记载，早在 10 000 年前，北卡罗来纳州的土地上就出现了印第安人的踪影。印第安人主要是以狩猎为生。逐渐地，这批最先到来的人从以狩猎为主转变为以农耕为主。至公元 1200 年，海岸线到皮德蒙特地区出现了小型的农业村落。公元 1500 年，这一地区的土著部落抵抗了克里克印第安人的侵略，克里克即为现今的亚拉巴马州和佐治亚州。至 2010 年，仍有大约 30 000 印第安人居住在北卡西北部山区。

1492 年，哥伦布发现新大陆。之后，欧洲殖民者的船只纷纷驶向这里。1524 年，法国出资邀请意大利航海家乔瓦尼 · 达 · 维拉扎诺驱船前往中国。航行过程中，维拉扎诺在卡罗来纳的开普菲尔北部登陆，后又向东北方向驶去，到达奥克拉科克，他以为自己来到了太平洋的入口，后来的欧洲航海者也坚持了这一错误的认识许多年。16 世纪 60 年代，西班牙人才认识到这条通往西方的水上航路是不对的，并确定了北卡罗来纳的存在。由于当时消息传播非常缓慢，加之西班牙和英国关系紧张，英国一直坚信维拉扎诺的观点。1587 年，英国人约翰 · 怀特在北卡东北部的罗厄诺克岛建立了一个殖民地。三年后，罗厄诺克岛上的殖民者消失得无影无踪，即北美历史上所称的“消失的殖民地”（lost colony）。[①] 直到1607年，英国在弗吉尼亚的詹姆斯敦建立起第一个永久性的殖民地，这一错误观点才得以纠正。弗吉尼亚的殖民者中，有一部分人南下进入现今的北卡罗来纳地区，并从当地印第安人手里买下了土地，种植当时最赚钱的烟草作物。由于这一地区没有良好的港口，要想把烟草运送到英国，只得通过弗吉尼亚的港口。此后，弗吉尼亚殖民者陆续南下进入现今北卡。1663年，英国国王查理二世将这块土地赐予他的支持者和领主，并以他的拉丁文名将之命名为卡罗来纳，包括从佛罗里达北部到弗吉尼亚的大片土地，从而结束了北卡作为弗吉尼亚附属地的历史。1689年，英国领主们又把卡罗来纳分为南北两部分。1710年，爱迪顿（Editon）成为北卡罗来纳的首府。当时这一殖民地的居民基本上都是来自弗吉尼亚的殖民者和印第安人。1710年，一批来自德国和瑞士的殖民者到达北卡的帕姆里克（Pamlico）地区并建立了新伯尔尼城（New Bern）。这批殖民者在当地取得了很大的成功，把首府于1770年也迁至新伯尔尼。[②]

随着殖民者源源不断地到来，北卡的土著印第安人感到了不安和潜在威胁。由于天花和冲突的发生，当地印第安人的人口已经呈现下降趋势。他们所占有的土地也在不断减少。在贸易活动中，白人生意人（主要是南卡的白人生意人）经常欺骗当地印第安人，还从事贩卖印第安人奴隶的买卖。1711年，图斯卡罗拉印第安人对新伯尔尼周边的殖民者发起了持续四年之久的进攻，最终以图斯卡罗拉印第安人失败告终。斗争中残留下来的图斯卡罗拉印第安人逃离北卡回到了纽约。1729年，英国国王乔治二世接管了北卡，他的接管促进了北卡的繁荣。北卡殖民者扩大定居领域，发展农业，修建道路，一直持续到美国独立战争前。1730年后，由于土地的减少，马里兰、弗吉尼亚和宾夕法尼亚的殖民者相继来到北卡罗来纳，寻找

① Douglas M. Orr Jr. & Alfred W. Stuart, *The North Carolina Atlas*, p. 49.

② Douglas M. Orr Jr. & Alfred W. Stuart, *The North Carolina Atlas*, p. 49.

新的生活。另外，还有非洲奴隶，他们主要在种植园中劳作。1730 年，北卡殖民地有 30 000 白人和 6 000 黑人，主要居住在海岸平原地区（Coastal Plains）。1775 年，人口增至 265 000 人，其中包括 10 000 黑奴，德国人占 30% 之多。北卡当时的人口在 13 个殖民地中位居第 4 位，居住地区也延伸到了北卡的山区。①

美国独立战争打响后，北卡罗来纳的殖民者积极响应。1775 年，驱逐英国总督乔赛亚·马蒂并与英国军队和北卡的反对势力展开斗争。1789 年，批准联邦宪法，为加入联邦的第 12 个州。北卡罗来纳州的资格老一些，便自称“老北州”。独立战争后，北卡的新政府采取一系列改革措施，促进北卡经济发展和政治制度的完善，包括立法改革、建立新的郡县、修建公路和铁路、成立银行、发展工业等，同时仍然存在诸多问题，比如，黑奴问题、税收问题。内战爆发前，尽管北卡的经济和交通运输水平有了提高，但大多数北卡人的生活还是没有较大的改观。松脂是其主要经济来源，第二是烟草。全州虽然有几十个纺织厂，但在北卡的工业总产出中却排位靠后。人们生活还依赖于玉米的种植。越往北卡的西部，土地也越来越少，黑奴的数量也在减少。东部种植园黑奴的生活和南卡相比没有什么不同，他们组成帮派，从事烟草和棉花生产加工工作。还有一些黑奴开始学习一些技术，学习读写，尽管这在当时是违法的。19 世纪早期，一些黑奴跟随白人主人信仰了基督教，然而基督教并没有拯救他们的命运，他们仍然遭受着被鞭打和买卖的悲惨命运。虽然北卡的黑奴经常会奋起反抗，但几乎每次都被人数占多数的白人镇压下去。此外，还有一些白人自耕农占据了皮德蒙特地区，把北卡西部的边界推向了切诺基印第安人的居住地。在当地白人的影响下，切诺基印第安人也慢慢地向农业转变，并学会了英语，信仰了基督教，但这并没有阻止白人对他们的侵略。1835 年，联

---

① Douglas M. Orr Jr. & Alfred W. Stuart, *The North Carolina Atlas*, p. 51.

邦政府把东南部的切诺基印第安人迁移到俄克拉荷马州，这就是美国历史上著名的“血泪之路”(The Trail of Tears)。[①] 有一小部分切诺基印第安人逃避联邦政府的控制，潜伏在北卡的深山中。如今，在北卡的大雾山中仍然可以发现切诺基人居住的小镇。

美国内战爆发后，北卡一开始并不想卷入其中，直到1861年3月，北卡权衡自身得失后，才决定加入南部联盟军。北卡军队参加了南部联盟军在弗吉尼亚的很多战斗。很快，北部联邦军就占领了北卡的外滩和新伯尔尼等地。北卡内部也出现了不同的声音，东部的华盛顿郡白人自耕民、无土地的农民与富有的种植园主之间时常爆发争斗，还有一些秘密组织攻击南部联盟军。随着生活状况的急剧恶化和死亡人数的上升，妇女们从一开始支持男士们上战场转变为反对态度。1865年，北部联邦军攻下了北卡的渔人堡、威尔明顿和戈尔兹伯勒等地。最后，谢尔顿带领的北部联邦军彻底打败了李带领的南部联盟军。约翰逊看到大势已去，便建议戴维斯总统放弃继续斗争。在北卡德罕火车站旁的一户农舍里，约翰逊和谢尔顿签署了停战协议。内战结束后，北卡开始了一系列战后重建工作，进入了重建时期（The Restruction Era)。白人农场主和获得自由的黑人协议达成了劳务关系。棉花和烟草仍然是主要农作物。州政府鼓励人们发展工业。北卡的纺织业规模有所扩大，烟草业和家具业取得了较大的进步，铁路修建速度加快。经济的快速发展促进了北卡人口的增长。到20世纪20年代，北卡已成为美国东南部的领先工业州。为了促进工业和贸易的进一步发展，北卡州政府大力加强北卡道路的规划和修建工作。内战后，尽管北卡黑人得到了解放，但仍然处于被歧视、隔离、贫困和失业的境地。1898年北卡威尔明顿黑人暴乱的发生和1901年黑

---

① 随着欧洲移民的大量涌入，经济比较发达的东部各州的人口和土地压力越来越大。1830年，当时的美国总统安德鲁·杰克逊促使国会通过了《印第安人迁移法》(*Indian Removal Act*)，把东部印第安人迁移到密西西比河以东、落基山脉以东的大平原地区。直至1838年最后一批佐治亚切诺基印第安人在美国政府的强制下搬离，共有9万印第安人被迫背井离乡，其中有很多印第安人死在了“血泪之路”上。

人公民权利的剥夺，促使黑人把重心转移到经济发展上来。此后，北卡出现了一些像德罕郡的约翰·麦里克这样的黑人企业家。

20 世纪 30 年代的经济大萧条也波及北卡。其实早在 20 世纪 20 年代，北卡两种主要农作物——棉花和烟草——的价格就已经平稳下滑了。在全美已经逐渐转变为一个城市化和工业化国家时，北卡仍然是一个乡村类型的州。1930 年，只有 1/4 的北卡人居住在城市中。大萧条时期，州政府和联邦政府纷纷采取措施，以缓和经济危机的影响，如削减州政府开支、加强公共大学体系、扶助基础设施建设、增加纺织业和家具业等低收入产业工人的工资等。第二次世界大战爆发后，北卡成为美国一个重要的战略物资供给地，联邦政府给予了北卡 20 亿美元的合同。北卡的港口伊丽莎白市、新伯尔尼和威尔明顿接到了一些造船的合同。皮德蒙特的纺织工业也做出了调整，集中为美国军队提供日用品。第二次世界大战使北卡发生了较大的改变。首先，乡村人口加快了向城市的迁移，这一直持续到 20 世纪 70 年代后。其次，黑人人口增长较快并且状况得到了改善。

二、人口与族群

18 世纪 70 年代，美国开始进行人口普查。托马斯·杰斐逊担任了第一次美国人口普查的首席行政官。当时参加人口普查的州包括美国最早建立的 13 个州以及肯塔基、缅因、佛蒙特三个地区和西南特区（即现在的田纳西州）。这次人口普查的结果是全国人口共计有 3 900 000 人。此后，每十年美国都会进行一次人口普查。美国早期进行人口普查的主要目的有两个：一是国会选举的需要，国会众议院的席位要根据每个州的人口数量来确定和划分；二是为了指导国家的税收、征兵等政策的执行。由于美国是一个多种族和族群的国家，美国人口普查中突出了种族类型特征。美国第一次人口普查只分为两个种族：白人和非白人。这种分类方法体现了当时美国社会的种族和阶级面貌，白人是主人，非白人包括印第安人和黑奴，处于社会底层。这种二分法持续到1810年的人口普查。1820年，美国人口普查的种族类型有所变化，包括白人人口、除印第安人之外的有色人种人口和其他人口三种类型，但1830年和1840年的人口普查又恢复了以前的二分法——白人和非白人。1850年改为白人和有色人种两个种族类型。19世纪50年代后，亚洲移民主要是中国移民开始进入美国，从而影响了美国人口普查的种族划分。1860年的人口普查分为白人、有色人种、印第安人、亚洲人和印第安人与白人混血五个类型。1870年和1880年的人口普查中又去除了印第安人与白人混血这一种族类型。随着日本移民的进入，美国1890年的人口普查中又出现了日本人类型，印第安人类型改为受教化的印第安人（Civilized Indian）。1900年至1970年的几次人口普查中，种族类型也经常变动，主要包括白人、白人和有色人种。此外，有的还包括了中国人、日本人、菲律宾人。1790年到1970年的美国人口普查显示了美国种族类型不断变化的过程。同时，新移民的不断涌入必定会影响美国人口普查种族类型的划分。诚然，在种族类型划分上也存在混乱的现象。例如，亚裔印度人，1920年至1940年的人口普查中被归类为“印度人”（Hindus），1950年至1970年被归类为“白人”，1980年至年被归类为“亚洲人或太平洋岛屿人”。

随着美国社会的进步，美国各种族人士越来越关注美国人口普查中对种族类型的划分，也存在较大的争议。同时，美国联邦政府有关种族和族群的行政报告和统计活动也需要规范种族和族群类型的划分标准。在这种情形下，1977年，美国公共与预算管理办公室（OMB）发布了“联邦统计和管理报告的种族与族群标准”（Race and Ethnic Standards for Federal Statistics and Administrative Reporting），包含在“统计政策第15号指令”（Statistical Policy Directive No. 15）中。这一标准把美国种族和族群分为五大类，并分别做了定义，包括美国印第安人或阿拉斯加土著居民（American Indian or Alaskan Native）、亚裔和太平洋岛民（Asian and Pacific

Islander)、黑人（Black)、西班牙裔人（Hispanic)、白人（White)。同时还确定西班牙裔白人和非西班牙裔白人两种族性。之后，在1980年和1990年的人口普查中，又对确定种族的相关问题做了一些修改，主要是西班牙裔和亚裔及太平洋岛人的归类问题。1977年的标准执行十几年后，受到了较多的批判，认为这一标准对种族和族群的划分太有局限性，不能反映美国人口日益多样化的特点。还有人认为有必要对1977年标准的名称进行修改。于是，在广泛听取民众意见和执行例行程序的基础上，1997年，美国公共与预算管理办公室发布了修订后的联邦统计和管理报告的种族与族群标准，最后确定的种族类型是：白人、黑人或非裔美国人、美国印第安人或阿拉斯加土著、亚洲人、夏威夷土著或其他太平洋岛人，其中一个主要的修订是针对混血种族背景。自19世纪以来，混血种族归类问题就一直困扰着美国的统计体系。在以往的统计中，跨种族家庭的子女只能选择父母一方的种族。然而，随着跨种族婚姻家庭的增多，这一问题也变得日趋严重。因此，有人提议应当增加“多种族”选项，但是也有人反对增加这一选项，尤其是人权组织，认为这样会造成人权执行能力下降和不平等与歧视现象。最终，经过测试，采用了可以选择多个种族背景的方法（mark one or more)。在2000年和2010年的人口普查中，种族类别多了“其他种族”选项，并且种族类别可以单选或多选。

根据美国人口普查局的数据，1790年北卡人口为393 751人，在当时各州和地区中排在第3位。种族类型只有白人和非白人（黑人)，印第安人不在统计范围之内；其中，白人有288 204人，占73.2%，黑人有105 547人，占26.8%。[①] 1790年至1870年，白人人口下降到62%，但1870年至1970年，白人人口又增至77%。[②] 1970年之前，北卡是美国南部一个典型的乡村大州，就业机会和各方面设施都比较落后，导致人口外流现象比较严重，尤

① 参见 http://www.census.gov/population/www/documentation/twps0056/tab48.pdf。

② Douglas M. Orr Jr. & Alfred W. Stuart, *The North Carolina Atlas*, p. 79.

其是北卡的乡村地区。北卡人口主要流向了美国东北部、中西部和西部的一些州。北卡的白人在第一次世界大战期间开始迁到其他州，后来迁出的人数逐渐增多。在北卡人口的迁出浪潮中，黑人稍晚于白人。到20世纪40年代，北卡黑人迁出的人数超过了白人迁出的人数。20世纪60年代早期，白人的人口外迁量开始下降，而黑人的人口外迁量下降是在20世纪70年代。20世纪70年代前，北卡本身人口的增长主要依赖于北卡的高生育率。[①] 20世纪70年代后，北卡人口的增长主要是移民的迁入。至2010年，北卡人口达到9 535 483人，其中，白人占68.5%，黑人占21.5%。[②]

自1860年起，印第安人被纳入北卡人口普查数据统计中，归属为美国印第安人、爱斯基摩人和阿留申人种族类型，持续到20世纪90年代。不过，从美国的国情和北卡的州情分析，可以推论出这一种族类型中的绝大多数人口应当都是印第安人。1860年，北卡这一种族类型的人口有1 158人，只占当时北卡总人口的0.1%。1900年后，增长速度较快。1940年为22 546人，但到了1950年则锐减到了3 742人，原因是1950年北卡人口普查中多了“其他种族”选项，有27 162人选择此项，其中绝大部分是印第安人。1960年又调整了回来，选择“其他种族”选项的人数缩减为708人，美国印第安人、爱斯基摩人和阿留申人种族类型人口为38 129人。[③] 尽管在北卡100个郡中都有印第安人，但北卡印第安人居住地还是相对比较集中，主要分布于北卡的12个郡中。1999年，这12个郡中的印第安人占北卡印第安人的81.5%，2000年占77.3%，其中，罗伯森郡的印第安人占47%。[④]

20世纪40年代，西班牙裔类型才出现在北卡人口普查数据记录中，

---

① 美国20世纪50年代至60年代初的婴儿潮（Baby Boom）。

② 参见 http：//www.socialexplorer.com/tables/C2010/R10692894。

③ 参见 http：//www.census.gov/population/www/documentation/twps0056/tab48.pdf。

④ Ole Gade, Arthur B. Rex, James E. Young & L. Baker Perrborth, *North Carolina: People and Environment*, Boon: Parkway Publishers, Inc., 2002, p. 106.

为180人。1950年和1960年没有统计。1970年又恢复统计，按5%样本统计为43 414人。1980年，样本统计数字为56 039人，1990年为69 020人，但还有一定数量的西班牙裔人口未被统计在内，他们属于非法移民。[①] 早期在北卡的西班牙裔大多是季节工人、建筑工人和制造业工人，流动性很大。最近一些年，发展较好、规模较大的西班牙裔社区都集中在北卡较大的城市。据统计，2000年，夏洛特的西班牙裔人口有39 800人；罗利位居第二，有19 000人；德罕和温莎各有16 000人。[②] 20世纪90年代末经济繁荣时期，建筑业吸引了大批西班牙裔来到这些中心城市。北卡的西班牙裔新移民也喜欢在这些较大的西班牙裔社区定居，并且所从事的工作正在从原来流动性的季节工和建筑工转向一些稳定的职业，成为永久性居民。

1880年，北卡人口普查数据中第一次出现了亚裔和太平洋岛屿人的人口统计，只有1人，具体属于哪一族裔信息不详。20世纪60年代之前，北卡亚洲和太平洋岛屿人口增长非常缓慢——1900年51人、1910年82人、1920年113人、1930年92人、1940年144人、1950年551人。20世纪60年代后，增长迅猛——1960年2 012人、1970年5 617人、1980年21 176人、1990年52 166人。21世纪初始，北卡亚裔和太平洋岛屿人口几乎以每十年翻一倍的速度增长——2000年113 698人、2010年208 962人。2010年，北卡亚洲裔和太平洋岛屿人口占北卡总人口的2.2%。虽然和美国亚裔和太平洋岛屿人口占全美人口的比例相比，北卡亚裔和太平洋岛屿人口所占比例相对较低，却一直呈直线上升趋势。需要注意的是，虽然被称为北卡亚裔和太平洋岛屿人，但其中绝大多数都是亚洲人。北卡的大学、医药和高科技产业等不断地吸引亚裔人口移居该州，尤其是来自菲

① 参见http://www.census.gov/population/www/documentation/twps0056/appA.pdf。

② Ole Gade, Arthur B. Rex, James E. Young & L. Baker Perrborth, *North Carolina: People and Environment*, Boon: Parkway Publishers, Inc., 2002, Bp. 104.

律宾、中国、韩国、越南和印度这几个亚洲国家的移民。此外，还有一部分移民来自诸如加州、纽约州和华盛顿州等。北卡亚裔移民多集中居住在梅克伦堡郡、维克郡、橙郡、吉尔福德郡和德罕郡。此外，凯瑞、莫里斯维尔这样的高科技小城市也是大批亚裔移民定居的首选之地，亚裔移民人口比例相对较高。

三、北卡罗来纳州华人

根据北卡 1890 年的人口普查数据，亚裔和太平洋岛屿人口有 33 人，其中有华人 32 人。从统计中可以看出，北卡华人是北卡亚裔和太平洋岛屿人口中最早移居北卡的。北卡华人的增长趋势也基本等同于北卡亚裔和太平洋岛屿人口的增长趋势。到 20 世纪 60 年代前，北卡华人人口增长也比较缓慢——1900 年 51 人、1910 年 80 人、1920 年 88 人、1930 年 68 人、1940 年 83 人、1950 年 345 人、1960 年 404 人。20 世纪 60 年代后，北卡华人增长加快——1970 年 1 255 人、1980 年 3 176 人、1990 年 8 859 人、2000 年 18 017 人。到 2010 年，华人人口已达到 32 301 人（具体参见后文表 2 - 1）。《梅克伦堡郡：外国人、归化和公民记录》（*Mecklenburg County: Alien, Naturalization and Citizenship Records*）记录了 1927 年在该郡登记的华人有 11 人，全部为中青年，其中有一半带有儿女，1933 年减少为 1 人。这些华人大多是美国其他州迁移到该郡的，包括南加州、洛杉矶、纽约、弗吉尼亚、华盛顿哥伦比亚特区、佐治亚和佛罗里达，还有几个来自中国香港。他们所从事的职业为美国华人的两个传统行业——洗衣业和餐饮业。[①] 当时的部分华人信息可参见图 2 - 2、图 2 - 3 和图 2 - 4。1950 年，北卡亚裔人口增至 551 人，1960 年迅速增加到 2 012 人。此后，增长速度一直较快，至 2010 年，已增至 208 962 人，占北卡总人口的

① 参见 http://digital.ncdcr.gov/cdm/ref/collection/p15012coll13/id/4127。

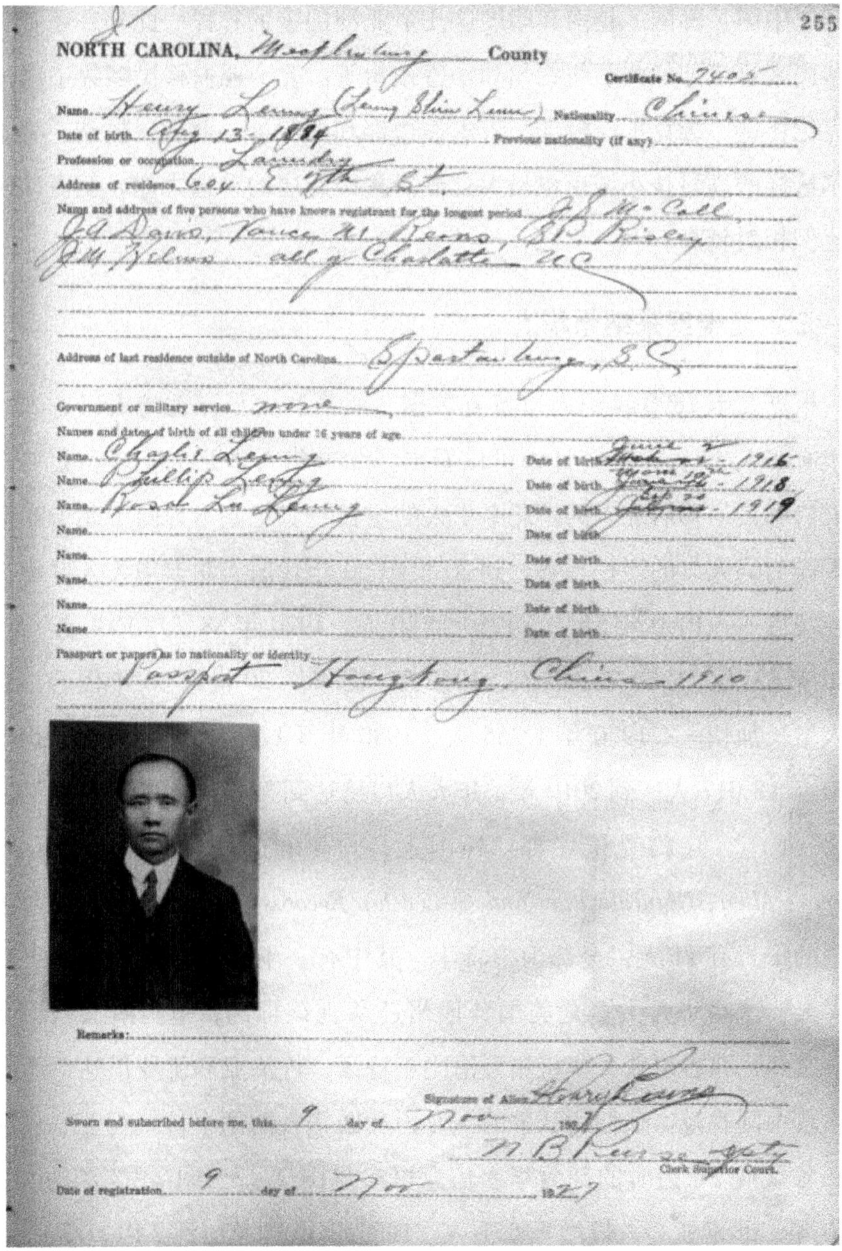

255

NORTH CAROLINA, Mecklenburg County

Certificate No. 7405

Name. Henry Leung (Leung Shin Lunn) Nationality Chinese

Date of birth. Aug 13 1884 Previous nationality (if any)

Profession or occupation. Laundry

Address of residence. 604 E 9th St

Name and address of five persons who have known registrant for the longest period. J.S. McCall, J.A. Dows, Vance M. Beeno, B.P. Risley, J.M. Helms all of Charlotte NC

Address of last residence outside of North Carolina. Spartanburg, S.C.

Government or military service. none

Names and dates of birth of all children under 16 years of age.

Name. Charlie Leung Date of birth. June 2 1916

Name. Phillip Leung Date of birth. Nov 12 1918

Name. Rose Lu Leung Date of birth. Feb 22 1919

Name. Date of birth.

Name. Date of birth.

Name. Date of birth.

Name. Date of birth.

Name. Date of birth.

Passport or papers as to nationality or identity. Passport Hongkong China 1910

Remarks:

Signature of Alien Henry Leung

Sworn and subscribed before me, this 9 day of Nov 1927

N B Kerr Dpty
Clerk Superior Court.

Date of registration 9 day of Nov 1927

图 2-2　1927 年在梅克伦堡郡登记的华人（1）

资料来源：http：//www. socialexplorer. com/tables/C2010/R10692722。

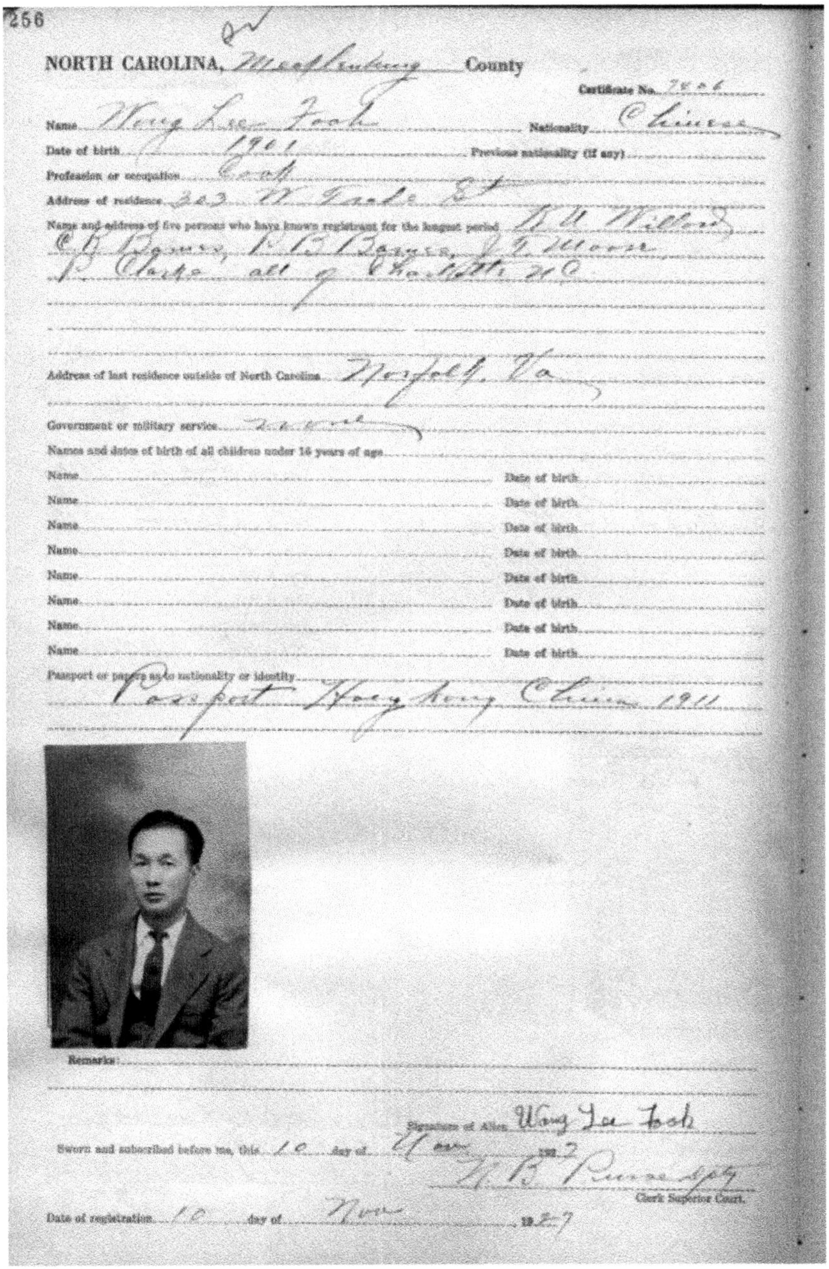

256

NORTH CAROLINA, Mecklenburg County

Certificate No. 7806

Name Wong Lee Fook　Nationality Chinese

Date of birth 1901　Previous nationality (if any)

Profession or occupation Cook

Address of residence 303 W. Trade St

Name and address of five persons who have known registrant for the longest period R. H. Willard, C. B. Bowers, F. B. Bowers, J. T. Moore, P. Clarke all of Charlotte N C

Address of last residence outside of North Carolina Norfolk Va

Government or military service none

Names and dates of birth of all children under 16 years of age

Name　Date of birth

Name　Date of birth

Name　Date of birth

Name　Date of birth

Name　Date of birth

Name　Date of birth

Name　Date of birth

Name　Date of birth

Passport or papers as to nationality or identity Passport Hongkong China 1911

Remarks

Signature of Alien Wong Lee Fook

Sworn and subscribed before me, this 10 day of Nov 1927

Clerk Superior Court.

Date of registration 10 day of Nov 1927

图 2－3　1927 年在梅克伦堡郡登记的华人（2）

资料来源：http：//www. socialexplorer. com/tables/C2010/R10692722。

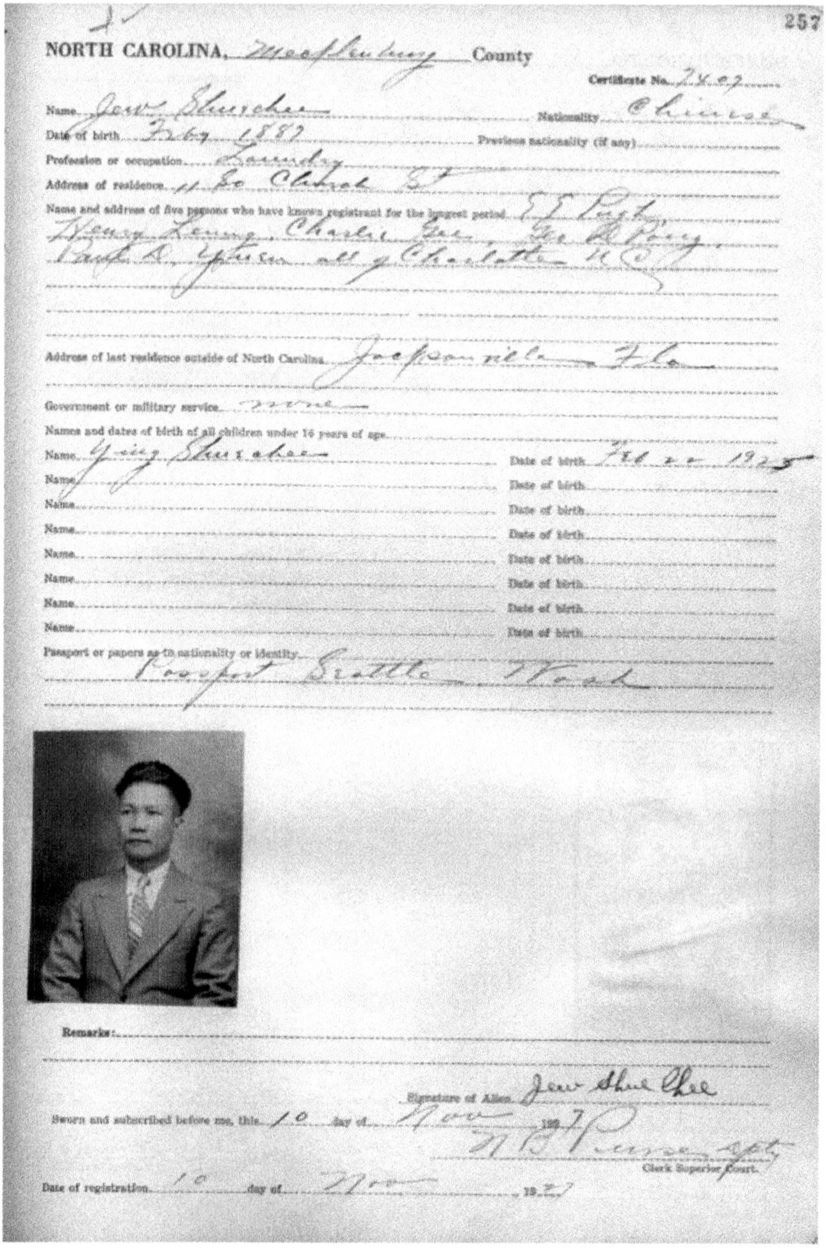
257

NORTH CAROLINA, Mecklenburg County

Certificate No. 7407

Name Jew Shuechee Nationality Chinese

Date of birth Feby 1887 Previous nationality (if any)

Profession or occupation Laundry

Address of residence 11 So Church St

Name and address of five persons who have known registrant for the longest period E. T. Pugh, Henry Leung, Charlie Gee, Gee B Poy, Paul A. Yuen all of Charlotte N C

Address of last residence outside of North Carolina Jacksonville Fla

Government or military service none

Names and dates of birth of all children under 16 years of age.

Name Ying Shuechee Date of birth Feb 20 1925

Name Date of birth

Name Date of birth

Name Date of birth

Name Date of birth

Name Date of birth

Name Date of birth

Name Date of birth

Passport or papers as to nationality or identity. Passport Seattle Wash

Remarks:

Signature of Alien Jew Shue Chee

Sworn and subscribed before me, this 10 day of Nov 1927

N B Pearse Dpty

Clerk Superior Court.

Date of registration 10 day of Nov 1927

图 2－4　1927 年在梅克伦堡郡登记的华人（3）

资料来源：http：//www. socialexplorer. com/tables/C2010/R10692722。

2.2%。美国颁布《1965 年移民法》及中国内地实施改革开放政策后，北卡华人人口数量迅速增长，几乎每十年翻一倍。1970 年迅速增至 1 255 人。1970 年前，北卡华人主要以美国国内的华人移民迁入为主。20 世纪 70 年代和 80 年代初，许多中国台湾华人来到北卡留学和工作，成为北卡华人中的主要力量。大陆华人主要是在 20 世纪 80 年代中后期开始移居北卡的。20 世纪 90 年代后，大陆华人人口反超台湾华人人口，成为北卡华人的主流。1990 年至 1999 年，北卡亚裔人口增长率为 99%，在全美位居第三，前两位是内华达州（123.7%）和佐治亚州（109%）。截至 2010 年的人口普查，北卡华人已有32 301人，占北卡总人口的 0.4%。北卡三角区华人人口的比例是1.2%，夏洛特地区是0.6%。目前，北卡是美国南部各州中华人人口数量相对较多的一个州。①

表 2－1 是关于美国人口、美国亚裔和太平洋岛屿人口、美国华人人口、北卡人口、北卡亚裔和太平洋岛屿人口以及北卡华人人口的统计数字，起止时间为 1870 年至 2010 年。从表 2－1 中可以看出北卡华人人口和上述其他几种类型人口的比例关系。

表 2－1　美国和北卡总人口、亚裔与太平洋岛屿及华人人口年代统计表

年代	美国人口	美国亚裔和太平洋岛屿人口	美国华人人口	北卡人口	北卡亚裔和太平洋岛屿人口	北卡华人人口
1870	38 588 371	63 254	63 199	1 071 361	无	－
1880	50 155 783	105 613	105 465	1 399 750	1	－
1890	62 622 250	109 527	107 488	1 617 947	33	32
1900	76 303 387	114 189	89 863	1 893 810	51	51
1910	92 228 531	146 863	71 531	2 206 287	82（日裔 2 人）	80

① 参见 http：//www.socialexplorer.com/tables/C2010/R10692722。

续表

年代	美国人口	美国亚裔和太平洋岛屿人口	美国华人人口	北卡人口	北卡亚裔和太平洋岛屿人口	北卡华人人口
1920	105 710 620	182 137	61 639	2 559 123	113（日裔24人）	88
1930	122 775 046	264 766	74 954	3 170 276	92（日裔17人，菲律宾裔6人，韩裔1人）	68
1940	131 669 275	254 918	77 504	3 571 623	144（日裔21人，菲律宾裔31人，印度裔7人，韩国裔2人）	83
1950	150 697 361	321 033	117 629	4 061 929	551（日裔98人，菲律宾裔108人）	345
1960（100 - percent Data）	179 323 175	980 337	237 292	4 556 155	2012（日裔1264人，华人第二，菲律宾裔第三，343人）	404
1970（100 - percent Data）	203 212 877	1 538 721	435 062	5 082 059	5 617（日裔2 104人，华人第二，第三菲律宾裔905人，韩裔883人，夏威夷470人）	1 255
1980（100 - percent Data）	226 545 805	3 500 439	806 040	5 881 766	21 176（印度裔4 720人，占北卡亚裔23.3%；韩裔3 581人，占北卡亚裔16.9%；日裔3 186人，占北卡亚裔15.1%；华人，占北卡亚裔15%，菲律宾裔，2 542人，占北卡亚裔12%）	3 176

续表

年代	美国人口	美国亚裔和太平洋岛屿人口	美国华人人口	北卡人口	北卡亚裔和太平洋岛屿人口	北卡华人人口
1990	248 709 873	7 273 662	1 645 472	6 628 637	52 166（第一印度裔9 847人，占北卡亚裔19.7%；华人，占北卡亚裔17.7%，韩裔7 267人，占北卡亚裔14.5%；菲律宾裔5 332人，占北卡亚裔10.7%；越南裔5 211，占北卡亚裔10.4%；日裔5 040人，占北卡亚裔10.1%）	8 859
2000	281 421 906	10 242 998	2 564 190	8 049 313	113 698（亚裔占北卡总人口的1.4%。印度裔；大陆华人占北卡亚裔人口的16.1%，台湾华人967人，占北卡亚裔人口的0.9%）	18 017
2010	308 745 538	14 674 252（亚裔占全美整个人口的4.8%）	3 535 382	9 535 483	208 962（亚裔占北卡总人口的2.2%。印度排行第一。大陆华人占北卡亚裔人口的15.7%；台湾华人1 780，占北卡亚裔人口0.9%）	32 301

资料来源：1990～2010年的人口数字参考 http：//www.socialexplorer.com；1870～1980年人口数字参考 http：//www.census.gov。

根据施于杭2000年针对北卡两所华人教会的抽样调查结果，北卡华人中，大学学历占17.5%，大学以上学历占82.5%。家庭收入50 000美元以上的占86.1%，大多都属于中产阶级。所从事职业从高到低依次是工程师（35.9%）、专业人士（15.4%）、大学教授与家庭主妇（各占12.8%）、学生（7.7%）、政府雇员与商人（各占5.1%）、自雇就业与其他（各占2.6%）。[①] 由此可见，北卡华人普遍具有很高的学历，以高科技人才、专业人才和高等教育领域人才为主。研究美国华人的学者普遍认为，美国华人的职业经历了从“三刀”到“三师”再到“三家”的转变过程。[②] 对北卡华人而言，似乎并未经历过这一转变过程，而是直接以“三师”为主要特征，并出现了“三家”的局面。这与美国和北卡20世纪80年代以来的经济结构转型和吸引高学历华人人才有关。邝彼得把美国华人分为“住宅区华人”和“商业区华人”。“住宅区华人”不居住在华人集中的社区，这些华人一部分在美国出生，一部分是新移民，他们比美国国内一般人受过较多的教育，有较高的收入。“商业区华人”是指那些通常居住在唐人街的华人，其中相当一部分是新移民，几乎不懂英语，从事没有前途和工资微薄的工作，如体力劳动和服务行业等。[③] 北卡华人移居历史较短，没有形成华人聚集的唐人街，而是和其他族群混居在社区中，并且主要混居在以白人为主的社区，再加上北卡华人高学历和高收入的特征，应当属于邝彼得所划分的“住宅区华人”一类。

四、北卡罗来纳州与中国的往来

北卡州与中国的往来直到最近一些年才真正拉开帷幕。北卡历史上关于中国的记载很少，始于19世纪初的北卡报纸，主要是《卡罗来纳守望

① 施于杭：“美籍华人的政治取向和期望：兼论美籍华人在中美关系发展中的作用”，引自孔秉德、尹晓煌编著，宇宁平等译：《美籍华人与中美关系》，新华出版社2004年版，第93～94页。

② “三刀”指的是菜刀、剪刀和剃刀；“三师”指的是律师、医师和工程师；“三家”指的是企业家、科学家和发明家。

③ 邝彼得：《新唐人街：当代美国华人社区》，世界知识出版社2002年版，第5页。

者报》（*Carolina Watchman*）和《威尔明顿公报》（*The Wilmington Gazette*）两份报纸。中国几乎都是以负面形象出现的，这和当时中国的历史背景有关。当时的中国正值清王朝内忧外患时期，清政府对内固守专制制度，腐败横行，鸦片猖獗；对外闭关锁国，软弱无能，妥协投降。当时《卡罗来纳守望者报》和《威尔明顿公报》主要以转载美国主流报纸有关中国的报道为主，如：

1. 1807 年 7 月 28 日，《威尔明顿公报》转载了《费城》7 月14 日的报道。关于中国人和英国东印度公司一些船员之间的争斗。起因是中国人向英国东印度公司的一艘船索要一名中国人，但遭到了对方的拒绝。继而，中国人阻拦了这艘船装载货物。这场冲突造成一名中国人死亡。①

2. 1843 年 2 月 25 日，《卡罗来纳守望者报》刊登了“中国贸易”一文，转载自《波士顿晚报》。该文报道了中国向英国开放四个通商口岸的消息，分别介绍了这四个通商口岸的情况。报道中还提到这四个口岸的人们很友好，如果贪婪的清朝政府不加以阻拦的话，他们愿意有贸易上的往来。然而，主要的需求还是鸦片，几乎中国的各层阶级都在吸食鸦片，从皇位继承人到皇帝。②

3. 1845 年 7 月 15 日，《卡罗来纳守望者报》刊登了名为“一封大的中国信件”一文。该文用英语翻译了当时的中国皇帝写给美国总统的一封信，表示友好往来。此外，还把这封信的丝绸材质、尺寸、所使用的语言和包装详细描述了一番。③

4. 1862 年 1 月 27 日，《卡罗来纳守望者报》转载了《辛辛那提商报》的一篇文章，其中提到美国人不能像中国人在战争中那样无

---

① “Wilmington”, *The Wilmington Gazette*, July 28, 1807.

② “The Chinese Trade”, *Carolina Watchman*, February 25, 1843.

③ “The Big Chinese Letter”, *Carolina Watchman*, July 15, 1845.

能。这里的战争指的是鸦片战争。①

5. 1878年4月4日,《卡罗来纳守望者报》刊登了一篇文章,名为《一个消灭的帝国——当俄罗斯忙于与土耳其交战时,中国吞并了喀什》。②

6. 1883年5月10日,《卡罗来纳守望者报》刊登了中法在巴黎关于 Anuam 主权谈判的失败。③

7. 1885年9月10日,《卡罗来纳守望者报》报导了怀俄明州石泉矿区的白人驱赶中国人的新闻。驱赶中国人的原因是中国人居然能接受薪酬特别低的工作,使白人不能和他们竞争。④

8. 1894年8月8日,《卡罗来纳守望者报》报导了中日之间开战。⑤

北卡州与中国在各个领域的往来起步较晚。一直以来,北卡州政府都不太重视与中国的交流与合作。据悉,北卡前任州长对中国代表团的到访总是避而不见,把与欧洲的合作当作重点。当上一届北卡州政府债台高筑时,州长普度顺应形势,一改拒绝合作的态度,专门拨款派遣立法代表团前往中国寻求合作机会。虽然连续几年都有立法代表团去中国访问,也不过到北京、上海、苏州等地走马观花。虽然看到了中国的高楼大厦,与中国的合作仍然没有多大的起色,与中国的合作让北卡政界束手无策。⑥ 近几年,在北卡华人中的有识之士,特别是北卡华人商业社团领袖人物的努

① "Yonkee Discontent", *Carolina Watchman*, January 27, 1862.

② "An Empire Obliterated——Kashgar Swallowed up by China while Russia is busy with Turkey", *Carolina Watchman*, April 4, 1878.

③ "China seems determined to resist vigorously the effort of France to seize upon a portion of her territory", *Carolina Watchman*, May 10, 1883.

④ "Forakerisms", *Carolina Watchman*, September 10, 1885.

⑤ "War formally declared by japan", *Carolina Watchman*, August 8, 1894.

⑥ 参见 http://ny.usqiaobao.com/weekends/2015/11-26/84035.html。

力下，北卡与中国的交流与合作取得了较大的飞跃。在贸易领域，2014年，北卡州对华贸易总额为151.5亿美元。其中，出口26.6亿美元，自华进口124.9亿美元。中国是北卡州第三大出口市场和第一大进口来源地（具体见表2－2至表2－5）。此外，据不完全统计，到2014年，在北卡州投资的中资企业共14家。[①] 中国驻美大使崔天凯在2016年夏洛特的春节招待会上讲道：在中美双方有识之士的推动下，中国与北卡的合作已经成为中美地方交往的样板。中国企业为北卡州创造了约15 000个就业岗位，这一数字冠绝全美各州。[②]

表2－2　近五年北卡罗来纳州对华出口情况

年度	对华出口（亿美元）	对全球出口（亿美元）	对华出口占其全球出口比重	中国是其第几大出口市场	北卡在美各州对华出口中的排名
2010	22.4	249.2	8.9%	2	
2011	26.3	270.7	9.7%	3	13
2012	25.4	288.4	8.8%	3	13
2013	26.9	293.4	9.2%	3	13
2014	26.6	312.9	8.5%	3	13

资料来源：http：//us. mofcom. gov. cn/article/ddgk/states/201407/20140700681678. shtml。

表2－3　近五年北卡罗来纳州对华出口主要产品情况

（单位：亿美元）

对华出口	2010	2011	2012	2013	2014
电脑和电子产品	3.8	3.3	3.8	4.2	4.8
化工	2.5	3.2	2.6	2.9	2.8
食品	0.5	0.2	1.3	2.5	2.5
农产品	1.6	1.2	1.4	2.3	2.2
纸	2.0	1.9	2.0	1.8	2.2

资料来源：http：//us. mofcom. gov. cn/article/ddgk/states/201407/20140700681678. shtml。

① 参见 http：//us. mofcom. gov. cn/article/ddgk/states/201407/20140700681678. shtml。
② 参见 http：//ny. usqiaobao. com/weekends/2016/02－04/88248. html。

表 2-4　近五年北卡罗来纳州自华进口情况

年度	自华进口（亿美元）	自全球进口（亿美元）	自华进口占自全球进口比重	中国是第几大进口来源地	北卡在美各州自华进口中的排名
2000	89.8	424.9	21.1%	1	12
2011	92.4	478.6	19.3%	1	12
2012	94.5	495.8	19.1%	1	12
2013	115.1	498.3	23.1%	1	12
2014	124.9	529.9	23.6%	1	12

资料来源：http：//us. mofcom. gov. cn/article/ddgk/states/201407/20140700681678. shtml。

表 2-5　近五年北卡罗来纳州自华进口主要产品情况

（单位：亿美元）

自华进口	2010	2011	2012	2013	2014
电脑和电子产品	29.7	28.6	26.1	41.8	43.2
服装	10.3	11.3	12.1	11.3	10.9
金属	6.6	7.7	8.5	9.5	10.5
电子设备和零部件	5.2	5.4	5.3	6.4	9.7
机械设备	4.8	5.5	6.3	6.8	8.6

资料来源：http：//us. mofcom. gov. cn/article/ddgk/states/201407/20140700681678. shtml。

2015 年 10 月 25 日至 11 月 10 日，北卡政商代表团进行了为期 17 天的中国万里行，跨越了中国的六省七市。这次的交流与合作是由南北卡华人工商总会筹资主办、中国驻美大使馆协办、中国对外友好协会邀请而成行的。由北卡商务厅厅长约翰·斯克瓦拉（John Skvarla）为团长、南北卡华商会会长杨华东、州参议员托米·塔克（Tommy Tucker）为副团长的 30 人代表团（团员里有 4 位州参议员，均为参议院各重要委员会的联合主席）、4 位州厅级长官、2 位市级行政长官、前州法官现国际仲裁理事会主席以及商会多位跨越生物医药、法律、金融、教育、医疗、农业等各行业的专家和商界大亨。这是第一次由北卡华人筹资组织的政商代表团。北卡政商代表团先后访问了南宁、北京、长沙、南京、上海、东莞和深圳七大城市，所到之地都受到当地政府和商界的热情接待和欢迎，签署了多项战略合作协议，启动了中国向北卡投资和深层次经济合作的新时代，在规模、社会影响、实际效果方面具有划时代的意义，是北卡与中国交流与合作新的里程碑，谱写了新的历史篇章。据悉，在未来一年内，将有 20 个以上政府、商会和大型企业代表团来访北卡，考察投资项目，寻求国际合作。①

第三节　产业模式

北卡历史上一直是以农业经济为主的州，棉花和烟草是主要的农作物。在此基础上发展起来的纺织业和烟草业是北卡原有的两大支柱产业。此外，家具业也是北卡一个重要的产业。20 世纪 60 年代前，北卡的经济发展一直比较落后。1959 年，北卡的人均收入在美国 50 个州中排在了第 45 位。20 世纪 50 年代末，北卡三角园区的兴起逐渐扭转了北卡农业州落后州的形象。高新科技产业的蓬勃发展使北卡的经济发展取得了巨大的成果。

一、传统产业

20 世纪 60 年代，随着美国平权运动的兴起，北卡的黑人也积极响应，掀起了反对种族隔离和种族歧视的运动。1965 年《选举权法案》（*The 1965 Voting Act*）的通过使北卡的黑人享有了投票权，从而打破了北卡历史

① 参见 http：//ny. usqiaobao. com/weekends/2015/11－26/84035. html。

上民主党掌权的局面。政治局面转变的同时，北卡的经济形势也发生着巨大的变化。传统的棉花作物不得不让位于绿色革命中出现的牧场、大豆和花生。烟草业继续保存了下来。农业现代化导致农场和农民数量急剧下降。同时，北卡的工业也陷入了困境。1960 年后，北卡吸引了一些松散、低薪的制造商，尤其是在北卡东部教育程度和就业率较低的乡村地区，试图发展地区经济。然而，到了 20 世纪 80 年代，被吸引过来的制造商却关闭了工厂或缩减了工厂规模，把业务转向墨西哥或其他薪资水平更低的国家。20 世纪 70 年代，北卡的纺织业也遭到重创。由于国际竞争激烈和技术落后，很多处于边缘的纺织企业倒闭。20 世纪 80 年代，北卡纺织业进行了重组和机械化改革，北卡纺织业城镇企业大部分荡然无存，或都被国际集团收购。北卡经济的转型加速了北卡居住模式的转变。北卡农场和小镇不再继续吸引北卡的年轻人，日益增长的城市为人们提供了越来越多的工作和发展机会，吸引他们前来。

二、现代高新技术产业

20 世纪 50 年代，美国开始产业转型，高科技产业兴起。受到“硅谷”和“128 公路”的影响，北卡许多人萌生举办研究园的想法。[①] 北卡州政府非常重视这些人的想法，并积极响应。1956 年，在北卡州政府的努力下，北卡罗来纳州成立了研究三角园区委员会，开始规划研究三角园区，采取措施整合现有技术和教育资源，以推动科技产业，发展地区经济。研究三角园区包括首府罗利（Raleigh）及其周边的两个城市——德罕（Duham）和教堂山（Chapel Hill）——之间的一片区域（见图 2－5）。罗利至德罕大约 23 英里；罗利至教堂山大约 28 英里；教堂山至德罕更近，大约 12 英里。

① 侯斌：“三角园，仅次于硅谷的科技园”，《中国高新区》，2011 年第 8 期，第 128 页。

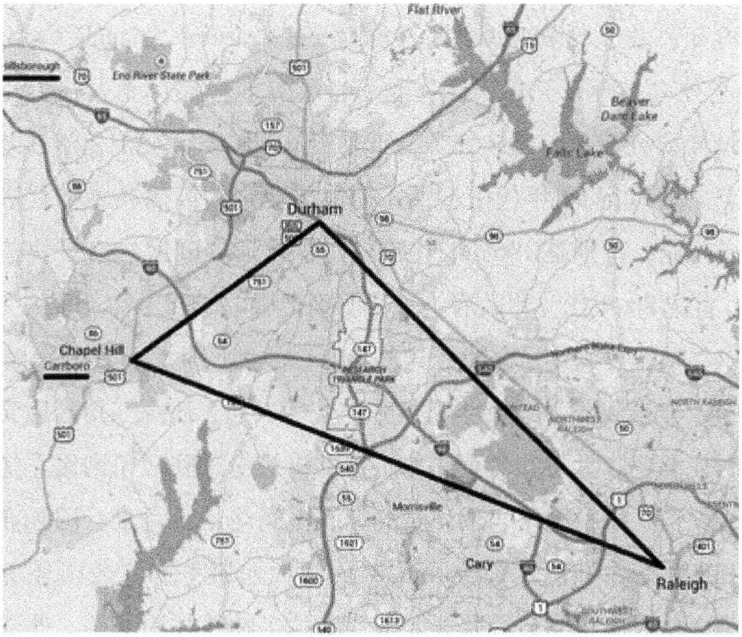

图 2－5　北卡研究三角园区地图

研究三角园区之所以选择在这片区域建立，一个重要的原因是这里有三所著名的学府——杜克大学、北卡大学和北卡州立大学。其中，罗利是北卡州立大学所在地，德罕是杜克大学所在地，教堂山是北卡大学教堂山校区所在地。这三所学校彼此间距离较近，研究三角园区的企业和研究机构可以依托这三所大学，在产品研发和技术创新等方面同这三所大学进行合作。除此之外，研究三角园区的企业和研究机构拥有近水楼台的地利条件，可以吸引并优先选择这三所大学教育出的优秀人才，满足自身的需求。事实上，这三所大学的毕业生也青睐于选择研究三角园区的工作机会。研究三角园区建立之前，由于就业岗位有限，且口对口专业有限，北卡很多的大学毕业生不得不到其他经济比较发达的州谋职，造成大量的人才外流。此外，北卡还拥有其他 12 所高校和 50 多所社区大学。这些丰富的高等教育资源为北卡和研究三角园区的发展提供了科研支持和人才资源。

1959 年，北卡罗来纳州研究三角园区（Research Triangle Park of North Carolina）建立。研究三角园区建立后，吸引了新兴行业入驻研究三角园区。1959 年研究三角园区挂牌时，研究三角园区委员会把化学、纤维作为发展重点。20 世纪 60 年代中后期，把电子业定为高新技术的代表，重点引进电子行业，特别是 1965 年 IBM 公司加入后，园区进入了快速成长阶段。[①] 20 世纪 80 年代，州政府进一步明确把微电子和生物工程视为最有前途的技术领域，并确定了集中于这些核心产业的产业集群发展策略。20 世纪90 年代，随着网络工程和生物技术的蓬勃兴起，研究三角园区又迎头赶上这一时代潮流。大型知名企业和研究机构纷纷入驻三角园区。知名企业如索尼爱立信、思科网络、通用电气、北电网络、葛兰素、国际商用机器公司（IBM）等，知名的研究机构有美国林业服务部、美国环境保护协会、国家环境健康科学研究院、北卡罗来纳生物科技中心等。北卡已成为美国以高科技为主的一个州，被称为“美国东部的硅谷”。目前，北卡已成为全球电讯业的五大中心之一，是美国第三个拥有最多生物科技公司的州。

20 世纪 70 年代以来，北卡另一次重要的产业模式转型莫过于金融业的发展。美国南部各州历史上是一个以资本净入口为主的州，包括北卡，企业不得不向州外的其他接待人借款，尤其是在纽约，条件常常十分苛刻，因此限制了自身经济的发展。21 世纪初，国际金融巨头看好北卡罗来纳州的环境，开始入驻该州，金融成为该州的一大重要产业。全球最大的基金管理公司富达投资、瑞士信贷集团等陆续入驻了研究三角园区。此外，北卡的夏洛特市是仅次于纽约的美国第二大金融城市，是美国东南部地区最重要的金融中心。美国的 12 家银行中，有 5 家美国最大的银行在夏

① 2005 年，中国联想集团收购了 IBM 公司的个人计算机业务部门。2006 年，中国联想集团又将北美总部从纽约迁至北卡。

洛特市经营银行金融业务。美国银行的总部就设在夏洛特。金融业的发展无疑又为北卡经济的发展注入了新鲜血液。

由于北卡高科技产业的迅速发展，工作机会随之增多，美国北部各州和海外移民纷纷来到北卡，包括大批的华人精英人士，他们主要从事高科技领域和教育领域的工作，并且受教育程度普遍较高。此外，北卡华人中也不乏商业领域的成功人士。

第三章　婚姻与家庭

自19世纪50年代中国移民开始陆续来到美国，到21世纪华人新移民大规模在美国定居，美国华人的婚恋观念、家庭结构和家庭关系等方面经历了重大的转变。家庭是文明社会的细胞组织，是人们生活的主要环境。婚姻则是家庭的基础，没有婚姻，就不会产生家庭。择偶又是婚姻的前奏，是迈向婚姻的台阶。家庭、婚姻和择偶三者相互联系、相互影响，共同推动了人类社会的发展。择偶标准和婚姻观念既体现了不同社会阶层的价值观，又具有鲜明的地域特征和时代发展特征。17世纪60年代，受到种族主义的极大影响，反异族通婚法开始在美国各州出现。最早制定该法律的州是马里兰州，时间是1661年。次年，弗吉尼亚州也通过了类似的法律。到20世纪20年代，共有38个州有禁止白人—黑人通婚的法律。[①] 第二次世界大战后，情况有所转变，各州陆续废除反异族通婚法。需要指出的是，南方各州完全废除反异族通婚法要晚于美国其他各州。北卡罗来纳州于1998年才通过公投废除了该法。自20世纪60年代以来，美国人的婚姻观念和婚姻模式发生了较大的变化，具体表现为愿意结婚的人数减少、晚婚趋势、离婚率逐渐上升、族裔间通婚增多、非婚同居者增多和同性恋婚姻抬头。[②] 周敏认为，虽然华人家庭的社会经济状况各不相同，融入美国大社会的程度不同，但是他们与华人的族裔特性联系紧密，直接或

---

① 姬虹：《美国新移民研究（1965年至今）》，知识产权出版社2008年版，第95页。

② 陈奕平："当代美国人家庭与婚姻模式的演变与影响"，《世界民族》，2006年第2期，第62～64页。

间接地受历史悠久的儒家传统文化的熏陶，要求孩子把家庭和群体的利益置于个人利益之上，敬重祖先，尊重长辈，节俭生活，严格律已，奋发读书，力争上进，并以此作为家庭和个人的价值尺度和行为标准。① 周敏强调华人家庭中儒家传统文化的重要性。就北卡的华人家庭而言，笔者认为，它们既有别于中国本土社会的家庭，又不同于美国主流社会的家庭，形成了具有华人独特族裔特性的家庭。

第一节　族内通婚与族际通婚

在美国，择偶标准和婚姻观念也具有浓厚的族群特征，不同的族群存在不同的婚恋观念。北卡华人的择偶标准突显了美国华人择偶标准的族群偏爱性，主要表现为第一代华人偏爱族内通婚，第二代华人偏爱族际通婚。但是，因性别不同，也存在一定的差异性。北卡华人的婚姻观念和婚姻生活在族内通婚和族际通婚家庭中同样存在差异。

一、族内通婚

美国华人，特别是第一代华人，主要还是以族群内通婚为主。笔者所接触过的北卡第一代华人大多数都是与华人通婚。有些是在中国国内交往结婚的；有些是陪读从中国过来，工作后才结婚的；还有些是在美国相识并结婚的。相对于北卡第一代华人女性，北卡第一代华人男性更倾向于选择华人女性为妻。对此，北卡第一代华人男性通常会给出两种解释。第一种解释是家庭观念存在差异。如果娶一位美国白人女性为妻，家中基本存不住钱，因为白人女性没有什么理财观念，有钱就会想着怎么享受。而第一代华人男性受中国家庭观念影响，希望自己的家庭能够积累一定的财

① 周敏：《美国华人社会的变迁》，上海三联书店 2006 年版，第 345 页。

富，这样心里才能感到踏实，生活也无后顾之忧。夏洛特的LM先生向笔者讲述了他的一位华人男性朋友的家庭境况。他这位朋友在中国餐馆工作，十几年前娶了一位白人女子为妻，到目前为止，夫妻二人还没有能力买房，一直在租房。LM先生说原因是这位白人妻子留不住钱，有钱就花，典型美国人的家庭金钱观念。但对华人而言，在美国工作了很多年却还买不起房，生活算是比较失败的。第二，白人女性强势的比较多，再加上第一代华人男性性格往往比较中庸，且与白人男性生理上存在差异，因此一些白人女性在某种程度上对第一代华人男性持有偏见。然而，第二代华人男性的境况要比第一代华人男性好得多。由于成长在美国，第二代华人男性在文化背景、饮食习惯方面与美国白人相似性较大，因此与白人女性交往的阻力也会相应减少，走进婚姻的比率明显高于第一代华人男性。

第一代华人夫妻通常保持着中国现代式的夫妻关系和家庭生活方式。有些家庭是丈夫在外工作，妻子在家照顾孩子，料理家庭琐事；有些夫妻双方都工作。这两种情形大约各占一半。HL和她的丈夫1991年来到北卡。来北卡前，HL原来在北京的一家国有单位工作，条件还不错。她的丈夫当时正好有机会到杜克大学学习，于是HL带着大女儿作为家属也跟着过来了。由于生活开销紧张，HL便找了一家餐馆工作，以补贴家用。她说："那时候真的挺艰苦的！来美国也是插队，就跟中国那时候要到农村下乡插队一样。不管你想不想做，你都得做，你必须得做。最主要就是生存的问题。"当笔者问她："当时你和你爱人这么艰苦，有没有考虑回国呢?"。HL回答说："说来也是呀！怎么我们当初就没有过回国的念头呢。可能当时想出来就是想闯荡的，有这么多人都可以留下来，为什么我们不能呢？我觉我们这一代人都挺顽强的。"她的丈夫完成学业后，他们还是决定留在北卡，暂时不回国了。她的丈夫在三角园区找到了一份工作。逐渐地，他们的家庭境况得到了好转，也买了房。二女儿接着出生了。由于家里没人帮忙照看孩子，HL只好留在家中照顾孩子、料理家事。过了几年，儿子又出生了，更不可能出去工作了。家里的经济来源主要依赖她的丈夫，HL 说：“家里事多，根本离不开人，孩子一会这事，一会那事的，一会这不对了，一会那又不对了。”此外，孩子上学还需要接送。购物、做饭、收拾房间哪个都少不了。现在两个女儿，一个大学毕业了，在加州工作；另一个在上大学。大女儿从纽约搬家到加州上班时，HL 不放心，又飞到了加州，帮大女儿搬家。目前，身边就剩下十来岁的儿子要照看。周末或假期有时间，就和丈夫带着孩子出去玩一玩，划划船，去去公园。夫妻关系和家庭生活很和谐。①

另外，还有近一半的北卡华人家庭夫妻双方都在外工作养家，其中有的家庭是因为有老人帮忙照顾孩子；有的是因为孩子大了，不需要每天接送或照顾了。XJ 女士一家就是这样。XJ 女士 1991 年来美国，她的两个儿子都已上大学，她和她的丈夫各有各的工作。此外，XJ 女士还考下了房产中介资格执照，从事房产中介工作，家中算是比较富裕的。XJ 的房子位于罗利 440 公路附近的一个富人区，房子很大。XJ 开玩笑说：“这放在北京，就是北京的二环边上。在北京就值钱了。”② 周末，她和她的丈夫经常邀请华人圈的朋友来家里做客，准备一桌可口的饭菜和白酒、茶、饮料等，和朋友们聊聊中国和美国的事情，再聊聊家中或朋友的事情。

像 HL 和 XJ 这样的华人婚姻具有很强的稳定性。尽管已经移居美国很多年，但中国的婚姻观念早已扎根在他们的内心深处，同甘苦，共患难，夫妻之间一直保持着和谐的婚姻关系，并没有受到美国婚姻观念过多的影响。就像一个硬币有正反两面，虽然多数北卡第一代华人的族内婚姻保持着很强的稳定性，和美国社会相比，离婚率很低，但也存在“水土不服”现象。由于社会环境和生活境况的转变，北卡有的第一代华人夫妻不能够像 HL 和她的丈夫那样相互扶持，最终走上离婚的道路。其中不乏老一代

① 来自笔者与 HL 的访谈内容，2014 年 3 月。
② 来自笔者与 XJ 的谈话内容，2013 年 11 月。

中国留学生中的精英人士。

第二代华人之间也存在一定数量的族内通婚。相同的家庭背景、文化背景和族群背景以及父母的大力支持，使第二代华人相互之间比较容易走进婚姻。DC 和 RL 这一对情侣可以说是第一代华人父母中的理想情侣。DC 家住罗利，在美国出生，工商硕士毕业。DC 的家庭原来住在弗吉尼亚州，后来搬到北卡。他的母亲是福建人，父亲是上海人，还有一个妹妹。DC 说他的妹妹更加美国化，对中国男人不感兴趣，找了个白人男朋友，大概交往了三四年，正准备订婚，而他则更愿意找华人女孩做女朋友和妻子，主要是因为文化和饮食等方面习惯相同，好交流。DC 说很多华人都是这样的想法。另外，由于他是基督徒，所以他交往的女朋友也必须是基督徒，这样才会有更深层次的精神交流，并且很多观点才会一致，生活才会和谐。他的女朋友 RL 就是这样的女孩。RL 的父亲来自中国香港，母亲是来自马来西亚的华人，在美国相识并结婚。RL 几乎不会讲汉语，因为爸爸妈妈在家也用英语交流。RL 上的是私立学校，白人偏多，华裔和其他亚裔很少，所以基本是和白人交流较多。上大学后，RL 接触的亚裔比较多，她很多朋友都是亚裔，因为很多地方都相同，好交流。DC 和 RL 是在北卡华人教会认识的，两人都是基督徒，因此很容易就走到了一起。DC 半开玩笑地说，RL 其实比他更美国化一些。RL 说 DC 两年前开始信仰基督教，当时，DC 对各种关系感到比较迷茫，如婚姻关系、朋友关系。接触基督教后，从《圣经》中找到了处理人际关系的方法，觉得很值得遵循。例如，基督教不提倡离婚，崇尚良好的夫妻关系，禁止婚前性行为。因此，DC 和 RL 还保持着纯洁的男女朋友关系。他觉得这样很好。

除了北卡第二代华人之间结成族内婚姻外，北卡第二代华人还同来自中国和东南亚的第一代华人结成族内婚姻，通常以第二代华人男性和第一代华人女性的婚姻形式为主。这在一定程度上与现代美国第二代华人女性在选择配偶时偏爱白人男性有关。早在 20 世纪 80 年代，宋李瑞芳就以纽约华人为研究对象，指出纽约外婚华人择偶的倾向几乎总是白人，男性为50%，女性为72%。这种对白人的偏爱超过了对其他亚裔美国人，如日本人、朝鲜人、越南人。华人的外婚好像是在人种之间而不是在民族之间进行的。[①] 北卡第二代华人女性也更偏爱白人男性，造成第二代华人男性在选择族内交往或结婚对象时受到了限制。然而，在选择配偶时，还是有一些第二代华人男性更倾向于本族群的女性，往往是由于文化背景的原因，于是，他们把择偶的范围从北卡第二代华人女性扩大到第一代女性。尽管他们和第一代华人女性之间在思想观念和行为方式等方面会存在一些差异，但同根同族的大背景还是把两者之间的距离拉近了很多。

二、族际通婚

文化差异是一把双刃剑。例如，文化差异在异族婚姻中可能会产生吸引力，如外貌体型、性格特征等。[②] 族际恋爱或通婚在华人中较为普遍。美国皮尤中心的数据显示，美国亚裔比其他族裔更倾向于选择跨种族或跨族群婚姻。2008 年至 2010 年间，亚裔族际通婚的百分比是 35%（其中，与非亚裔通婚占 29%，与其他亚裔通婚占 6%），西班牙裔是 26%，非裔 16%，白人 9%。亚裔族际通婚中，华裔选择非亚裔族际通婚的百分比是 26%，选择其他亚裔通婚的百分比是 9%。[③]

北卡华人族际通婚以第二代华人为主，也有第一代华人。其中，第一代华人女性族际通婚的比率要高于第一代华人男性。前面谈到了第一代华人男性倾向于选择族内通婚的原因。然而，第一代华人女性不存在这些问题，主要原因是一些美国男性喜欢东方女子温柔的性格、娇小的身材，尤

---

① 宋李瑞芳，吴藜译：“纽约华人异族通婚”，《华侨华人历史研究》，1992 年第 4 期，第 44 页。

② 黄霜：“华裔美国人家庭与婚姻模式的演变及其影响——美国加州华裔与白人的婚姻实例调查”，上海外国语大学博士学位论文，2010 年，第 17 页。

③ 参见 http：//www. pewsocialtrends. org/files/2013/04/Asian - Americans - new - full - report - 04 - 2013. pdf。

其是个性比较中庸的美国男性。此外，华人女性整体上比男性更显得弱势，更容易博得男性的爱恋，其中包括美国白人男性。还有一些第一代华人女性更青睐于白人男性，并采取积极主动的行动追求示爱。然而，在婚姻生活中，由于语言和文化背景的差异，很多第一代华人女性很难融入白人丈夫的社交圈，反而愿意带着白人丈夫参与华人社区的各种活动和聚会。对此，大多数的白人丈夫也倒是欣然陪同，饶有兴致地尝试接触和接受中华文化与中国饮食习惯。

北卡第一代华人的族际通婚既有新婚，也有再婚。住在教堂山的 QG 先生和 Jenny 女士是一对族际通婚夫妻，他们育有三个孩子。QG 是第一代华人，身材很高大。20 世纪 90 年代，QG 来美国纽约读书，主修电影制作专业。在纽约读书时和 Jenny 相识并结婚。Jenny 主修中国文学，因此她的中文很好。两人曾经在中国上海等地生活多年。后来 Jenny 被北卡大学教堂山分校聘任为中文教师，QG 和 Jenny 一家便在北卡定居了。两人一直非常和睦。笔者认为，QG 和 Jenny 美满的族际婚姻，和 Jenny 热爱中国文化、熟识中文有一定的关系。笔者在维克郡技术学校（Wake County Tech School）遇到了 YL。她原来在国内有过一段婚姻，并有一个十几岁的女儿。离婚后，YL 通过中介认识了现在的丈夫 David。David 是白人，做汽车修理工，住在罗利。他比 YL 大了十几岁，也有过一段婚姻，家中有个已成年的儿子。通过中介公司介绍认识后，David 觉得 YL 是一个很有魅力的中国女性，便飞到中国与她见面。虽然语言成了两人交流的障碍，但双方还是觉得比较合适。在中国和 YL 交往了一个月后，David 便又飞回美国办理结婚手续。结婚手续办妥后，YL 带着女儿来到了罗利，和 David 以及他的儿子生活在了一起。YL 的英语基础比较差，因此语言交流成了婚姻生活中的一大障碍。为此，她不得不报了离她家较近的维克郡技术学校的免费英文课程。笔者认识 YL 时，她已经在这所学校学习了一年多，但还是不能用英文流畅地进行交流。此外，YL 和 David 在生活上也存在差异。

图 3-1 QG 和他的小女儿以及朋友家的孩子在小区钓鱼

（笔者拍摄于 2014 年 7 月）

YL 想在 David 的大家庭中展露一下自己包饺子的手艺，结果令她很沮丧，她包的饺子在她的美国大家庭中并不受欢迎，反而她做的炒米饭比较受欢迎。她说她炖的排骨 David 倒也是很喜欢。让她懊恼的是，David 的儿子经常偷吃她炖的排骨。还有一次，笔者和 YL 聊天时，她聊到她丈夫送她的圣诞礼物居然是一副微波炉隔热手套！她说："在中国，老公怎么敢送老婆这种礼物呢！"① 另外，在钱财问题上，YL 和 David 的理念也不同。David 像很多美国人那样，不会存钱。YL 提到，有一次刚发了工资，David 就赶快给他自己买了一款苹果最新型的笔记本电脑。YL 有些看不惯，觉得 David 不会过日子。为了给女儿存钱上大学，YL 在大亚洲超市找了个周末收银员的工作，薪水不算高，每小时 7 美元多，但总算能够挣些钱。因为她的英语不好，学历也不高，找个薪水较高的工作也很难。像 YL 这样

① 来自笔者与 YL 的访谈内容，2014 年 5 月。

再婚嫁到北卡的华人女性还有一些，她们和 YL 的婚姻生活境况也颇为相似。她们通过一起在学校或教堂学习英文相识并成为朋友，经常在一起倾诉她们的家庭生活，分享北卡、美国和中国的各种信息，参加各种活动，相互帮忙，还相互到各自家里串门。YL 说 David 有时会带她会见他的一些朋友，通常是在一起打高尔夫。但她自己不会打高尔夫，英语又不好，和 David 朋友的交流也很有限。

尽管族际通婚在美国已经司空见惯，但在谈及族际通婚时，北卡第二代华人的父母很多还是表示想让自己的子女首选华人。选择华人时也存在差异，一般优先选择和自己祖籍地相同或地域差异不大的华人，例如，来自中国的华人会首选来自中国的华人，其次再选择东南亚或其他国家的华人。排在第二位的是亚裔，包括日裔、韩裔、印度裔等。亚裔之外，则白人为首选，绝对不考虑黑人。LXT 女士有两个儿子，均未婚。她这样给笔者解释道，以后想让孩子找中国媳妇，主要还是因为没有什么文化差异，可以讲中文，生活习惯也一样，好交流，而且这里的中国人学历都很高，属于中产阶级家庭。女孩一般都会持家，比较节俭，重视教育。中国人找不到合适的，东南亚的女孩也行，起码文化各方面还是有很多相似之处的。印度人最好不要找，生活习惯不同。白人和黑人都不会过日子。中国人一分钱掰成两半花，白人有一分钱，就想花一分五，黑人更不行，花钱更是大手大脚，没个计划，况且黑人也不重视教育。可以看到，LXT 女士心目中早已经有了找儿媳妇的标准。很多像 LXT 女士这样的第一代华人父母，心中还是保留着中国的婚姻观念，觉得结婚不只是两个人的事情，而是全家的事情。

20 世纪 80 年代，宋李瑞芳研究了 50 对纽约华人和白人的族际婚姻，结果显示，其中有 34 对遭到双方父母的反对，主要是华人父母。① 黄霜的

① Betty Lee Sung, *Chinese American Intermarriage*, Staten Island NY: Center for Migration Studies, 1990.

后继研究也证实了宋李瑞芳的研究结果。黄霜以 20 对居住在加州旧金山、圣地亚哥和橙县等地的华人族际婚姻夫妇为访谈对象，对他们的族裔婚姻进行了调查。结果发现，几乎所有的夫妻在婚前都征求了父母的意见，8 对年龄在 40 岁以上的一组夫妻中有 6 对遭到或曾经遭到父母的反对，阻力主要来自华裔家庭。Jeniffer 是一位 24 岁的北卡华人女孩，她的父母来自广东，原来定居在纽约，之后搬到北卡三角区，做中餐馆生意。Jeniffer 出生在美国，两岁半的时候曾经被带回广东老家由爷爷奶奶照看了四年多。Jeniffer 会讲一些广东话，在大学时也修过中文课程，对中国有一些了解。她说她的父母经常观看中文电视节目，她也跟着看。大学毕业后，她的父母一直要求她找个华人男朋友结婚，这样交流时不会存在语言障碍。然而，Jeniffer 却找了一个白人男朋友。她的父母知道后非常生气，让她分手，她坚持不分手，她的父母也只好默认了。

尽管北卡多数第二代华人的父母还是倾向于自己的子女能够在华人圈中找到男女朋友并结婚生子，但往往事与愿违，第二代华人较多倾向于选择白人为婚恋对象，因此多数父母也就不再强求。因为他们清楚，子女是在美国出生长大，必然受到美国主流社会价值观念的极大影响，想让他们完全保持中国的价值观念是不可能的。如上面提到的 XJ 女士，她的大儿子找了一位白人女朋友。XJ 女士对此也不反对。她说：“没办法，他就喜欢白人女孩。”① Justin 是北卡州立大学校旁富国银行的一名职员，25 岁，2014 年 2 月从加州一所大学硕士毕业后受雇于这家银行。Justin 出生于北卡东部的金斯顿市（Kinston），他的父亲 7 岁时随着他的爷爷和奶奶从台湾移民到这里。他说他的爷爷之前是从大陆迁到台湾的，奶奶是台湾人。他的妈妈是韩国人，中学时随家人移民到美国。Justin 的未婚妻是高中时从韩国来美国留学的，和他是大学同学。Justin 和他的未婚妻在一起租房

① 来自与 XJ 的交流内容，2013 年 11 月。

同居。不过，Justin 说他们正在存钱买房，他未来的岳父也提出帮他们交首付，Justin 和他的未婚妻都很高兴，欣然接受了。他未来的岳父在北卡州立大学旁开了一家韩国饭馆，离 Justin 工作的银行非常近。Justin 说菜品有的美国化了，但也有传统的韩国菜品，如烧烤，给的量也比较足，很受学生欢迎，饭馆的名字叫 Waba，韩语的意思是欢迎光临品尝。后来，笔者有幸受一位韩国朋友之邀在这个饭馆用餐。用餐时，笔者又遇到了 Justin，他说他在等他的未婚妻，他们中午基本都来这里吃饭。族际婚姻在 Justin 的家族中比较普遍，Justin 提到他有两三个堂表亲都和美国白人结婚了，他们的家庭并不介意。Justin 懂得一点中文，因为小时候爷爷奶奶曾和他们住在一起。他们讲中文，所以 Justin 也懂得一些，但没有在学校专门学习过。因为他们当时住的地方是北卡一个偏僻的小镇，学校没有开设中文课程，也没有中文学校，另外，那时那里的中国人也很少。Justin 不会写中文。此外，Justin 也懂得一些韩文，曾在学校辅修过韩语。他的父母没有要求过他必须学习中文或韩文。在家中，他和父母用英语沟通。他和他的未婚妻之间也是用英语沟通。Justin 特别提到，他的妈妈和她的未婚妻之间用韩文交流，他的妈妈很高兴终于有人能和她说韩文并且能陪她一起逛街了。

第二节　家庭模式与家庭观念

从所从事职业的角度来看，北卡华人家庭多为双职工家庭；从社会学的视角来分析，北卡华人家庭以完整的核心家庭模式为主。北卡华人家庭中既保留了中国本土家庭特征中根深蒂固的一些思想观念，同时也汲取了能够使他们更好地在美国生存发展的思想观念，如注重教育、生活节俭、孝敬老人等。此外，为了适应美国的环境，北卡第一代华人自身也做出了相应的调整。北卡第二代华人在积极融入美国主流社会的同时也会受到自身家庭观念和行为的制约与影响，处于双重拉力之中，常常会反思自己的族群身份和认同。华人老人适应美国社会的情况也因在美国定居时间长短的不同而存在差异。

一、家庭模式

华人大规模移居北卡的时间较短，是在20世纪60年代后。在此之前，北卡的华人人口数量虽然呈上升趋势，但直到1960年才达到404人（见表2-1）。由于人数过少，关于华人家庭的记载资料几乎缺失。笔者目前只找到《梅克伦堡郡：外国人、归化和公民记录》中记载的有关华人的些许资料，前面已有所介绍。其中记录了1927年居住在梅克伦堡郡的11名华人，均为中青年，且一半带有儿女。可见，华人家庭结构已从传统的“残缺的”家庭向小生产者家庭转变，并且从事的也是美国华人的传统行业——洗衣业和餐饮业。1965年新的移民法——《移民与国籍法修订案》（*The 1965 Amendments to the Immigration and Nationality Act*）——在美国通过。该法废除了种族配额，代之以设立八个类别，以保障家庭团聚并吸收有才能和技术的外国人，同时实行“先来先得”的政策，优先考虑“家庭团聚、职业和难民”。随着美国新移民法的颁布和移民政策的放松，来自欧洲的移民人数开始下降，非白人移民大量涌入美国，来自亚洲和拉丁美洲的移民激增。其中，来自亚洲的移民人数已经超过了同时期来自欧洲的移民总和。1965年的移民法案给中国20 000名额。此外，中国香港另有600名额。由于当时中美尚未建交，中国的20 000名额实际上是给台湾人和来自大陆的香港人的。因此，20世纪60年代末至70年代北卡的华人大多数都是来自台湾地区和香港地区，且大多是留学生及其家眷。中美建交后，中国大陆移民数量迅速增多，北卡的大陆移民很快超过了来自港台地区的华人移民。

莫里森·G. 黄把1965年以来的美国华人家庭分为两大类型。第一类是“聚居区或唐人街华人”家庭，或“双职工”家庭，这种家庭类型由生活在美国大城市地区的唐人街或唐人街附近的新移民华人家庭组成，移民中将近一半的人为工人阶级，受雇为服务人员、技工、工匠或劳工。第二类华人家庭是中产阶级的白领或有专门职业的华裔美国人家庭，这些家庭迁离了唐人街，搬到环城区或市区居住。[①] 在北卡，从来没有形成过像旧金山、芝加哥、纽约和波士顿等地区那样的唐人街，主要原因是北卡华人在北卡定居的时间较短、人口规模较小，在排华时期更没有多少华人定居于此，因此没有条件形成华人聚集的唐人街。尽管北卡华人多集中在北卡三角园区和大夏洛特地区，属于中产阶级，但也同其他族群呈混居模式。莫里森·G. 黄和其他学者关于现代美国华人家庭模式的划分虽然在一定程度上适用于北卡华人家庭，却不完全适用于。基于以往学者的研究和北卡华人家庭的特点，笔者将北卡华人家庭模式分为双职工家庭、中产阶级家庭和个体经营家庭三种类型。北卡华人双职工家庭是指主要家庭成员为服务行业人员和技术工人的华人家庭。北卡华人中产阶级家庭中的家庭成员有着良好的教育背景，且为从事高科技或高等教育工作的技术人员或专业人员。北卡华人个体经营家庭是指家庭主要成员经营和管理服务业或商贸业等的家庭，其中主要家庭成员可以是一人，也可以是两人，或是全部家庭成员。

北卡华人双职工家庭成员所从事的职业类型呈多样化，如超市员工、餐馆服务员、理发师、裁缝、汽车修理工、装修工、水暖工等，基本上都是第一代华人移民，大多数人受教育程度有限，其中也有拥有大学本科或以上学历的华人，以及由于语言障碍、专业问题或没有在美国受过高等教育而难以找到理想工作的人士。需要说明的是，要想拿着中国的高等教育学历在美国找到一份像国内一样满意的工作，实属难事，这在美国华人圈

① 莫里森·G. 黄著，黄兆群译：“美国华人家庭”《世界民族》，1993 年 4 期，第 109 页。

中是不言自明的。虽然大家都知道这是一种教育歧视和排外现象，但大多数华人却无抗争之力。在凯瑞市有一位华人女士，曾经在中国国内一所大学做过多年的教师，来到美国后，与一位白人男士结了婚。由于她在国内所学和所教授的专业是文科类，并且她也没有在美国受过任何高等教育，所以很难找到和国内一样的工作。这位女士本身喜欢服装设计，便在一家白人开的婚纱店里找到了一份工作——修改婚纱，按件付酬。美国人一件婚纱经常会传给两三辈人，当尺寸或样式不合适时，都可以拿到婚纱店修改。通常修改一件婚纱需要两三周的时间，复杂的则需要更长的时间。这位女士也会把活儿带回家里做。她的丈夫也支持她的工作。由于北卡三角区集中的高科技环境吸引了大批高端华人人才前来，中产阶级家庭模式在北卡占据了主流地位，这也是北卡华人家庭模式区别于美国其他州华人家庭模式的一大特色。在北卡华人中产阶级家庭中，有些通常是丈夫在高科技企业或高校工作，妻子留在家中照顾孩子和料理日常家事，尤其是在妻子以眷属身份来美且没有在美受过高等教育的情况下。此外，丈夫还可以少缴不少税。也有的华人女性在孩子长大后继续自己以前所从事的工作。北卡华人个体经营家庭主要以中餐馆、房地产公司、私人诊所、裁缝店、汽车修理行、装修公司等为主。据笔者的观察和了解，中餐馆多数是夫妻共同经营，也有的是夫妻一方经营，一般以丈夫经营为主。有的需要雇佣员工时，通常也是雇佣自己的亲戚或当地的华人。汽车修理行和装修公司等需要有一定技术熟练度的行业一般由男性经营。房地产公司和私人诊所则呈现男女各占半边天的局面。不同的是，华人私人诊所也会雇佣其他族群的医生或护士，以便和非华人族群交流。

上面主要从北卡华人所从事职业的角度探讨北卡华人家庭模式。此外，在研究美国华人家庭形态时，学术界还会借用社会学的视角来分析。通常，美国华人家庭形态会被划分为如下四种类型：一是完整核心家庭，由丈夫、妻子和未婚子女共同组成；二是不完整扩大家庭，由祖父母、核心家庭再加上一些同在美国的亲属组成；三是离散家庭，父母一方和某些子女在美国组成的家庭；四是单身家庭，孤身一人在美，配偶、子女和父母在国内。表3－1是有关罗利市家庭类型的情况，从中可以看出核心家庭所占的比例只有17.7%，单亲家庭是11.7%，其他类型的家庭是24.9%。北卡华人家庭以完整核心家庭为主，其次是不完整扩大家庭，离散家庭和单身家庭所占比例很小。在美国，亚裔和白人中的核心家庭所占比例较高，西班牙裔、印第安人与阿拉斯加土著中的核心家庭比例次之，黑人中的核心家庭所占比例最低。[①] 北卡华人核心家庭中未婚子女一般两至三个的居多，低于白人和黑人等族群的出生率，且多数为土生华人第二代，也有一部分为1.5代。子女上了大学后通常会在学校住宿，假期再回家。子女工作后一般都会搬离。北卡华人不完整扩大家庭通常由祖父母和核心家庭组成。即使在北卡有共同血缘关系的亲属，如兄弟姐妹，也不会居住在一起，只是平常多有往来和联系，生活上相互照顾。这一特征和目前在美国大都市唐人街与郊区居住的华人相似。周敏认为，在中国大陆、台湾和香港等地，华人家庭通常是大家庭，三代同堂或与其他亲戚同住是常有的现象，即使不同住也往来密切；抵美后，家庭关系、亲戚关系、朋友关系一下子中断了。[②]

表3－1　罗利市1990年、2000年和2010年家庭发展趋势

	数量（个）			百分比（%）		
	1990年	2000年	2010年	1990年	2000年	2010年
家庭	48 833	61 327	86 918	56.9	54.5	54.3
有18岁以下子女的双亲家庭	16 738	20 139	28 319	19.5	17.9	17.7

① 陈奕平："当代美国人家庭与婚姻模式的演变与影响"，《世界民族》，2006年第2期，第60页。

② 周敏著，刘宏译："美国华人移民家庭的代际关系与跨文化冲突"，《华侨华人历史研究》，2006年第4期，第25页。

续表

	数量（个）			百分比（%）		
	1990 年	2000 年	2010 年	1990 年	2000 年	2010 年
有 18 岁以下子女的单亲家庭	6 202	9 955	18 735	7.2	8.8	11.7
其他类型家庭	25 893	31 233	39 864	30.2	27.7	24.9
非家庭	37 020	51 281	73 017	43.1	45.5	45.7
家庭总数	85 853	112 608	159 935	100.0	100.0	100.0

资料来源：罗利市城市规划部，《2012 年罗利市统计数据书》，2012 年 7 月 31 日，第 12 页，参见 http：//www.raleighnc.gov/government/content/PlanDev/Articles/LongRange/RaleighDemographics.html。

二、家庭教育

鉴于北卡华人家庭以完整核心家庭和不完整扩大家庭为主，这里首先界定以下两个概念——华人第一代和华人第二代。北卡华人第一代基本上是 20 世纪 60 年代以后移民到美国的新华人移民。美国的华人第二代分为“老华人第二代”和“新华人第二代”。老华人第二代是指在 20 世纪 60 年代末移民潮来临之前在美国本土出生、在移民家庭成长的华裔青少年；新华人第二代是指本人出生在美国并在美国接受全部教育，但其父母至少有一个是在 20 世纪 60 年代以后从中国移民到美国的，这些父母很多通过进修、留学等来到美国，并通过自己努力留在美国。这类人具有专业知识，学历高，从事的行业多种多样，主要集中在医学、IT、统计等行业。此外还包括传统移民，主要来自中国广东和福建等省份，他们大多是以亲属移民身份来到美国，从事传统华人移民行业，如开中餐馆、杂货店等，他们虽然在美国社会地位不高，但凭借中国人吃苦耐劳的精神，大部分在美国过得也不错。1.5 代也算作第二代移民，12 岁以前就随父母移民到美国。[①] 北卡华人第二代基本都是新华人第二代，其父母都是 20 世纪 60 年代后才

① 李其荣：《国际移民与海外华人续篇》，湖北人民出版社 2013 年版，第 377 ~378 页。

移民美国的。第一代华人的家庭观念在很大程度上受中国传统文化的影响。第二代华人大多出生在美国，一方面受到来自父母和华人社区的中国传统思想观念的影响和熏陶，另一方面，他们身处美国社会，被主流文化所包围，无时无刻不在吸收主流文化的思想观念。许多新华人二代被称为“香蕉人”或“ABC”（American-born Chinese）。[1]

美国的华人很明白教育是改变自己社会地位的关键。医生、律师、教授、工程师和高级管理人员收入稳定，属于受尊敬的群体，而华人家长也普遍鼓励子女成为这些专业领域的人才。华人社团一般设有教育基金，奖励华人子弟中的佼佼者。子女一旦“金榜题名”，家长倍感光荣。[2] 教育在北卡华人家庭中更是重中之重。父母都希望孩子从小能够保持优秀的成绩，将来能够考入名牌大学。首先来看北卡华人子女的基础教育。在北卡，学生就读于哪所小学、初中和高中，主要取决于家庭所在的学区。因此，北卡华人家庭基本都会选择学分很高的学校所在的学区购买房产。有的华人青年夫妻打算购房时，即使还没有孩子，也会首先考虑好的学区。在北卡三角区，较好的学区多集中在凯瑞市西部和教堂山市，一般20万美元到40万美元就能买到一个学区不错、居住舒适的房子。如凯瑞市的格雷斯通小区（Greystone Community）就有很多华人居民，主要是因为这个小区的学区好，对口小学是米尔帕克（Mill Park Elementary School）。米尔帕克小学对口的中学是米尔帕克中学，也是不错的学校。有一次，笔者和凯瑞市当地一位华人女士聊到了学区问题，这位女士的两个孩子都在凯瑞很好的小学上学。让笔者惊讶的是，她对凯瑞所有学分较高的中小学和所对应的学区都了如指掌，可见她对子女教育的重视程度。当地华人为了让子女能够接受良好的教育，也是相当用心的。住在凯瑞市的一位华人男

① “香蕉人”指的是在美国出生的华人，他们仍然是黄皮肤，具有中国人的体质特征，但基本只会英语，价值观念、思维方式和行为方式等方面已经美国化。

② 赵小建：“美国华人社会的阶级研究——以个人访谈为主的分析”，《华侨华人历史研究》，2009年第1期，第4页。

士讲到，他有两个儿子，其中一个儿子在罗利一个较好的中学读书，靠近市区，这里黑人学生多些。当时择校到那里，是因为这里的学校会考虑学生的种族分配。亚裔住在罗利市区周围的人数较少，因此选择上这里较好的中学也相对容易些。另外，高中他也不想让大儿子报考位于德罕的北卡科学和数学学校（North Carolina School of Science and Mathematics），觉得竞争太大，怕有压力。笔者不止一次听当地的华人家长提起这所学校，这是北卡最好的公立高中，考试成绩最优秀的学生才能上这所高中。这所高中实行寄宿制，食宿费用全免。如果学生考入北卡的大学，也不用交大学的学费，所以很有诱惑力。有些当地华人的子女在这所学校就读。

在与当地华人的交流过程中，如果其中某位华人的孩子考上了哈佛大学、麻省理工学院、杜克大学或斯坦福大学等美国的名牌大学，笔者常常听到其他华人夸赞这位华人教子或教女有方，孩子有出息，有时还会当面请教方法。美国私立名牌大学即使学费高昂，当地华人也会不惜一切代价让子女就读。记得有一次，笔者在一位三角区华人朋友的介绍下拜访了一个保险公司的华人女经理。介绍时，笔者的这位华人朋友特别讲到这位华人女经理的儿子考上了位于北卡德罕市的杜克大学，专业是医学，非常优秀。杜克大学是北卡最好的大学，也是美国很好的大学，2013 至 2014 年度，与麻省理工学院和宾夕法尼亚大学并列排名全美第七。杜克大学的医学院是该校最著名的三个学院之一。这位华人女经理虽然谦虚地说了两句客气话，但可以看出她内心的自豪。她说杜克大学的学费很贵，再加上住宿费、餐费等其他费用，每年要 60 000 美金。听她的语气，她的家庭还是能够负担得起的。这使笔者回想起当地一位华人资深人士在饭桌上和笔者以及其他几位中国人说过的一番话。他谈到当地华人十分重视子女的教育，如果谁家的孩子考上了美国前几名的私立大学，即使交不起那么多的学费，就是借钱或者自己工作再苦再累一些，也会供孩子读的。换成一般的美国家庭，如果难以支付名牌私立大学的学费，会让孩子自己贷款去交付并且自己打工偿还贷款，实在觉得支付不起，就会选择其他学费较低的私立或公立大学。这位人士还说到，有的华人子女上了好的大学后，成绩跟不上，会失去信心。其实，上个差不多的公立大学，成绩拔尖，有奖学金，也会发展得很好，将来也会找到好的工作。另外，很多华人学生的社会活动能力不强，但社会活动在美国高考录取中所起的作用很大，这方面中国学生还有待加强。此外，北卡华人第一代夫妇多数希望子女选择工科、医科、法律、财务等技术性和实用性较强的专业，以便将来可以找到一份稳定、高薪的职业，实现向上流动的目标，且无后顾之忧。早在20世纪80年代末，就极少有华人攻读人文科学和社会科学；大部分华人集中于技术领域和工程科学，即使攻读科学，也总是应用科学，即使主修工商专科的学生，也往往选择技术性更强的领域。①

20世纪80年代早期，美国媒体开始注意到许多亚裔美国人所取得的巨大成就。1982年，《新闻周刊》刊登了名为“亚裔美国人：一个‘模范少数族裔’”的封面文章。1966年，社会学家威廉·彼得森（William Petersen）创造了“模范少数族裔”（Model Minority）一词，该词起初只针对日裔。② 这一宣传把亚裔人在美国主流社会取得的金钱和地位的成功归结为刻苦耐劳，家庭团结，严于克己，推迟享受，避免冲突和远离救济等价值观念和行为准则。③ 这一观点是从个人主观能动性的角度来分析亚裔族群的成功之道。然而，除了内在的主观能动因素外，外在的客观影响因素也不容忽视。美国华人社区的族裔社会环境对华人移民子女教育成就的影响不容小觑，如华人的关系网以及由此生成的“场”（field），中文学校

① 彼得·邝著，杨立信等译：《新唐人街——当代美国华人社区》，世界知识出版社2002年版，第91页。

② Harry H. L. Kitano, *Asian Americans - Emerging Minorities*, New Jersey: Prentice Hall Inc., 1988, p. 48.

③ 周敏：《美国华人社会的变迁》，上海三联书店2006年版，第31页。

以及华人辅助教育系统，华人社区的社团组织。[①] 但凡家有子女的北卡华人，见面长谈的一个主要事情就是孩子的学习和升学问题，并且相互取经，有时子女在身边也不会顾忌。这无疑加强了华人之中原本就很浓郁的教育气氛。北卡华人第二代子女有意或无意中也受到了父母和其他华人关于教育问题的影响。北卡较大的城市都建有中文学校和中文课外班，华人的教育观念在这里得到了进一步彰显。这些中文学校在教授中文的同时通常还开设有其他课外课程，如才艺课程、课外补习班、SAT 班等，学生和家长可以根据需要选择课外课程。关于北卡中文学校，笔者后面将进行详细的介绍和分析。

在华人子女教育方面，北卡华人社团所发挥的作用并不像纽约、旧金山、洛杉矶等大城市那样显著。北卡的华文媒体在华人子女教育方面也发挥着一定的作用，它们积极宣传华人子女的优秀事迹，并组织汉语比赛和征文等活动，促进了当地华人子女的学习热情。例如，《侨报周末》北卡南卡版 2014 年 5 月 23 日总第 20 期的头版刊登了北卡两华裔高中生受邀参加奥巴马年底举办的白宫科学大会的消息。这两名华裔学生就读于北卡科学和数学学校。这无疑是给北卡的华人父母和子女打了一针兴奋剂。总体上看，华人子女的教育主要还是以家庭为主，并受到华人社区、中文学校和华文媒体的影响。此外，北卡有些华人家庭除了关心自己子女的教育外，还关心其他华人子女的教育。通常是由于家庭比较富裕，或因为自己在子女教育上取得了显著成绩，抑或是为了做公益。2014 年，北卡一对江姓华人母子就为中国学生专设了奖学金，以纪念家中已逝的亲人，该奖学金的申请条件为：

1. 学生需有中国血统，至少父母一方来自中国大陆、台湾或香港地区；

---

① 周敏：《美国华人社会的变迁》，上海三联书店 2006 年版，第 352 ~ 354 页。

2. 学生可以居住在美国或其他国家；

3. 学生相关考试分数需在前10%，如SAT、ACT、GRE、GMAT、MCAT、LSAT或其他美国大学常要求的考试；

4. 学生必须获得北卡大学系统本科或研究生全职在读录取通知，并仅限大一或研一的学生。

5. 财务需要证明。

该奖学金的申请虽仅限于大一和研一的学生，但如果学生本科GPA保持在3.2、研究生达到3.5，可以继续获得奖学金。①

面对父母和整个华人社区普遍较为强势的教育观念，第二代华人既充满矛盾和抗争，又不得不努力学习、力争优秀，不愧“模范少数族裔”的形象。也有的华人家庭在子女教育问题上比较宽容。谈到家庭教育，RL说她的父母很少强迫她，她也没有听过“模范少数族裔”一词。她觉得很多华裔学生确实很优秀，这跟家庭教育有很大关系。Young的父母也属于教育上比较宽松的华人父母，对学校的选择也没那么严格。Young读高中前很腼腆，因此，上高中时他的父母深思熟虑后，给他选择了北卡的玛格丽特学校，想多培养他的独立精神和开放的性格。虽然这是一所黑人学校，但是他的父母认为这里老师的理念很好。Young加入了那所学校的一个乐队，乐队的老师是位黑人。Young认为这位老师有着非常好的思想，不一味地强调比赛的成功，而是注重乐团的集体性和乐团成员的心理。Young在这里受益匪浅，变得越来越活跃。Young的父母在教育上强调领导精神，他的父母还认为教师在族群关系中起到了重要的作用，他们所宣扬的思想会影响到族群关系。

---

① 李冉：“北卡一对母子为中国学生专设奖学金”，《侨报周末》北卡南卡版，总第18期A1版，2014年3月7日。

图 3－2 杜克大学

（笔者拍摄于 2014 年 6 月）

三、养老问题

这些年，在美国华人中一直流行着一个词——“老漂族”。顾名思义，“老漂族”的意思是老了还在漂泊着。这一群体指的是为了替子女照顾第三代，也为了有儿女在身边照顾，选择退休后移居儿女所在的美国城市共同生活的中国老人群体。一方面，这些老人的儿女都在美国工作，儿女的小孩需要有人照看；另一方面，这些老人也可以每天或时常见到自己的儿女，等到哪一天走不动了或卧病在床了，身边也会有人照顾自己，也算是“老有所依”。有学者把这个特殊的群体称为前一代华人新移民，即第一代华人新移民的父母。他们是在其子女定居美国之后跟随移居美国的。① 随

① 杨晋涛：“从美国 PM 老年华人社区看新华人的聚居性”，《世界民族》，2011 年第 1 期，第 64 页。

着美国华人人口的不断增多，来美国的“老漂族”队伍也在日益壮大。如果身体条件允许的话，很多老人是在美国待上一段时间后再回中国待一段时间，过着中美两国模式的生活。年纪大些的老人就不再往返于中美之间了。这些老人漂洋过海来到美国，要面对很多的问题——语言障碍、文化差异、陌生的环境、绿卡、医疗和社会保障问题等。北卡第一代华人中，有不少人的父母都是过着这样的生活。北卡的 LL 女士讲述了自己所遇到的中国老人：

好山好水好寂寞，这是我遇到的一个老人对教堂山的总结。他是来探亲的，女儿女婿在北卡大学工作，有两个小孩，老人过来帮忙带孩子。从国内过来探亲的老人很多，基本上没有几个喜欢这儿的。有几个原因，最主要的原因是这儿太安静冷清，可以说话的伴太少。教堂山的华人虽然不少，但是比较分散，基本上没有中国人特别集中的小区。白天孩子们都出去了，老人自己在家，连个说话的人都没有，很无聊。而且老人不会开车，语言又不通。教堂山的公交车其实挺多的，但是老人语言不通，不会坐，自己又不会开车，哪儿也去不了，只能在家待着，闷死了。吃的也不好，不像国内到处都是各种小吃，这儿的中餐馆不咋地，中国店也很少。

还有个事情比较郁闷，在美国没有医疗保险的话看病贵得要死，这边没有什么适合短期探亲家属的医疗保险，所以有病只能扛着，要么回国治，所以很多老人来的时候都带着一大堆药。

虽然这里空气好、环境好，但是对老人来说没什么好的。所以建议老人来探亲不要待太久，两三个月足矣，待久了真的很无聊。当然也有在这儿呆得很好的，我在老年人活动中心遇到过几个，自己和孩子都已经入籍，什么福利都有，也会开车，但是这样的毕竟是少数，对大多数来探亲的老人来说，这里真的是好寂寞，想回国又舍不得孩子，纠结啊。[1]

LL女士所讲的活动中心是位于教堂山的塞莫尔（Seymour）老人中心，为老年人提供免费的早餐，还有一些收费课程，供老人学习和消磨时间，如书法、插花、绘画等，此外，还有健身房和一些体育项目。教堂山的一些华人老人闲来无事，一早就会去那里活动，午饭后再回家。在这里，老人们可以结识一些当地的华人老人，建立起社交圈，没事聊聊天，不用担心语言障碍，身心感到愉快。在美国其他州的一些城市还形成了老年华人社区。杨晋涛介绍了密歇根州南部V城的PM老人社区。虽然该社区并非专门服务于华人老人，但到了2008年，该社区的200多个居住单元中，华人住户已达到了112户，华人老人占多数。这些华人老人多为当地第一代华人新移民的父母；最初也是为了帮忙带孙子孙女，孙子孙女长大后，他们想拥有自己的空间独立生活。[2] 北卡目前还没有形成这样的老年华人聚集的社区。在塞莫尔老人中心当义工的XY女士向笔者讲述了这里的一些情况。她说这个老年中心建立的目的是为了给教堂山的老人提供一个休闲娱乐的场所，每天都会有专车在固定的地点接送周围的老人，中午提供免费的午餐。很多生活在贫困线以下的老人每天都会来这里用午餐。此外，他们还可以领取一些捐赠的食品。来到塞莫尔老年中心的华人老人大多数都是第一代华人新移民的父母，有的刚刚拿到绿卡，有的已经成为美国公民，但是生活习惯和思想观念还是没有多大的改观。平时儿女都要上班，孙子、孙女都要上学或是已经长大，不再需要他们的照顾，他们觉得无聊，想四处走走，但又苦于语言障碍，因此聚集到老人中心，和来这里的华人老人一起聊天，一起活动，还能享受一顿免费的午餐。然而，来

---

① 来自LL女士。LL女士把她在北卡教堂山的生活和感受都写在了她的博客中，笔者经常和她在博客中交流。

② 杨晋涛："从美国PM老年华人社区看新华人的聚居性"，《世界民族》，2011年第1期，第64页。

到这里的许多华人老人却改不了在中国时的一些习惯，在这家老年中心造成了不太好的影响。例如，大声说话，抢占座位，不太注意公共卫生。为此，XY 女士比较苦恼，她只能尽力劝说这些华人老人，或是找他们的儿女反映一下问题，希望他们能够注意维护华人的正面形象。由此可见，北卡前一代华人新移民在适应美国社会过程中仍存在较大的困难。目前，北卡华人社区还没有实施有效的措施，帮助这些华人老人更好地适应美国社会。

另外，在美国还有这样一个华人老人群体，他们移居美国并在美国工作或生活了多年，已成为美国公民或持有美国绿卡。这里笔者暂且称为“老华人新移民”，与“老漂族”或前一代华人新移民存在明显的差异性。老华人新移民的家庭观念发生了一些改变，更接近美国人的思想观念。中国社会构造的根基注重家庭，中国现代家庭的主要功效是经济作用、生育作用、抚养和赡养作用。美国社会的根基注重个体，美国人的家庭价值观强调个人独立、个人权利和自由平等，家庭中的每个成员都是独立的个体，有着自己的隐私，并且孩子在 18 岁以后都需要自食其力，个人有权对自己生活和事业的发展做出决定，家庭中的每个成员，不分男女老幼，都是平等的。有学者认为，美国家庭价值观的形成与美国的早期文化、新教思想、移民、政治思想和文化传统有着很大的关系，特别是新教思想产生的个人主义，使美国人从思想意识上动摇了父权家长制，促使美国家庭成员以个人为中心独立发展。① 前面提到的 XY 女士本人也六十多岁了，20 世纪 90 年代在波士顿陪同先生读书，她来美国时，大儿子十来岁，后来小儿子在美国出生。大儿子在中国出差时结识了一位中国姑娘，两人已结婚。中国姑娘目前待业在家，XY 女士很希望自己的儿媳能够自食其力。她的想法和从中国移居此地的老人有着明显区别。她说她虽然 65 岁后退

① 王成：“美国家庭价值观及其形成的文化要素”，《世界文化》，2005 年第 6 期，第 7 页。

休了，但也不想闲下来，还是想做些事情，让自己动起来。选择在这家老年中心做义工，让她觉得生活还是很充实的。此外，她坚持每周游泳、唱歌。她的两个儿子还没有孩子。当笔者问道："以后儿子有孩子了，您会不会要帮忙照看呢?" XY 女士回答说："我不想帮忙照看，我有我自己的生活。"① 可以看出，移居美国时间较长的华人老人要比从中国刚刚移居美国的中国老人思想上更接近美国老人。有着 XY 女士这样想法的华人老人也比较多，他们在一定程度上受到美国养老观念的影响，认为照顾第三代已经不是他们的责任，而是子女的责任。如果子女实在有困难，也会帮忙，但是不会长时间被束缚住。他们退休后有自己的生活，可以做自己想做的事情，而不是退休了就要共享天伦之乐。经济基础决定上层建筑，同样，在家庭中，老人的经济基础也决定了老人的家庭地位。由于他们在美国已经定居或工作很多年，大多都已是美国公民或持有绿卡，因此享有美国的社会福利。按照规定，工作过的老人 65 岁以后既有社会保险金，又有雇主缴纳的退休金。没有退休金的老人，65 岁以后也可以享有社会保险金，每月还可以向联邦政府领取一定数额的养老金，同时享受免费医疗。另外，存款不高于 2 000 美元、收入低于 700 美元的美国老人还可以申请入住老年公寓和食品补助。非公民或永久居民的中国老人在美国生活，主要还是依靠自己的存款和儿女。

移居美国时间不久的中国老人虽然也向往独立的生活，但又心疼儿女，担心没人帮忙带孩子儿女会很受累。同时，有一些中国老人还担心：如果自己不帮助儿女带孩子，将来自己不能自理了，儿女也可能不会管自己。这种不完全扩展家庭在北卡华人家庭中很常见。如 ML 的母亲已经九十多岁了，一直和她的家人生活在一起，由他们负责照顾。每年给母亲庆祝生日时，ML 的女儿和大儿子一家人都会从美国其他州赶回来，全家人

① 来自笔者与 XY 女士的谈话内容，2014 年 7 月。

一起庆祝。在北卡，还有的中国老人的子女和白人或其他族群的人结了婚，这些中国老人所面临的挑战会更大。本来语言和生活环境等各方面的障碍就很多了，还要学习如何与“洋媳妇”或“洋女婿”相处。有的中国老人实在无法适应家庭中的文化差异，宁可选择回国居住。不过，有的中国老人却学会了如何在这种跨种族婚姻的家庭中相处。笔者在罗利华人基督教会就遇到过这样一对中国老夫妇。这对老夫妇来自中国杭州，只有一个女儿。女儿居住在北卡凯瑞市，并和一位白人男性结了婚，生了两个孩子。退休后，这对老夫妇便来北卡和他们的女儿一家一起生活，并帮助他们照看孩子。这对老夫妇在凯瑞也买了房子，出租了出去，一个月有4 000美金的房租收入用于旅游。虽然老夫妇二人平时住在女儿家里帮忙照顾外孙，但“洋女婿”总觉得吃了亏：既要为老夫妇二人提供住宿，又要管吃喝。老夫妇得知后，便直接和“洋女婿”算了一笔账。他们说道：“我们帮你们看孩子，在这里吃住，你们并不亏。你们要是请个保姆，算算要花多少钱啊？另外，如果你们给我们养老送终，等我们两个都没了后，我们在美国的房子都会给了你们，还有我们的存款。”① “洋女婿”一听，觉得很合算，就同意了。

① 来自笔者与这对老夫妇的谈话内容，2014年4月。

第四章　华人社团和政治参与

关于美国华人社团的研究起步比较晚，主要始于20世纪80年代。研究美国华侨华人社团的代表人物当属麦礼谦，他曾对美国早期华侨社团的类型、组织形式和发展变化进行了详细的阐述。他把早期华侨社团分为血缘性组织、地缘性组织、行会、秘密会社或帮会。虽然这些组织的基本概念来源于中国传统社会，但具体组织形式却是海外华侨社会的产物。[①] 潮龙起介绍了早期美国华侨社团及其堂口的形成和发展，主要是地域性会馆、秘密结社、血缘性宗族及其堂口。他指出，堂口是华侨各社团为应付其组织内外的各种纠纷而设立的武装机构，造成堂斗的原因是华侨浓厚的宗派意识及其由此产生的特有社会结构和非法的利益冲突。[②]

20世纪70年代后，随着华人大规模进入美国，华人族群日益呈现出多样化，美国华人社团的数量也随之不断增长。新型华人社团的涌现，如政治社团、商业社团、科技社团、医疗社团、体育社团和联谊会等，造成了新型社团与传统社团并行的局面。学者们对新型美国华人社团的研究主要集中在旧金山、洛杉矶、纽约和波士顿等华人比较集中的地区，且多以政治性社团为主。万晓宏探讨了美国华人社团参政的情况，他以波士顿华人前进会为例，对当代美国华人草根性参政团体做了

---

① 麦礼谦：《从华侨到华人——二十世纪美国华人社会发展史》，三联书店（香港）有限公司2002年版，第28页。

② 潮龙起："试论早期美国华侨的'堂斗'"，《江苏社会科学》，2007年第3期。

比较深入的研究。[①] 此外，他还介绍了以华人为主导的“80/20”促进会及其在2000年美国总统大选中的影响力，并对美国华人参政新策略进行了评价和思考。[②] 沈燕清对“百人会”成立的背景及其发挥的作用等方面进行了分析。[③] 李爱慧介绍了美华协会创立的背景和发展历程，以及在维权方面的贡献和策略。[④]

第一节　华人社团的组建

北卡华人社团形成的时期相对较晚，是伴随着北卡华人人口规模的迅速扩大相应而生的。目前，北卡是美国南部各州中华人人口数量相对较多的一个州。随着北卡华人人口的增多和自身生存与发展的需要，北卡华人的族群意识和团结意识日益增强。20世纪70年代，华人社团在北卡应运而生，并开始发挥着重要的作用。

一、社团类型

北卡华人大规模移居该州的时间较晚，因此从社团类型上看，北卡华人社团与美国传统华人社团存在较大的差异。有些美国传统的华人社团并没有在北卡出现过，如血缘性社团和帮会。虽然地缘性社团和行会在北卡华人社团中存在，但与传统的地缘性社团和行会相比，其形式和性质发生了很大变化。此外，与美国东部、北部和西部华人比较集中的地区的华人社团相比，北卡的华人社团既存在共性，也存在差异。以科技社团、经济社团和参政社团为例，有学者指出，第二次世界大战以后，特别是20世

① 万晓宏：“当代美国华人草根型参政团体研究”，《八桂侨刊》，2011年第1期。

② 万晓宏：“‘80/20’促进会与美国华人参政新策略”，《华侨华人历史研究》，2003年第3期。

③ 沈燕清：“百人会与美国华人社会”，《华侨华人历史研究》，2004年第1期。

④ 李爱慧：“美华协会与美国华人和亚裔的权益维护”，《东南亚研究》，2012年第6期。

纪 80 年代至今，科技与经济类的美国华侨华人社团逐渐增多，华人参政团体不断涌现，美国华人社团向着国际化方向发展。[①] 笔者比较赞同这一观点。美国华人新型社团中的商业社团和科技社团在北卡华人社团中所占的比例很高。自 20 世纪 70 年代至今，在旧金山、洛杉矶、纽约和波士顿等地区也相继出现了一些争取和维护华人权益的政治性华人社团。需要说明的是，华人参政团体并不是所有美国华人定居的地方都存在，尤其是在华人较少的美国南部一些州。比如，这样的政治性华人社团在北卡还未曾真正出现过。

根据北卡华人社团的特点，本书将其大体分为以下几种类型：综合性社团、商业社团、科技社团、文化娱乐社团、宗教社团、同乡会和校友会（见表 4－1）。这些类型的华人社团既有地区性的，也有全州性的，共计 40 个左右。

表 4－1　北卡华人社团类型及主要社团

类型	主要社团
综合性社团	北卡华人联合会（Chinese-American Friendship Association of North Carolina）、卡罗来纳—中国友好交流协会（Carolina-China Council）、北卡三角地区华美协会（North Carolina Triangle Area Chinese American Society）、夏洛特华美协会（Chinese American Association of Charlotte）等
商业社团	北卡华人企业协会（North Carolina Chinese Business Association）、南北卡华人工商总会（Carolinas Chinese Chamber of Commerce）等
科技社团	中国旅美科技协会北卡分会（Chinese Association for Science & Technology, NC Chapter）、北卡中美生物科技协会（Chinese American Biosciences Association in North Carolina）等
文化娱乐社团	北卡研究三角园区华人合唱团（RTP Chinese-American Chorus）、北卡阳光舞蹈团（Sunny Performing Arts Group）、夏洛特敦煌艺术团（Pacific Arts Troupe at Charlotte）、红雀艺术团（Triangle Chinese Dance Club）等

① 莫光木："二战后美国华人社团的发展"，《前沿》，2012 年第 14 期。

续表

类型	主要社团
宗教社团	罗利华人基督教会（Raleigh Chinese Christian Church）、夏洛特华人浸礼会（Charlotte Chinese Baptist Church）、北卡佛光山协会（International Buddhist Progress Society, North Carolina）等
同乡会	北卡四川同乡会（Sichuan Folks）、北卡夏洛特市台湾同乡会（Charlotte Taiwanese American Association）、北卡客家同乡会（North Carolina Hakka Association）等
校友会	中国科技大学北卡校友会（USTC Alumni Association in North Carolina）、北京大学北卡校友会（PKU Alumni Association in North Carolina）、北卡浙大校友会（ZJU Alumni Association in North Carolina）等

综合性社团在北卡华人社团中占据着十分重要的地位，主要目标是促进北卡华人之间的情谊，帮助会员融入美国主流社会，保护会员权利，加强中美文化、教育和科技等领域的合作。其中，影响力较大的有北卡华人联合会（Chinese-American Friendship Association of North Carolina）、卡罗来纳—中国友好交流协会（Carolina-China Council）、北卡三角地区华美协会（North Carolina Triangle Area Chinese American Society）和夏洛特华美协会（Chinese American Association of Charlotte）。北卡华人联合会成立于1996年，是北卡华人社团中的先锋组织，也是北卡会员人数最多的华人社团，目前会员有三千多人。北卡华人联合会原名北卡华人联谊会，2014年由时任会长姚承伟先生倡导更名为北卡华人联合会。姚承伟先生认为："北卡华人联合会起初成立的目的是为了给当地华人提供共同交流、共同娱乐的机会，因此经常举办一些聚会活动，大家一块吃吃、喝喝、玩玩。但是现在情况跟以前不太一样了，不能只是吃吃、喝喝、玩玩了，而是需要把北卡的华人联合起来，为当地华人社区做一些有意义的事情。"①卡罗来纳—

① 来自2014年6月笔者与姚承伟先生在北卡州立大学Jubala咖啡厅的访谈内容。经同意，本书使用了其真实姓名。

中国友好交流协会成立于2009年，致力于为中国和北卡在文化、科技和商务等方面的交流搭建平台。北卡三角地区华美协会成立于1978年，是由台湾华人组建的华人社团。夏洛特华美协会的组建稍晚于北卡三角地区华美协会，最初是由台湾华人组建，但后来大陆华人会员占绝大多数。

商业类社团主要以发展华人企业、促进中国与北卡商业交流为目标。2004年成立的北卡华人企业协会（North Carolina Chinese Business Association）是北卡最早的华人商业社团。2011年成立的南北卡华人工商总会（Carolinas Chinese Chamber of Commerce）是目前北卡规模最大的华人商业社团。

科技社团中，中国旅美科技协会北卡分会（Chinese Association for Science & Technology, NC Chapter）成立于2000年，是全美华人科技社团在北卡的分支；北卡中美生物科技协会（Chinese American Biosciences Association in North Carolina）成立于2011年，属于北卡当地华人的科技社团。两者都致力于为当地华人提供科技交流的机会，为中国和北卡搭建科技方面的技术交流与商业合作平台。

文化娱乐社团中，北卡研究三角园区华人合唱团（RTP Chinese - American Chorus）成立时间最早——1995年。这些文化娱乐社团在传播和弘扬中国文化的同时，为北卡当地华人和其他族群人士的娱乐生活增添了色彩。

宗教社团主要以基督教社团和佛教社团为主。北卡华人宗教社团以基督教会为主，分布在北卡各个城镇。其中，规模较大的有1984成立的罗利华人基督教会（Raleigh Chinese Christian Church）和1982年成立的夏洛特华人浸礼会（Charlotte Chinese Baptist Church）。北卡佛光山协会（International Buddhist Progress Society, North Carolina）是国际佛光山协会在北卡的一个分会，成立于2010年，位于罗利，是北卡华人社团中规模最大的佛教社团。

北卡华人同乡会成立的主要目的是促进乡谊，维护同乡的权益。北卡华人校友会则以增强校友间的友谊、联系与合作为目标。

需要注意的是，一些北卡华人社团的活动领域比较广泛，既可以是以文化交流与合作为主，同时又涉及教育领域；或者以科技交流与合作为主，同时又兼顾商业领域。例如，北卡中美生物科技协会，既以中美间的生物科技交流为己任，又重视两国间的商业合作。此外，由于北卡华人人数较少，社团成立时间较晚，北卡华人社团中还没有形成诸如百人会、美国中国商会和全美中文学校协会等影响力较大的全美性华人社团。

二、成员构成

北卡的华人类型与北卡的经济结构和教育机构有着密切的关系。北卡的传统经济以制造业和农业为主，尤其是烟草、纺织和家具业。20 世纪 50 年代以来，随着北卡研究三角园区（Research Triangle Park of North Carolina）的建立，电子、软件、生物、医疗及制药等工业开始在北卡发展壮大。目前，北卡已成为美国以高科技为主的一个州，被称为“美国东部的硅谷”。此外，金融业也是北卡的重要产业。北卡的夏洛特市是仅次于纽约的美国第二大金融城市。同时，北卡丰富的教育资源也为北卡经济的发展注入了新的活力。北卡有 15 所高校，50 多所社区大学。其中，杜克大学、北卡大学和北卡州立大学最为出色。因此，北卡吸引了大量上述相关领域的华人精英人士前来。北卡华人中就业于高科技领域和教育领域的人士很多，并且受教育程度普遍较高；此外，北卡华人中还不乏商业领域的成功人士。北卡华人的这一特征突出体现在北卡华人社团的创始人、领导者和会员构成上。

北卡华人社团的创始人和领导者大多是在美国接受过高等教育并且学历较高的有识之士，或是商业成功人士。如卡罗来纳—中国友好交流协会的主要创始人谢立安先生就是迈阿密大学的博士，现为北卡州立大学教授、知名学者。北卡华人企业协会是由章燕青、王学锋和伍林宪三人在杜克大学创立的。其中，章燕青和王学锋获得了美国的博士学位，伍林宪获得了加拿大的博士学位，三人或在北卡高科技企业任职，或拥有自己的公司。南北卡华人工商总会创始人杨华东先生是北卡华人商业领域的知名成功人士，主要经营家具业、食品进出口业和钟表业，具有雄厚的经济实力。李勐先生20世纪90年代从云南来美发展，在北卡夏洛特成功地经营了一家中餐馆——Best China。目前，他是北卡夏洛特华美协会副董事长。卫高荣先生1990年同其他两位人士共同创立了北卡中华商会。20世纪70年代，卫先生已是台湾商界的成功人士，后移居北卡，主要经营房地产业，一直是北卡商业界的领袖人物。不仅北卡华人社团的创始人和领导者具有较高的教育背景，其会员的教育背景也不容小觑。如中国旅美科技协会北卡分会的会员绝大部分拥有硕士或博士学位，涵盖科学、技术、工程、教育、法律、医学、商业等各专业领域，许多会员任职于北卡的各大高校和高新企业。

北卡华人社团的创始人、领导和会员很多同时也是另外一个或几个华人社团的创始人、领导或会员，这充分体现了北卡各华人社团之间的密切关系。如谢立安先生，在创立卡罗来纳—中国友好交流协会之前，他是北卡联合会、罗利中文学校和中国旅美科技协会北卡分会的主要创始人之一。又如李勐先生，同时也是全美中餐联盟常务副主席和北美云南德宏同乡会会长。卫高荣先生也曾经担任过北卡三角地区华美协会的副主席和主席、美东南华人科技学会的北卡地区代表等职位。北卡华人社团的领导和会员基本都是当地华人，个别社团还包括其他族群的人士。以卡罗来纳—中国友好交流协会董事会成员为例。该协会董事会既包括华人，也包括当地其他族群具有一定影响力的人士，如已故的哈里斯·布莱克是前北卡州的参议员副议长、美国农业部前副署长，生前是该协会的主要创始人，在该协会董事会中任主席。该协会的另一位创始董事罗宾·昆明斯博士是北卡大学彭布罗克分校的校长、前北卡州卫生厅副厅长。对此，该协会的主要创始人兼会长谢立安先生谈道："我们的董事会成员包括美国主流体系内的政府官员，主要是多年结交的朋友。他们很想推动北卡与中国在经济、文化和教育等领域的双边交流与合作。他们看到我确实是在实实在在的做事，没有私心杂念，所以我不去找他们，他们也会来找我一起做事。"① 从北卡华人社团的角度来看，华人在北卡的生存与发展离不开与其他族群的相互交流与合作，吸引其他族群人士特别是主流族群中有影响力的人士进入华人社团，有利于华人社团工作的开展；从北卡其他族群的角度看，华人在北卡所取得的显著成绩和巨大潜力不容忽视，加强和北卡华人社团的交流与合作是大势所趋。

三、社团运作

北卡华人社团的管理机构通常是董事会。董事会由社团会长、社团副会长、董事会主席、董事会副主席和若干名董事组成。董事主要会负责批准或修改社团章程，组织、管理并协调社团的日常事务和各类活动。北卡一些华人社团还包括执行委员会和顾问委员会。如北卡华人联合会、北卡华人企业协会和卡罗来纳—中国友好交流协会。执行委员会负责处理社团的日常事务。董事会负责批准主席对执行委员会成员的提名，执行委员会成员也可以是董事会成员。顾问委员会负责对社团工作给予建议和各方面的资源支持，顾问委员会一般都邀请本社团的历任会长或资深人士出任。有些社团还会邀请北卡各界的知名人士出任，如卡罗来纳—中国友好交流协会，其顾问委员会成员中有北卡州立大学副校长李百炼和北卡植物园园长乔治·布里格斯。

① 来自2016年7月笔者与谢立安先生在北卡州立大学谢立安先生办公室的访谈内容。经同意，本书使用了其真实姓名。

和其他美国华人社团的性质相同，北卡华人社团均属于非营利机构。因此，社团的运作开支要依赖会费和各方赞助。社团会员每年会以家庭或个人的形式交纳一定的会费，但成为会员后还可以享受一些其他优惠。以北卡华人联合会为例。北卡华人联合会的会费分为四种类型：每个家庭一年 15 美元或两年 30 美元，个人一年 12 美元或两年 24 美元。北卡华人联合会会员若成为山姆会员店、AAA 保险公司或 BJ's 批发俱乐部的新会员，可以减免 10 美元的会费；若购买北卡华人联合会举办的活动的门票，也可以享受一定的优惠。再如夏洛特华美协会，会费是每个家庭一年 20 美元、个人一年 15 美元。成为夏洛特华美协会的会员后，在夏洛特的指定超市、饭馆和 AAA 保险公司消费，也可以享受 5% 至 15% 不等的打折优惠。其中，超市和饭馆多以华人经营的为主。对于绝大多数北卡华人社团来说，会员每年所缴纳的会费并不能满足社团的正常运作需求。因此，个人和企业或机构的赞助必不可少。此外，还有举办活动或演出的门票所得。个人赞助以社团内会员赞助为主，特别是社团的创始人和领导者，赞助费用从几十美元到几百美元不等。南北卡华人工商总会的会费相对较高。杨华东会长介绍道："会长需要交纳的会费最多，3 年 5 000 美元；常务是 3 年 3 000 美元；普通会员是 3 年 600 美元。"杨会长说会员所交纳的会费还远不够南北卡华人工商总会的正常运行，他本人还经常自掏腰包，资助协会。[①] 正如李明欢所说："众所周知，当代海外华人社团均属所在国民间志愿团体，其领导人不仅不能从社团任职中领取薪俸报酬，而且大多还要经常为社团出钱出力……"[②] 前面提到的姚承伟先生亦是如此。2014 至 2015 年，姚先生担任北卡华人联合会的会长，现为董事会主席。姚先生 20 世纪 80 年代到北卡留学，之后定居在北卡，主要经营房地产，事业

① 来自 2016 年 7 月笔者与杨华东先生在南卡罗来纳州川香园中餐馆的访谈内容。经同意，本书使用了其真实姓名。

② 李明欢："当代海外华人社团领导层剖析"，《华侨华人历史研究》，1994 年第 2 期。

做得很成功，是北卡研究三角园区的知名华人。姚先生一直是北卡华人联合会的资助者。任职期间，他经常借助自身的能力和影响力为北卡华人联合会筹款、拉赞助。目前，北卡华人联合会的赞助商主要以房地产公司、保险公司和律师事务所为主。此外，北卡华人各社团之间也会相互赞助。通常是实力雄厚的社团会赞助需要帮助的社团，充分体现了北卡华人社团间相互扶持的精神。以北卡研究三角园区华人合唱团为例。除了合唱团会员和其他华人的个人赞助外，北卡华人联合会几乎每年都会赞助北卡研究三角园区华人合唱团的演出活动，一般是几百美元。罗利中文学校和教堂山中文学校也曾是北卡研究三角园区华人合唱团的赞助者。会员缴纳的会费和个人、企业或机构的赞助所得，一部分用于社团的日常运行开销，一部分则用于举办各种活动和演出，如研讨会、交流会、联谊会和野餐会等，而社团会员的服务都是无薪酬的。

四、社会功能

以往有些学者曾经对华人社团的社会功能进行过探讨。方雄普和许振礼把华人社团的社会功能分为以下三种：联络情谊、协商关系、举办公益。[①] 李明欢把当代海外华人社团的社会功能归为协调海外华人族群的内部关系、协调华人族群与所在国大社会的关系、协调华人族群的国际性联系网络。[②] 20 世纪 70 年代以来，华人社团社会功能的一个主要转变是经济和科技的交流与合作在华人社团活动中的比重增大。[③] 此外，提高华人参政意识并推动华人参政也成为华人新型社团的一个主要社会功能。以上提及的一些社会功能在北卡华人社团中均有体现，如联络情谊、协调关系。其中，促进经济和科技领域的交流与合作在北卡华人社团中尤为突出，但

① 方雄普、许振礼：《海外侨团寻踪》，中国华侨出版社 1995 年版，第 12 ~ 14 页。

② 李明欢：《当代海外华人社团研究》，厦门大学出版社 1995 年版，第 331 ~ 410 页。

③ 周继红："试论战后美国华人社团发展的特点及其在中美关系中的作用"，《国际关系学院学报》，2008 年第 6 期。

提高华人参政意识并推动华人参政这方面则初见端倪。2015 年 9 月习近平主席访美时，向美国华人华侨提出了三点希望：第一，积极融入美国主流社会，遵守驻在国法律，尊重当地习俗，同各族裔人民和睦相处，推动当地经济社会发展；第二，发挥学贯中西、融通中美的优势，为中美互利合作牵线搭桥，为中美关系增加正能量，为中美友谊大厦添砖加瓦；第三，积极主动宣传介绍中华文化，讲好中国故事，增进美国人民对中国的了解，夯实中美关系的民意基础。这三点希望实际上也是对美国华人社团包括北卡华人社团提出的希望。

基于北卡华人社团自身的特点，本书将其社会功能归纳如下：服务当地华人，维护华人权益；沟通与其他族群的关系；提高华人的参政意识；促进中国与北卡的交流与合作。

（一）服务当地华人，维护华人权益

前面提到，早期美国华人社团成立的初衷是相互守望、抵御外辱。虽然时过境迁，但直到如今，这一社会功能仍然是美国华人社团的重要功能，只是形式有所变化。本书称之为服务当地华人，维护华人权益。北卡华人社团在促进华人文化生活、家庭生活和维护华人权益等方面发挥着积极的作用。以北卡研究三角园区华人合唱团为例，在历任团长的带领和合唱团 40 多名团员的精心排练下，每逢重要的中国传统节日或其他重要节日，北卡研究三角园区华人合唱团都会为当地华人社区奉献精彩的演出。一首首经典的中国歌曲——《在希望的田野上》《爱我中华》《茉莉花》《黄河大合唱》等——唤起了北卡华人对祖国和家乡的思念。传承经典的中国歌曲的同时，合唱团也演绎了经典的外国歌曲——《雪绒花》《欢乐颂》等，深受当地华人的喜爱。笔者曾有幸欣赏了北卡研究三角园区华人合唱团 2013 年中秋节和春节的演出，至今仍然印象深刻。北卡研究三角园区华人合唱团前任团长熊雪莹女士告诉笔者，为了每一场演出的成功，

合唱团的团员无偿地付出了很多。他们每周六晚上都会驱车前往排练场所进行排练，尤其是在重大演出前，还要增加排练次数。此外，合唱团的演出服装和道具等也都是团员自己准备或捐助的。有的演出服装需要在中国定做，当有团员从中国返回美国时，再把服装带回来。① 在维护华人权益方面，北卡华人社团也首当其冲。2013 年美国广播公司在一档脱口秀节目中播出的“杀光中国人”的言论激起了美国华人的极大愤慨，北卡华人在美国广播公司大楼和维克郡法院大楼前举行了示威游行，并和北卡中文学校一起递交了联合抗议书，要求美国广播公司和主持人基梅尔对该言论进行公开道歉，最后取得了胜利。

（二）作为与其他族群沟通的桥梁

作为一个少数族群，华人在美国的生存与发展离不开和其他族群的交流与合作。北卡华人社团发挥了沟通当地华人与其他族群的桥梁作用。一方面表现为北卡华人社团热情地欢迎其他族群人士加入，尤其是宗教团体。在笔者拜访北卡佛光山协会时，发现这里除了华人信徒和访客外，还有一些其他族群的信徒和访客，他们有的是信徒的家属，有的是信徒的朋友，还有的是慕名而来。在这里，他们可以参加英文佛事讲堂和诵经活动，体验佛教文化。当佛光山举办各类法事活动或每逢中国传统节日时，其他族群人士也非常愿意参与。此外，北卡华人基督教会中也常常会看到其他族群的身影。他们或是居住在附近的基督徒，或是华人教徒的家属。前面也提到，一些北卡华人社团的董事会、顾问委员会和会员中也包括其他族群的人士。另一方面，北卡华人社团也积极参与其他族群社团或组织举办的活动，促进双方的交流。如近年来北卡亚裔服务中心（Asian Focus）北卡举办赛龙舟活动，每年都会吸引北卡各族群前来报名参加。

---

① 来自 2015 年 11 月笔者与熊雪莹女士在北京紫玉饭店的访谈内容。经同意，本书使用了她的真实姓名。

北卡华人联合会和其他华人社团分别组建了自己的龙舟队参加比赛。在积极参与比赛的同时，增进了对其他族群的了解和相互间的友谊。

（三）提高华人的参政意识

学界普遍认为，美国华人的职业经历了从“三刀”到“三师”再到“三家”的转变过程。随着美国华人社会地位和族群形象的改善与提升以及华人人口结构的变化，20 世纪 60 年代中期以来，美国华人的参政意识和参政热情逐渐提高，一些华人精英通过竞选和委任等方式进入美国政府部门。和美国华人比较集中的各州相比，北卡华人的参政程度并不非常乐观，其中既存在客观因素，也存在主观因素。客观因素是北卡华人定居该州较晚，且人数相对较少，还未形成一定的政治气候。主观因素是族裔的传统政治文化、现状满足感、政治效能感、政治信任感以及对参与成本和收益的考虑等。[①] 北卡华人社团中，目前还没有政治性的社团。然而，令人欣慰的是，北卡华人社团已经开始意识到华人参政的重要性，并努力融入北卡的政治舞台。其中，南北卡华人工商总会的贡献最为突出。该协会自 2011 年成立以来，一直积极参与北卡政治活动，曾为多名联邦议员、州长、副州长、州议员、市长、市议员等捐款近 40 万美元，提高了当地华人的参政意识。2014 年，杨华东会长应邀出任北卡州副州长丹·福里斯特的国际商贸首席顾问，这是北卡华人和华人社团首次在政治领域取得较大的建树。谈到南北卡华人工商总会参政的缘由，杨华东会长这样说道：

> 我们协会举办活动，想请北卡州政界人士来，他们不来。最后终于通过一个关系请了一个政客来，然后他就说实话了：“我今天能来

① 万晓宏：“影响当代美国华人政治参与的主观因素”，《八桂侨刊》，2009 年第 4 期。

已经不容易了。”我就问：“为什么？我们不是美国的一部分吗？”他回答说：“是的，你们是，但也不是。我没看到你们投票啊！我们的政治活动、捐款之类的也没看到你们的身影。不可能我这个选区的选民，给我支持的、奉献的，我不支持他们。不支持我的，我却支持他们，似乎不合乎道理啊！”好像作为一个草根政治家，他们没那么高的觉悟。不过，他们说的也对啊！其实美国的政治也很现实的，政治捐款和投票这两方面都很重要。另外，作为美国公民，你对社会的责任感要显示出来。你本来自己小日子过得很好，一亩三分地，整得干干净净的，孩子教育也很好，但这就是模范吗？这不是，是有缺陷的。[①]

（四）促进中国与北卡的交流与合作

促进中美两国的交流与合作，一直是美国华人社团的主旋律之一，尤其是经济和科技领域的交流与合作。由于中国经济的迅猛发展，北卡州政府十分希望能够抓住机遇，加强同中国的经济交流与合作，以促进本州经济的发展。北卡华人社团特别是综合性社团、商业社团和科技社团，在中国和北卡之间架起了商业沟通的桥梁。北卡州政府官员经常出席当地华人社团举办的各种活动，积极参与和中国的交流与合作。例如，南北卡华人工商总会通过举办企业家论坛、经济论坛和组织考察团等方式，促进了南北卡州与中国工商界的交流与合作。2012 年，南北卡华人工商总会在亚特兰大与中国商务访问团举行了会谈，并签订了战略合作协议。2015 年，南北卡华人工商总会人员陪同夏洛特市发展署署长、北卡州参议院州和地方政府委员会联合主席以及夏洛特市前市长访问了深圳市工商联，并于会后

① 来自 2016 年 7 月笔者与杨华东先生在南卡罗来纳州川香园中餐馆的访谈内容。经杨先生本人同意，本书使用了其真实姓名。

签订了结为友好商会的协议，确定了合作关系。再看北卡中美生物科技协会。该会自成立以来，就始终专注于北卡与中国在科技领域的交流与商业合作——大力引进国内的招聘，宣传国内的创业项目，组织国内和北卡的科技交流访问团进行互访，取得了显著的成果。除了促进经济和科技领域的交流与合作，北卡华人社团还积极促进中国与北卡在文化和教育等领域的交流与合作。如邀请国内艺术团来北卡演出，接待国内知名学者或艺术家进行交流活动。在促进中国与北卡地方政府之间的交流与合作方面，值得一提的是卡罗来纳—中国友好交流协会。卡罗来纳—中国友好交流协会于2010年牵头促成了北卡和湖南省省、市、县三级一体的友好城市群。①友好城市群的成立增进了中国和北卡的友谊和相互往来。谢立安先生强调："卡罗来纳—中国友好交流协会是北卡州唯一一个由州长授权来协调州政府和中国之间交流与合作的协会。北卡前任州长和我们协会签订了合作协议，协助州政府做一些交流项目，其中包括北卡州和湖南省结成姐妹省州。"②

北卡华人社团是美国华人社团大家庭中的新生力量，虽然其历史、规模和影响力不能和美国华人比较集中的各州华人社团相比，但它是北卡华人中的鲜明旗帜，增强了北卡3万多华人的凝聚力，发扬了中华文化的光荣传统，密切了华人与华人、华人与其他族群的关系，并促进了中国和北卡的关系。诚然，刚刚发展起来的北卡华人社团还有待完善和壮大。第一，需要进一步提高参政意识和参政力度，在为美国主流社会服务的同时，维护华人权益。只有真正地参与到美国的政治生活中，才能在国家层面具有发言权，才能享受真正的平等。北卡华人还没有成立政治性的社团，但随着华人人口的增加和华人参政意识的增强，相信不久的将来，北

① 省级是指湖南省与北卡结成友好省州，市级是指湖南省株洲市和北卡德拉姆市结成友好城市，县级是指湖南省桂东县与北卡莫尔郡、湖南省芷江县和北卡松鹤市结成友好城市。

② 来自2016年7月笔者与谢立安先生在北卡州立大学谢立安先生办公室的访谈内容。经谢先生本人同意，本书使用了他的真实姓名。

卡也会出现具有一定影响力的华人政治社团。第二，改革自身机制，扩大宣传力度，号召更多的华人参与到社团建设中来。北卡规模较大的华人社团不多，还有个别社团的会员只有几个人，新鲜血液的注入势必会促进社团的蓬勃发展。第三，需要扩大交流与合作的范围，加强同美国其他社团乃至其他国家社团的联系，其中包括华人社团和其他族群的社团，只有这样，才能扩大自身的影响力，从而壮大自身。可以看到，北卡华人社团已经把目光投向了中国，并取得了一定的成果，但同美国其他华人社团的联系却不是非常紧密，更不用说和其他国家社团的联系了。因此，北卡华人社团应该要有国际视野，进一步加强与其他社团的联系与合作。

第二节　政治参与

任何少数民族集团都认识到，单是学术上有带头的，在经济上有冒尖的，在具体行业中有位居前列的，在美国这个以白人为主的多种族社会是对付不了排外主义和种族主义的。[①] 因此，华人必须争取政治话语权。此外，海外华人的政治认同仅表现为获得公民权是不够的，还必须在观念和行为上认同所在国。身份是外在的法律地位，观念是内在的意识，而行为则是实践。衡量海外华人政治认同的标准很多，他们对参政、议政的态度是一个重要指标。[②] 美国华人参政最早始于20世纪40年代的夏威夷，但仅限于个别精英人士——通过竞选或委任的方式进入美国政府机构。20世纪60年代中期以后，随着美国平权运动的出现和华人落地生根思想的坚定、教育程度的提高、社会经济地位和族群形象的改善，美国华人的参政意识和参政热情逐渐提高，华人精英人士不断涌出，如陈香梅、吴先标、

① 邓蜀生：《世代悲欢“美国梦”——美国的移民历程及种族矛盾（1607—2000）》，中国社会科学出版社2001年版，第261页。

② 曾少聪：“全球化背景下的东南亚华人社会”，载《世界民族》，2003年第6期，第51页。

赵小兰、胡少伟、朱隶文、骆家辉等。美国政坛不断出现华人的身影，华人参政团体也纷纷成立，为争取华人的政治合法权益、反对不公正待遇做出了突出贡献。华人参政的地域已扩大到美国大多数州。华人在美国政治选举中的作用日益增强，参政成果也日益显著。美国华人参政意识和参政程度的提高，是华人为了更好地适应美国主流社会所做出的积极调适行为。美国华人参政的方式主要有以下四种：参加选举登记和投票、政治捐款、竞选议员和政府公职、争取政治委任。华人参加选举登记和投票是利用自身的公民选票参与美国政治并间接影响美国政府决策的一种政治参与行为。政治募捐则是华人利用自身的财力参与美国政治并影响美国政府决定的一种政治参与行为。华人竞选议员和政府公职可以分为竞选国会议员、州政府公职、州议员和市议员四个层面。华人通过政治委任方式担任的职位可以分为联邦政府官员与专业委员、州政府官员与专业委员、市政府官员与专业委员三类。①

和美国华人比较集中的其他州相比，北卡华人的参政程度仍不高。虽然北卡华人的参政程度还不能与华人比较集中的美国其他州相比，但已经取得了一定的进步。2000 年，施于杭在对北卡华人政治参与程度的调查中发现，在已入美国国籍的华人受访者中，62% 的人在选举中投过票，18.7% 曾经捐款给政党或候选人，35% 曾投诉政府官员，15% 参加过公共集会，没有人参加过公职竞选。② 由此可见，2000 年，华人的参政程度整体上还是比较乐观的，不足之处在于未曾出现过竞选政府公职的华人身影。在政治认知取向方面，北卡华人稍逊于其他美国人，只有 1/4 的受访者知道民权法案为美国宪法的前十项修正案，远低于 50% 左右的美国全国平均水平。此外，受访者中了解美国和北卡主要官员与党派政治的比例也

① 朱慧玲：“美国华人参政历程及其发展态势”，载《八桂侨刊》，2008 年第 3 期，第 4 ~ 5 页。

② 施于杭：“美籍华人的政治取向和期望：兼论美籍华人在中美关系发展中的作用”，转引自孔秉德、尹晓煌编著，宇宁平等译：《美籍华人与中美关系》，新华出版社 2004 年版，第 96 页。

低于美国全国水平，整体上接近新移民团体的了解程度。① 在价值取向方面，北卡华人认同共和党的占多数，其次是民主党，再次是无党派人士。在社会福利问题上，北卡华人趋于保守；在提供医疗保健、减少合法移民、限制人工流产等社会问题上不同于其他美国人；但在枪支管理、就业机会、制止非法移民、改善种族关系和对同性恋的看法方面，北卡华人与其他美国民族趋同。

目前，距离施于杭关于北卡华人参政的研究已经过去了十几年。在此期间，北卡华人的社会文化生活发生了较大的变化，更多新移民的到来推动了北卡华人政治参与的步伐，并呈现出新的特征。其中，最主要的特征就是北卡华人社团对当地华人政治参与活动的间接主导作用，具体表现在两个方面：一是华人社团精英人物在华人社区组织政治募捐活动，二是华人社团精英人物争取政治委任与竞选议员和政府公职。

一、政治募捐

北卡华人社团目前还没有政治性的社团，情形同施于杭在 2000 年所描述的相似，“在北卡华人当中，很少有人听说过以华人为主的政治社团，更不要说去参加这样的社团。”② 然而，令人振奋的是，近两年来北卡华人社团中有些精英人士已经开始意识到华人参政的重要性，以个人名义主动接触北卡政界人士。其中，南北卡华人工商总会表现得比较活跃。该协会自 2012 年成立以来，领导层人士一直保持与北卡政界人物个人层面上的沟通，积极参与政治募捐活动，曾为多名联邦议员、州长、副州长、州议员、市长、市议员等捐款近 30 万美元，提高了当地华人的参政意识。杨华东说道：“在美国的中国人多数事业成功、家庭幸福，高薪大房、下一

① 施于杭：“美籍华人的政治取向和期望：兼论美籍华人在中美关系发展中的作用”，孔秉德、尹晓煌编著，宇宁平等译：《美籍华人与中美关系》，新华出版社 2004 年版，第 97 页。

② 施于杭：“美籍华人的政治取向和期望：兼论美籍华人在中美关系发展中的作用”，转引自孔秉德、尹晓煌编著，宇宁平等译《美籍华人与中美关系》，新华出版社 2004 年版，第 106 页。

代进名门名校，但同时大部分也比较低调，尤其在政治领域的声音更为细微。我们作为美国公民，应积极参与主流社会的活动，多为我们热爱的国家奉献。”① 除了积极组织政治募捐外，如前所述，南北卡华人工商总会还致力于北卡和中国的商业往来，促进北卡和中国在商业领域的交流与合作，使北卡政界人物对北卡华人的能力有了更深的认识。

前面提到的卫高荣先生，除了创办了北卡州中华商会并在商界具有较大影响力外，他本人还同北卡政界一直保持着良好的关系。北卡华人很多都知道他的名字，并亲昵地把他称作“老卫”。1978 年，老卫和妻子高秀琼获得全额奖学金进入宾州州立大学学习。1980 年获得数学和计算机硕士学位。毕业后，老卫首先在南卡罗来纳哥伦比亚市的一家软件开发公司从事软件开发设计工作。1982 年移居北卡凯瑞市，成为北卡电力公司的程序工程师。1984 年，由于妻子受 IBM 公司外派到北京工作，老卫辞去了北卡电力公司的工作，加入 IBM 中国，和妻子一起外派到了北京。1986 年，夫妻两人一起回到了美国。老卫又回到了北卡电力公司工作。他的妻子继续在 IBM 工作。在工作的同时，1987 年老卫创办了以自己名字命名的房地产公司——R. D. Reality。由于老卫敏锐的商业头脑，他的房地产公司取得了很大的成功，后更名为 R. D. International INC. 。做这一行，老卫在北卡华人中当属首位，在研究三角区培育了很多房地产中介精英。老卫开玩笑地和笔者说：“现在这里做房地产的华人很多都是我的徒子徒孙。”②

商业上取得的成功促进了老卫迈向政界的步伐。老卫认为，只有积极参政，华人的社会地位才能够提高。自 20 世纪 80 年代起，老卫便开始与北卡政界人物有了接触。美国前国会共和党参议院外交委员会主席杰西·赫尔姆斯（Jesse Helms）参议员、北卡州前参议员哈里斯·布莱克（Harris Blake）、北卡国会资深议员戴维·普莱斯（David Price）与老卫都

① 参见 http：//ny. usqiaobao. com/weekends/2015/09 – 24/79825. html。
② 来自笔者与卫高荣先生的访谈内容，2016 年 1 月。

有多年的交情。2014年6月9日，北卡前参议员哈里斯·布莱克去世。他生前是一名成功的企业家，后来投身政治，历任里根时期的农业部副部长、北卡州参议员、副议长等职，担任北卡州议员达五个任期。为纪念哈里斯·布莱克，老卫特地写了一篇文章，名为《追忆我逝去的好友哈里斯议员》，讲述了他与哈里斯·布莱克是如何相识的，接着又是如何在政治上和生活中相互交往的。这里节选文中部分内容如下：

我与哈里斯·布莱克议员相识，缘于美国飞虎队飞行员罗伯特·厄普邱奇（Pilot Robert Upchurch）。69年前，中国军队与侵华日军在湖南省桂东县一带发生空战，一架美国飞虎队战机迷航坠毁，飞行员壮烈牺牲。桂东人民黄仁桐把飞行员的遗体安葬在宝塔山下，每年清明时节，当地人都会自发前去扫墓，缅怀英烈。2005年，美国国防部寻找在华失踪人员工作小组辗转来到桂东，把英雄遗骸带回美国。经过DNA鉴定，确定这位飞行员就是罗伯特·厄普邱奇，系北卡摩尔郡人。哈里斯时任北卡州参议院议员。为协调和推动英雄“回归”事宜，他通过秘书Anna Kidd找到了北卡中国中心。2006年，作为北卡中国中心的创办人，我有缘第一次见到了哈里斯·布莱克议员。在随后的几年时间里（2006—2009），北卡中国中心派总裁（2006—2009）谢立安教授陪同哈里斯·布莱克议员前往湖南桂东县，做了大量的沟通协调工作，最终顺利将英雄遗骸迎回家乡，并在桂东县重塑了墓碑。桂东县还与摩尔郡结为友好郡县，桂东县一中与摩尔郡高中结为友好学校，桂东县与罗宾斯镇结为友好乡镇。北卡中国中心因此与北卡州参议院建立了良好关系。 从那之后，凡是有重要中国代表团来访，我都会把他们径直带往哈里斯的办公室。后来，在哈里斯的积极推动下，谢教授还成立了卡罗莱纳—中国友好协会。促进中美之间的交流合作，是我和哈里斯共同的心愿。在一次次的共同努力中，我们之间的友谊也一步步加深。2008 年，我的长孙出生，哈里斯和夫人巴巴拉参加了满月宴，和我一起庆贺新生命的到来。2009 年，巴巴拉过世，今年年初我去墓前献花祭奠，哈里斯拄着拐杖，和我一起回忆共度的美好时光。2010 年 10 月，北卡州州长大选前的一周，他特地从家乡摩尔郡赶来，把新任州长 Pat McCrory 介绍给我。最让我感动的是，当时他已经身患重病。可以说，我们见证了彼此生活中最重要的时刻，也尽力在工作中互相扶助。我自己也没有想到，会在大洋彼岸结交到这样的异国挚友。①

每当老卫所认识和交往的北卡政要人物需要他在华人社区帮忙募款时，老卫都会竭尽所能地号召当地华人募款。戴维·普莱斯 1987 年开始踏上政治生涯，之前曾在杜克大学桑福德公共政策学院工作，至今已经服务了五任美国总统。1986 年，老卫就认识了戴维·普莱斯。1988 年，戴维·普莱斯受老卫之邀参加了罗利中文学校举办的结业典礼。老卫那时是罗利中文学校的校长。1993 年，戴维·普莱斯竞选连任失败。两年后他重新竞选时，老卫四处奔走，联合北卡华人中的一些有识人士为他募款和投票，帮他重新争取到了众议员的职位。对此，戴维·普莱斯十分感动，称赞老卫是真正的患难朋友。此后，戴维·普莱斯便和当地华人社区来往越来越多，经常应邀参加华人社区举办的一些活动，如春节联欢会、圣诞节活动等。2016 年 3 月，老卫筹划为现任州长在华人社区募款，他说他四年前就答应为其募款了。夏洛特地区南北卡商会已经开始募款了。为州长募款会比较费心的。老卫说，如果是一个普通的募款，捐出五十美元或一百美元也没有多大压力，但为州长募款款项较大。他要先邀请北卡有头有脸的人物进入募款委员会，然后再号召北卡其他华人募捐，这样接下来就好

① 参见 http：//ny. usqiaobao. com/weekends/2014/10 – 14/56895. html。

做了。下面是老卫为现任州长帕特·麦克罗伊募款的邀请函[①]:

人在捧人，不在捧钱场，二者皆无，捧个心，也感激不尽。

2016年4月19日晚上在莉莎·黄的皇上皇餐厅，为现任北卡州长帕特·麦克罗伊再选四年州长选举募款如下：

亲爱的朋友：

衷心邀请您参加为北卡罗来纳州长帕特·麦克罗伊募款的活动。

日期：2016年4月19日星期二

时间：晚上6点至8点

地点：皇上皇餐厅，罗利首府大道4420号。

电话：919－900－7665

欢迎加入本次活动委员会。

钻石会员：1 000美元

金牌会员：500美元

银牌会员：200美元

铜牌会员：100美元

支持会员：50美元

此外，老卫还准备为北卡现任州务卿伊莲·马歇尔女士募款。老卫说，为北卡州务卿募款是两年一次。图4－1为伊莲·马歇尔本次募款的邀请函。除了为北卡政界人物拉选票和募款外，1992年担任北卡三角区华美协会会长时，老卫还曾为时任特拉华州副州长吴仙标募款助选。笔者问老卫为什么要为吴仙标募款，老卫回答说："当时我是华美协会的会长。吴仙标找我帮他募款，我就组织帮他募到了10 000多美金。"[②] 老卫还积

① 此邀请函由卫高荣先生提供给笔者。

② 来自于笔者与卫高荣先生的访谈内容，2016年1月。

极促进北卡政界与中国大陆和台湾地区政界的往来。中国驻美使馆大使或公使等使馆官员每次莅临北卡时，经常会由老卫陪同会见北卡州的州长、议员、州务卿等政界人物。老卫生长于中国台湾，对台湾有着浓厚的感情，他也积极促进台湾地区与北卡的关系和往来。1991 年，老卫促成了北卡州和台湾地区结成友好姐妹州。1993 年，老卫又带领凯瑞市市长、议员、商会会长到台湾，与新竹结为友好姐妹市。

Hosts

Marcia Davis · Belinda & John Hester · Fred Mills
Barbara Schwartz · Carole Wilson · John I. Wilson

Sponsors

Al Adams · Barbara K. Allen · Carson & Brian Brice
Lynn & Walter Brock · Ann Green & Ven Carver
Gerald Roach · Susan & Perry Safran · Sepi Saidi

Friends

Lisa Angel · Sue & Hon. Gerald Arnold · Catherine Arrowood
Betty & David Bland · Janice Skelly & Hon. John Burns
Molly & Hon. Matt Calabria · Lana Calloway & Jerry Mosely
Mary Kaitland & Gene Davis · Rachel & Hon. Sid Eagles
Jeff Evans & Dave Parnell · Noushi Haeussler
Nancy & Hon. Sig Hutchinson · Mary Mac & Hon. Tom Bradshaw
Doris Mason · Dr. Neill McLeod · Lou & Hon. Burley Mitchell
Mack Paul · Hon. Kristin & Preston Ruth · Sally Scherer
C. Miller Sigmon · Eddie Speas · Gerta Stein
Bonnie & Doug Sutton · Christy Block & Ed Terrell
Ann Turlington · Barbara & Jim Vandenbergh

The Host Committee invites you to a reception in honor of

Hon. Elaine Marshall
Secretary of State

Tuesday, April 5, 2016
5:30pm to 7:30pm
at the home of Susan Oller
3341 White Oak Rd. Raleigh

Elaine Marshall
SECRETARY OF STATE

Host $1,000 · Sponsor $500
Friend $250
Supporter $100 · Guest $50

RSVP to Tiffany Reynolds-Richardson at tiffany@elainemarshall.com
Paid for by the Elaine Marshall Committee · www.elainemarshall.com
Host Committee in Formation

图 4－1　北卡州务卿伊莲·马歇尔募款邀请函

（图片由卫高荣先生提供）

在为北卡政界人物募款时，老卫并无党派之分，有时为民主党募款，有时为共和党募款，只看朋友，不看党派。对此，老卫的解释是："与人为善，助人为乐；多个朋友多条路。”① 不难看出，老卫热衷于政治募款，不单是出于提高华人在当地的政治地位，还为解决生活中的一些实际问题。老卫利用自己与北卡政界人物的私人关系，帮助过北卡很多的华人和留学生，像办理签证、绿卡、公民入籍、财产担保等，为当地华人和留学生排忧解难。例如，来自中国大陆的一位博士在申请美国绿卡时遇到了麻烦。由于移民局的错误，这位博士不得不每年重新延期他的移民签证。更糟糕的是，有一年移民局竟然说找不到他的个人档案，不能延长他的永久居住权。没办法，这位博士一家只好准备回国。老卫得知此事后，立即打电话给他北卡国会的朋友帮忙。两周后，这位博士顺利地获得了绿卡。老卫家中有重要的庆祝活动时也会邀请他熟识的北卡政界人物参加。如老卫女儿结婚时，北卡的三位国会议员及各自夫人都受邀参加了婚礼，其中就包括戴维·普莱斯；另外两位是鲍勃·埃思里奇（Bob Etheridge）和布莱德·米勒（Brad Miller）。在当地华人和其他美国人看来，这是倍感荣耀的事情。由于老卫在北卡华人圈和政界出色的社交能力，他被当地华人亲切地称作“凯瑞地下华人市长”“华裔美国人的非官方代表”“华人社区使者”等。老卫就像一座桥梁，把北卡华人和北卡政界以及中国大陆与台湾连接了起来。

二、精英参政

2015 年之前，北卡华人还未曾参与过竞选美国联邦国会议员和政府公职，刚刚出现竞选州议员的人士。华人精英竞选州议员的历史比竞选国会议员和州政府公职的历史长很多，这与华人的居住模式有关。早期美国华人主要集中居住在夏威夷州、加利福尼亚州、纽约州和德克萨斯州等几个州的大城市，而州参众议员是分选区选举，因此，华人在某些选区可以积

① 来自于笔者与卫高荣先生的访谈内容，2016 年 1 月。

聚力量或与其他族裔联合选出本族裔的民意代表。[①] 20 世纪 90 年代以来，参加竞选州议员的华人显著增加，并且成功的人数也越来越多，如夏威夷州的陈玉珍、谭鸿章等人，加利福尼亚州的刘璇卿、赵美心等人，德克萨斯州的黄朱慧爱、马萨诸塞州的陈德基等人。相对于这些州的华人精英所取得的竞选政治成果而言，北卡的华人精英人士还望尘莫及。不过，值得欣慰的是，他们中开始有人迈出了第一步，她就是北卡三角区的符江秀。

符江秀来自中国海南省的一个少数民族地区，26 岁来美，做过餐馆服务生、软件工程师等工作，目前从事房地产行业的工作，自称"美国房姐"。在政党阵营的选择上，虽然号称为少数族裔谋取福利的民主党是华人的首选，如加利福尼亚州和纽约州的州议员清一色为民主党，但各个地区民主党与共和党的优势弱势情况不同，因此选边站不能依据刻板印象。[②] 目前，共和党在北卡比较强势，北卡的议会由共和党掌控。符江秀加入的是共和党，并当选共和党一个选区的主席。虽然加入时间不长，但在 2015 年 12 月，符江秀代表共和党在北卡选举局注册登记并缴纳了费用，成为北卡第四选区国会议员正式候选人，参加 2016 年北卡州国会议员选举。符江秀也是北卡目前唯一的华人候选人。第四选区包括维克、德罕、坎伯兰、查塔姆、哈尼特、阿拉曼斯等七个郡。2016 年 2 月 9 日，北卡维克郡在州赛会场（State Fairground）举行共和党代表大会维克郡选区大会，符江秀在第四选区的得票率为 76%，获得较高的支持。[③] 关于符江秀为何要参加北卡国会议员竞选，《侨报周末》北卡南卡版的报道如下：

符江秀作为第一代移民这么多年为生活奔波，本以为家国情怀早已抛诸脑后，可当生活安定、衣食无忧后，却发现我们生活的这个国

---

① 万晓宏：《当代美国华人政治参与与研究》，暨南大学出版社 2013 年版，第 123 页。

② 叶小利："美国华人地区政治参与新态势——新社区视角下的路径分析"，《汕头大学学报（人文社会科学版）》，2014 年第 5 期，第 75 页。

③ 参见 http：// ny. usqiaobao. com/weekends/2016/02 – 11/88666. html。

家问题越来越多：不可持续的双赤字，失控的非法移民，无休止的海外军事干预，野火烧不尽的全球恐怖主义，繁重的国际义务，数目惊人的退伍军人自杀率，传统美德不再，社会风气恶化，贫富差距前所未有的扩大，贫困率急剧上升，高等教育学费高昂，工作机会寥寥，美国人民对未来越来越失去信心。

与其坐而抱怨美国这不好那不好，还不如奋起而行之，干点实事，尽自己的所能来帮助改变社会。华裔第一代移民鲜有从政的，土生土长的华裔后代从政者也为数寥寥。民主社会需要有识有胆之士为国家和小区做贡献，服务大众的精神是支撑民主的脊梁，华人不能缺席，要有我们的力量，我们的奉献！美国是我们各民族的共同家园，只有建设好了，子孙后代才能安居乐业！①

她的主要政治观点是：

Sue 是美国宪法的坚定捍卫者，主张缩小联邦政府权力，减少腐败土壤。

Sue 主张发展经济，鼓励创业，减少政府条条框框，平衡双赤字，债不留子孙。

Sue 支持高科技移民、投资移民，主张减少或者取消全球绿卡抽奖每年约 5 万的名额，大幅增加 H1b 的名额，加强保护疆土，最大限度阻止非法移民，捍卫美国主权。

Sue 支持强大国防，主张减少海外军事干预，全球义务应该全球分担。

Sue 主张简化税法，降低企业税收、鼓励创业。

① 参见 http：//ny. usqiaobao. com/weekends/2015/11 －19/83617. html。

Sue 主张改革民法刑法，美国只占全世界 5% 的人口，监狱却关着全世界 25% 的罪犯。对于非暴力案件比如小额大麻，予以预防和教育而不是大牢伺候、劳民伤财。

Sue 支持美国能源独立，发展新能源，尽量摆脱对国外能量的依赖。

Sue 支持改革公立学校教育，认为：美国的教育已经落伍，近乎四分之一的大学毕业生没有工作，背负沉重的学生贷款，在全球竞争中落败；联邦政府一刀切的政策常告失败，比如 common core, no child left behind；教育应该还政于当地政府，给父母更大的选择权和主动权。

Sue 认为，公民和国家是契约关系，这个契约就是宪法，国家的基本职责是保护公民，维持社会秩序和公义，不是任意干预公民工作生活的老板。国父们流血牺牲为后代奠定了民主自由的基础，我们应该把这一传统传承下去，而不是在我们这代人手上失去。Sue 理想中的美国，是一个人类安居乐业的乐土。①

符江秀能够在北卡华人中作为参加北卡政治选举的第一人，实属难能可贵。

精英参政的另一种主要形式是争取政府委任。获得政府委任的前提是个人必须有所建树，并且要与政府政要有密切的往来。最早受到北卡州政府委任的华人就是老卫。1996 年，老卫进入北卡政府人事总部工作十余年，被州长任命为北卡州税务总局的董事。除老卫外，目前北卡华人中争取到政府委任的还有杨华东。2014 年，杨华东应邀出任了北卡州副州长丹·福里斯特的国际商贸首席顾问，这是北卡华人和华人社团在政治领域取得

① 参见 http://ny.usqiaobao.com/weekends/2015/11-19/83617.html。

的较大建树。杨华东是北卡华人中在商业上取得较大成功的人士，并且在华人社区也是非常活跃的份子。《侨报周末》北卡南卡版对杨华东的成功历程和社会活动做了专题采访，见本书附录九。

整体而言，北卡华人政治参与意识变得越来越强。参加选举登记和投票的华人也逐渐增加。2015 年 10 月，在北卡举行中期选举投票前夕，北卡一位华人商家为了鼓励当地华人积极参与选举投票，决定买 100 份便当赠送给去投票的前 100 名华人。这位华人商家认为："现阶段北卡三角地区华人参加这种选举的人少之又少。生活在美国的华人应该利用好自己的投票权参加选举，把票投给能为'我们'发声的人。他说，对于关心、关注、帮助华人和华人小区的政治人物，不管他们在哪一级，哪一个党派，谁帮咱华人办事我就选谁，把手中的选票投给他们。"①

北卡华人竞选议员和政府公职以及争取政府委任目前还处于萌芽阶段。虽然老卫和杨华东所争取到的政府委任的职位还不是很有话语权，却在一定程度上推动了北卡华人参政的步伐。可以看到，北卡华人中的精英人士已经有了一个很好的开始。当代美国华人在参政过程中还存在一些阻力。万晓宏认为，主观因素是族裔的传统政治文化、现状满足感、政治效能感、政治信任感以及对参与成本和收益的考虑等。② 段晓蕊认为，影响华人参政的因素主要有三个方面，分别是中国因素、美国因素和华人自身因素，这三个因素相互影响、相互制约。中国因素主要是中美关系和中国国力；美国因素为美国国内经济状况，美国社会对华人的认可度以及美国法律、制度对华人是否公平；华人自身因素为是否具有归属感、人口数量与质量、经济状况、团结问题、对美国政治文化的认知度。③ 在北卡华人参政过程中，这些因素都在发挥作用。例如，北卡华人在北卡人口中所占

---

① 参见 http：//ny. usqiaobao. com/weekends/2014/10 –22/57385. html。

② 万晓宏："影响当代美国华人政治参与的主观因素"，载《八桂侨刊》2009 年第 4 期，第 36 页。

③ 段晓蕊："在美华人参政影响分析"，载《八桂侨刊》，2013 年第 4 期，第 62 页。

的比例很小，不能与白人、黑人、西班牙裔相比。这一人口数量方面的客观因素对华人参政有着较大的影响。此外，北卡华人定居该州较晚，且人数相对较少，政治气候的氛围还不像加利福尼亚州、纽约州、德克萨斯州那样强。对于北卡华人参政中存在的阻力，北卡华人联合会现任董事会主席姚承伟向笔者阐述了他的观点。有关政治募捐，他说，除了一些财力比较雄厚的华人，北卡华人工薪阶层较多，每个人捐助50美元到100美元还是可以的，再多的话可能就会困难些。有关竞选议员和政府公职、争取政治委任，他说在美国做政治是服务性的，很多华人认为当议员一年大概就十几万美元的年薪，找个差不多的工作也能挣到这么多，并且没多大实际好处，因此没有多大的吸引力。此外，第一代华人的语言和政治文化背景也是两个较大的障碍。北卡第二代华人正值青春年华，以后的政治参与程度应该比第一代华人会更踊跃。《侨报周末》北卡南卡版主任胡艳萍十分赞赏华人积极参与当地政治活动的言行，她对此表达了她的个人看法，见本书附录十。

第五章　华人的族群关系

早年的华人移民抵美后可以在唐人街投亲靠友，但新移民即便在唐人街安身，与街坊邻里之间仍往往是同族陌生人，并非亲友。在白人中产阶级郊区的新华人移民的散居模式更令华人家庭与华人社会的距离拉大，难以重建因移民而断裂的亲友社会关系，很难与华人和华人文化保持联系。[①]北卡从来没有形成过华人聚集的唐人街，居住模式则和周敏所描述的与白人中产阶级——但也包括其他族裔，其中以亚裔居多，加上少数的拉美裔和非裔——散居在郊区的模式相近。令狐萍通过对美国圣路易华人社区的多年调查，从文化的角度把这种不同于以往的唐人街的社区定义为文化社区（Cultural Community）。这样的华人社区没有华人商业与住宅合一的专门地理区域，而是以中文学校、华语教堂以及华人社区组织为核心的一种特殊的社区。[②] 笔者认为，美国现代的很多华人社区都呈现出这种发展趋势，北卡华人的社区类型也可以归属为文化社区。文化社区的形成不再是为了互助自保的经济需要，而是为了文化认同与种族认同的需求，为他们带来心理的满足与安慰，而这是他们在日常生活环境中难以得到的。[③] 北卡华人的这种社区类型多少会弱化华人日常生活中的密切交往，但有利于

---

① 周敏："美国华人移民家庭的代际关系与跨文化冲突"，《华侨华人历史研究》，2006 年第 4 期，第 26 页。

② 令狐萍："美国华人研究的新视角——文化社区理论"，载《华侨华人历史研究》，2007 年第 1 期，第 29 页。

③ 令狐萍："美国华人研究的新视角——文化社区理论"，载《华侨华人历史研究》，2007 年第 1 期，第 29 页。

与其他族群往来。在一个社会内部，属于不同族群的社会成员之间的社会互动表现为两种对立的关系模式：包容或排斥。如果说两个“势均力敌”的族群共处一个社会或社区的时候容易达成妥协或维持一种低强度的持续紧张关系的话，那么，如果一方明显占据优势，就可能发生族群排斥，这种排斥通常是优势群体排斥弱势群体，是针对弱势群体的不公正待遇。[①]目前，与族群排斥模式相对立的是族群包容模式表现为多元文化主义的价值取向。北卡华人属于弱势群体，其力量不能和主流群体相比。虽然不再存在像20世纪上半叶那样明显的族群排斥现象，但在北卡还是存在一些隐性歧视现象。隐性歧视或多或少地推动了北卡华人向本族群内靠拢，增强了华人族群内部的族群认同和凝聚力。

第一节　华人族群的内部关系

20世纪60年代至80年代间，北卡华人以来自台湾地区的华人为主，其次是来自香港地区的华人，来自中国大陆的华人极少。20世纪70年代末，由于中国大陆改革开放政策的实行，大陆移民美国的人数逐渐增长，目前已成为北卡华人的主力军，来自台湾地区的华人人数位居第二。20世纪90年代后，随着台湾地区发展见好和北卡工作竞争的加剧，来自台湾地区的部分华人选择回台湾发展，导致来自台湾地区的华人人数有所下降。总体来看，在北卡，来自中国大陆和台湾地区的华人相处比较融洽，但对两岸政治问题也比较敏感。北卡华人新老移民的关系不完全像美国传统的新老移民关系，相互之间既有密切的交往，也有一定的隔阂。总体而言，北卡华人内部关系是和谐的，具有较强的族群凝聚力。

① 关凯：“基于文化的分析：族群认同从何而来”，《甘肃理论学刊》，2013年第1期，第11页。

一、大陆与台湾地区移民的关系

海峡两岸的政治关系对北卡的中国大陆华人和台湾地区华人的政治观念有着一定的影响，这也是历史遗留问题。北卡来自台湾地区的华人大多是20世纪60年代以后以留学生身份移民美国的，因此受教育程度普遍较高，很多都在北卡各大高校和高科技企业工作，特别是在大学做教授，此外也有经营其他行业的，如餐馆、修车行等。20世纪90年代后，北卡的台湾华人数量有所下降，缺乏新鲜力量，一些台湾华人选择回台湾发展。YCW先生是20世纪80年代末到北卡留学的大陆华人，在北卡州立大学攻读硕士学位，毕业后至今一直居住在北卡三角区。据他介绍，20世纪80年代末90年代初，他也常去台湾华人创建的基督教会，他觉得那时候在教会认识的台湾华人都显得很高傲，看不起大陆来的华人，主要是因为当时大陆经济还没有完全发展起来，现在当然是今非昔比了，北卡的大陆华人底气也很足了。YCW先生说，他本人和台湾华人交往不是很多，也不会刻意去和台湾华人交往，主要还是和大陆华人交往更多。通过笔者在北卡基督教会和团契的观察，目前台湾华人对大陆华人的态度还是比较友善的，需要帮忙时也会伸出援助之手。例如，北卡州立大学学生团契有一对60岁左右的台湾夫妇，先生在北卡州立大学任教，每当周五晚上举办团契活动时，这对夫妇总是会准备一些饭菜带来让大家享用。

ZH女士与台湾华人的一次交往经历让她感到十分郁闷。她向笔者讲述了发生在她身上的这件事。ZH女士从大陆移民北卡时间不久，由于英文不好，就去了罗利一所开设有ESL课程的教会学习英文。在那里学习英文的学员来自各个族群，她发现有位女学员长得很像中国人，就过去用中文问了一声："你也是中国人吗?"那位学员很不高兴地用中文回答说：

“我不是中国人。我是‘中华民国’人。”[①] ZH 女士很愤愤不平，出于修养，没有再和那位女学员争论。另外，据北卡华人友人介绍，北卡曾经是“台独势力”的大本营。目前在北卡，来自台湾地区的华人分“蓝营”和“绿营”[②]。“蓝营”台湾华人和大陆华人的关系相对友好，“绿营”中有些激进人士偶尔会带来不和谐的声音。

GR 先生列举了这样一件事。在凯瑞市，有一位来自台湾地区的华人教授和一位来自大陆的华人教授居住在同一个小区，成了邻居。此外，他们还在北卡的同一所大学任教。按理说，关系应当不错。但事实恰好相反，这位来自台湾地区的华人教授每次和来自大陆的华人教授打招呼时，都刻意不使用中文，而是使用英文。可见，海峡两岸的政治分歧也波及北卡。令人欣慰的是，政治观念上的分歧并未在北卡华人社会生活交往中产生较大的矛盾和冲突，大陆华人和台湾华人的关系整体上还是比较和谐的。前面提到，在北卡的台湾华人最早建立了华人社团组织和宗教组织，如北卡三角区华美协会、夏洛特华美协会、北卡佛光山和北卡华人基督教会等；大陆华人刚踏入北卡时，并没有实力建立自己的社会组织，这些社团组织和宗教组织为稍晚到来的大陆华人打开了大门，很多大陆华人也加入其中。在这些社会组织中，台湾地区和大陆地区的华人尽量避开两岸政治问题，而是以美国华人的族群身份共处，颇具华人凝聚力。例如，北卡三角区华人合唱团既有大陆华人，也有台湾华人，但以大陆华人为主。出于对歌唱的喜爱，大家欢聚在一起排练和演出，相处十分融洽。每当合唱团排练和演出中国革命歌曲时，如《东方红》《保卫黄河》《我爱我的

---

① 来自笔者与 ZH 女士的谈话内容，2014 年 3 月。

② 蓝营是指反对“台独”的国民党阵营。绿营是指支持“台独”的民进党阵营。由于台湾地区政党类型的变化，确切地讲，应该是泛蓝阵营和泛绿阵营。泛蓝阵营是指反对“台独”的台湾政界。由以国民党为首的不倡导“台独”的党派组成，包括亲民党和新党。由于国民党党旗颜色是蓝色基调，因而这三党共同组成的政党联盟被称为泛蓝阵营。泛绿阵营是指力主“台独”的台湾政界，是以民进党为主的阵营，还包括台湾团结联盟、“建国”党，它们不认同“一个中国”原则和“九二共识”。由于民进党的党旗颜色基调为绿色，所以被称为“绿色阵营”。

祖国》等，台湾华人团员也会积极参与，遵循只为唱歌、不谈政治的原则。

此外，北卡大陆华人和台湾华人之间也存在通婚现象。笔者和Joe是在罗利华人基督教会举办的一个英语角认识的。Joe是一位软件工程师，四十几岁。他的父亲是上海人，母亲是香港人，在纽约读书时与他父亲相遇并结了婚。Joe出生在纽约郊区，并在那里长大，不会讲中文。Joe的妻子来自台湾，高中时来美读书，后来和Joe相识并结婚。他们育有两个女儿，也不会讲中文。笔者再次见到Joe时，他告诉笔者他的妻子在台湾找到了一份工作，待遇不错，他和他的妻子正在考虑要不要都搬到台湾，但他的两个女儿不太同意，目前还在协商之中。大陆华人与台湾华人之间的通婚促进了二地的相互往来。只为友好交往而不谈两岸政治问题已经成为北卡大陆华人和台湾华人的交往准则。

二、新移民与老移民的关系

对于“新移民”的概念，前面已有所介绍，学术界通常认为“新移民”是指中国改革开放后移居国外的中国公民。曾少聪认为，对中国台湾、香港、澳门的海外移民以及其他东南亚国家的华人的再移民而言，把新移民界定在改革开放以后就不符合事实了。美国的华人新移民是指20世纪50年代开始移居美国的华人移民，分别来自中国的大陆地区、台湾地区、香港地区、澳门地区和其他东南亚国家或地区。[①] 笔者认为，他对新移民的定义更加符合客观现实。和新移民相对应的是老移民，指的是20世纪50年代以前移居美国的华人移民。老移民通常受教育程度较低，大多从事餐饮业、洗衣业和零售业等传统行业，在美国的社会地位也较低。然而，“老移民”这一概念并不太适用于北卡华人，原因是北卡华人大规

① 曾少聪：“美国华人新移民与华人社会”，《世界民族》，2005年第6期，第46页。

模移居北卡的时间较晚，起于20世纪60年代后，但是北卡华人移民中依然有一些人还在从事华人老移民的传统行业，如餐饮业、零售业和服务业等。笔者把这一类型的移民称为老移民，他们中多数学历较低；而把具有较高学历、从事高科技与教育等行业的现代性华人移民称为新移民。笔者对新移民的界定和孔飞力对新移民的界定有较多的相似处：“这是受过比较好的教育，比较有专业技能，也比较城市化的一批人。”[①] 然而，老移民的特点如今也发生了变化，如今从事华人传统行业的老移民并不都是学历较低的华人，有一些学历较高的华人也把目光转向了华人传统行业，后者通常具有比较现代的经营理念和管理模式。

在北卡，新移民和老移民之间既有交往也存在隔阂。以餐饮业为例。餐饮业是北卡华人老移民比较热衷的一个行业，特别是在北卡三角区和夏洛特，很容易就会找到中餐馆，有的是自助型的，有的是外卖型的，有的是自助和外卖都有，还有档次比较高的，只能堂食。20世纪70年代至90年代中期，北卡的华人餐饮业基本都是由台湾华人和香港华人经营的。20世纪90年代中期以后，随着大陆华人人口的迅速增长，北卡华人餐饮业也很快被福州人占领，台湾华人和香港华人所开的中餐馆生意萧条，很多转为以做外卖为主。在北卡经营中餐馆的福州华人大多是从纽约等州迁移到北卡的，学历普遍不高，他们所经营的餐馆规模一般不大，也有比较高端的，如夏洛特的一位福州华人开了好几家高端连锁餐馆。除了福州人外，来自大陆其他地区的华人在北卡也有经营餐饮业的。笔者在北卡的商业中心就发现有东北华人、云南华人、江苏华人等经营的快餐馆。在凯瑞市有一家名为“台北101”的中餐馆（见图5-1），笔者曾经和当地华人在这家餐馆用过餐，环境比较好。看名号，本以为是台湾华人经营的餐馆，询问后才知道这家餐馆本来是由台湾华人经营的，后来转给了来自四

---

① 孔飞力著，李明欢译：《他者中的华人——中国近代移民史》，江苏人民出版社2016年版，第328页。

川和南京的大陆华人，但还是保留了餐馆原有的名号。

图5－1　位于凯瑞市中心的台北101中餐馆

（笔者摄于2014年5月）

北卡开小规模中餐馆的华人老板和当地新移民之间交往较少，他们倾向于在自己的圈子里交往，特别是来自福州的中餐馆经营者，他们大多来自福州农村，受教育水平一般较低，有自己的同乡社交圈。北卡的福州华人老移民与庄国土所描述的纽约福州华人颇为相似，“福州人秉承先辈漂洋过海的传统，勇于冒险，勤勉节俭，重视亲情，拥有强大的互助网络和互助传统，这是他们移民美国成功率高和在美国迅速发展的主要原因”①。华人教会则毫无阶层之分，在这里，常常会有小中餐馆的经营者，他们和其他华人基督徒也相互往来。北卡规模较大的中餐馆情况则有所不同，有

① 庄国土：“从跳船者到东百老汇大街的‘主人’：近20年来福州人移民美国研究”，载《华侨华人历史研究》，2003年第3期，第8页。

个名为“35”的中餐馆就是其中之一。“35”餐馆是凯瑞市比较高档的一家中餐馆，生意很好，每逢中国传统佳节更是座无虚席。客人大多都是当地的华人，有重要的聚餐也会选择这里。这家餐馆的老板是一位来自中国大连的女士，和这里的很多客人都很熟。北卡华人新移民很喜欢光顾这家中餐馆，特别是难以改变原来在中国的饮食习惯的第一代华人。一来二去的，和餐馆的老板就熟悉了，有些还成了朋友。

此外，每当华人新移民举办重要的政治性活动时，通常也会选择当地档次较高的中餐馆作为交流和用餐场地，他们和这些高档中餐馆老板的私人关系比较密切，同时这些高档中餐馆的老板也会参与到当地华人新移民的政治活动中去。已故华人李作功先生就是这样一位中餐馆老板。李作功籍贯为中国山东烟台，1971 年从中国香港移民到美国，曾经辗转于弗吉尼亚州和纽约州等几个州，最后在北卡定居。他在华盛顿经营的中餐馆受到美国几任总统的喜爱。他在北卡三角区经营的中餐馆也颇受当地华人新移民欢迎。每当当地华人新移民精英和州政府政要或中国驻美大使馆人员举办募捐活动或会晤当地人士时，地点经常会设在李作功的中餐馆，李作功则无偿为他们提供宴席。因此，李作功本人深受当地华人新移民精英、州政府政要和中国驻美大使馆人员的尊敬和爱戴，在北卡名声远扬。2010 年，当李作功 82 岁时，他做出了返归故里——山东烟台的决定。北卡华人新移民中的精英人物、北卡州政府的政要人物和中国驻美大使馆人员在凯瑞市特地为李作功举行了盛大的欢送及表彰宴会，规模很大，有 200 多人参加，并赠送给他一块贺匾，书有“义薄海内，情系美中，作贤为道，功尽侨宇”的赞颂之词。在北卡乃至在美国，华人新移民中能够拥有李作功这样荣耀的华人老移民实属不多。

综上所述，虽然北卡华人老移民从事的是华人传统行业，但是他们与新移民的关系并不像纽约、洛杉矶和旧金山等华人聚集地区那样泾渭分明，有着明显的阶层界限。在北卡，从事零售业和其他传统行业的华人老移民与新移民的关系也是如此。这与北卡华人的移民背景有着很大的关系。

整体而言，北卡华人移民之间的内部关系是比较和谐的。从社交活动来看，北卡多数华人的社交圈还是以当地华人为主，这在第一代华人中尤为突出。在日常生活中，北卡华人之间走动频繁，或者登门拜访，或者举办家庭聚会，或者一起参加活动。举办家庭聚会时，主人会邀请几个或几家朋友，通常主人会准备丰富的饭菜和酒水供朋友们享用。有时，如果来拜访的客人怕主人忙不过来，也会提前在家准备一两道菜或主食等，带到主人家中一起享用，类似聚餐。即使客人不带饭菜前来聚会，一般也会带些礼物。进餐通常采取自助的形式，主人有时会拿出自家精美的碗筷供友人使用，但通常是一次性的碗筷和刀叉，既卫生又免去洗涤之苦。聚会时除了享用美味佳肴外，就莫过于朋友之间的聊天了。大家会一起或三三两两地交流一下近况，包括发生在自己家中的愉快的事情和不愉快的事情、美国的现状和中国的现状等。笔者也有幸受邀参加过几次当地华人友人的家庭聚会，倍感亲切和轻松。

除了生活中面对面的交往外，日益发达的现代网络也促进了北卡华人内部的交流。微信这一来自中国大陆的新时代交流软件在北卡华人间的使用也非常广泛。原因是即时性强，无国界限制，又不用缴纳任何费用，深受北卡华人青睐。笔者在北卡认识的华人朋友几乎每个人都在使用微信交流。不仅两个朋友之间可以相互发送信息，沟通交流，若干个朋友还可以组成聊天群。此外，个人还可以在朋友圈中发布与自己有关或其他主题的照片和文章等，与朋友们一起分享和讨论。除了朋友之间交流使用微信外，在举办大型活动或主题讨论时，微信群在北卡华人中也开始流行起来。2016 年 2 月，当“梁彼得案”被审定罪的消息传出后，北卡三角园区的华人在第一时间建立起了名为“北卡支持梁警官”微信群。入群人数两天就超过了 200 人。争取华人权益和社会公平的征程任重道远，游行成功举行后的第二天，有华人建议保留“北卡支持梁警官”微信群，共同策划和支持声援梁彼得的游行活动，并更名为“华人参政议政群”，供大家互通信息、交流思想、组织活动等，担负起团结华人华侨、扩大社会影响、争取公平正义的使命。[①]除微信外，Twitter、Facebook 也是大家交流的媒介。另外，美国多数中文网站都设有 BBS（Bulletin Board System，电子公告牌系统）版块，分主题、分区域供华人发布信息、言论和进行讨论，其中都会有以北卡华人用户为主的北卡版块。虽然这个版块的用户几乎都素未谋面，但在该版块中，大家可以相互交流有关政治权利、活动、工作、餐馆、学校、医疗、保险等各方面的信息。当然，在虚拟环境的交流中也不乏意见分歧和争执等现象。出现分歧和争执时，通常负责该版块的版主或其他华人用户会出面调解和解决。另外，英文水平较高的北卡华人还可以通过美国一些著名的社交网站相互交流。

从日常生活服务上看，北卡华人特别是第一代华人主要选择当地华人提供的各种服务。以就医为例，语言障碍对多数第一代北卡华人而言一直是个较大的问题。无论是自己还是家人生病，在选择美国非华人私人诊所或公立医院就医时，多数第一代北卡华人会发现，由于英文能力的限制，自己经常听不懂或不能完全听懂主治医生的话，医生会使用相关医学用语，比日常生活用语理解起来难度更大。因此，和医生之间的交流也受到了影响。有的医生还会把病人或病人家属不太懂英文一项写在诊断书上，撇清责任，以免给自己招惹麻烦。为此，很多北卡华人都会前往当地华人诊所或有华人医生的诊所看病。除了语言上好沟通外，还有一种信任感，内心感觉踏实。如在凯瑞市，有一家华人开的儿童诊所——戴维斯格鲁夫儿童诊所（Davis Grove Pediatrics），服务对象主要是三角区包括凯瑞、罗利、教堂山和德罕的儿童。这家诊所的主治医师闵昭博士是第一代华人移民，诊所同时还有一名白人主治医师和两名医护人员，其中一名医护人员

---

① 参见 http：//ny. usqiaobao. com/weekends/2016/02 -25/89569. html。

是华人女士，另一名是白人女士。这家诊所在三角区华人中声誉很好，孩子生病后，当地很多华人父母都会带孩子来这里医治。

第二节　华人族群的外部关系

在居住格局上，北卡华人主要居住在以白人为主的中产阶级社区，也就是周敏所讲的白人聚集的新型社区，一般都位于郊区。在北卡三角区，华人主要居住在凯瑞市、莫里斯维尔市、教堂山市和罗利市周边地区。在夏洛特地区，华人主要居住在夏洛特南部郊区，北部的富人区也有一小部分华人居住。这样的居住格局有利于当地华人与其他族裔特别是白人的交往。然而，笔者通过调查发现，虽然华人和白人共同居住在一个社区，但交往也是表面上的寒暄较多，深入的交往比较有限。这既有语言、文化的影响，也有隐性歧视的影响。北卡华人和黑人的社会交往更是有限，这主要是北卡黑人的高犯罪率和针对华人的犯罪活动所导致的。北卡华人与其他亚裔相对比较团结，但二者也存在差异。虽然北卡华人与其他族群的社会交往呈现出复杂化的特征，但整体而言，和其他族群的关系还比较和谐。施于杭 2000 年针对北卡华人的问卷调查中有一项是对美国种族关系的看法，其中，61% 的北卡华人认为基本和谐，19.5% 认为基本不和谐，还有 19.5% 回答不知道。①

一、华人与白人的关系

凯瑞市一位陈姓房地产经纪人这样讲述道，他的邻居是一家白人，平时哪一家出去几天时，也会互相关照一下对方的房子，但从来没有相互到家中拜访过。在北卡，很多华人与白人邻居的关系就像陈先生一家一样，

① 施于杭："美籍华人的政治取向和期望：兼论美籍华人在中美关系发展中的作用"，引自孔秉德、尹晓煌主编，宇宁平等译：《美籍华人与中美关系》，新华出版社 2004 年版，第 93 页。

笔者认为可以用“熟悉的陌生人”来描述他们之间的关系。凯瑞市和莫里斯维尔原本是白人喜欢居住的地方，随着越来越多的华人和印度人搬到了这里，一些白人便搬到了埃佩克斯。这位陈姓华人房地产经纪人认为，主要原因是华人、印度人的生活方式和白人不一样。如做饭，华人喜欢炒菜，搞得油烟味很大，炒菜的香味会飘到房子外。印度人也是，做饭喜欢加各种香料，味道很浓。还有些印度人喜欢在自家房子外边休闲聊天。生活方式的差异使得一些白人无法接受和适应，便搬到了其他地方居住。由此可以看出，生活方式的不同会影响北卡华人和其他族群的交往。对此，很多北卡华人都非常认同。赵老师 1991 年来美，后来从俄亥俄州搬到北卡，目前他和妻子都在北卡东部的一所大学工作，还有一个上小学的孩子。赵老师自嘲地说，他们就住在北卡的大农村，农民多。由于他们居住的地方没有亚洲超市，又习惯了中国口味的饮食，所以每月他们一家都会开车一个小时左右到位于凯瑞的大亚洲超市购买很多东西。在谈及美国生活时，赵老师说他自己不喜欢美国的生活方式。在中国，关系是第一位的，但在美国，想要融入美国，就得变成美国人那样，穿上法兰绒，然后去同一个酒吧泡吧，谈论和美国人相同的话题，像足球、棒球等运动，此外每周还要去白人教堂。对他和多数第一代华人来说，生活方式不太容易改变，有时也不愿意改变了，所以和白人的实际交往并不多，还是与华人朋友交往较多。此外，语言也成为当地第一代华人、白人以及其他族群交往的障碍。第一代华人移民讲不好英语，又受到固有文化价值观念的影响，习惯在华人圈子里交往。而第二代华人移民却不同，他们需要接受教育，必须讲好英语，必须和其他族群交流，有一种推力在起作用。

此外，一些华人认为，在北卡社会中还存在隐性歧视现象，主要是来自白人族群，这也阻碍了当地华人和白人的交往。显性歧视在美国包括北卡已经消失，在社会公共生活中，没有一个族群敢公开歧视另一个族群，人们对种族问题都讳莫如深。正如北卡的一位大学教授对笔者所说，尽管在美国人们看一个人时事实上总是先看到性别上的差异，然后再看到肤色上的差异，但是种族问题在美国还是比较敏感的，需要谨慎谈论。隐性歧视是指看不到、听不到却能够感受得到的一种歧视行为，这在华人求职、升职、求学和提薪等方面都会或多或少会表现出来。笔者不止一次听北卡当地华人提起在求职和升职过程中遭遇来自白人的隐性歧视。第一代华人男士 Owen 说道："如果现在有个空缺职位，一个白人和一个华人去面试。那么两人条件相当的情况下，这个职位基本上会属于那个白人。华人女性求职也比男性好些，因为不能有性别歧视现象出现。最苦的就是我们华人男性。"[①] 本书前面曾提到 YL 和 David 的族际婚姻。YL 和笔者说道，她想给自己的女儿改姓名，随 David 的姓氏，这样在升学考试中就不会显示出中国人姓名的痕迹，会有一定的好处。

对于来自白人的隐性歧视，叶老却有不同的看法。叶老是来自马来西亚的第二代华人移民，20 世纪 70 年代前后又移民到了美国，定居美国已有四十多年，在北卡已居住了三十年。他原来在北卡的一家大型高新技术企业工作。叶老虽然从来没有回过中国，但汉语很好。他说从小就很喜欢学拼音，听汉语广播。叶老的家庭信仰呈现出多元化。叶老信仰道教和儒教，但妻子和儿子信仰天主教。儿子在上大学之前在天主教学校读书，后来又对基督教感兴趣。对此，他觉得不会影响家庭生活，大家各信各的，不像其他美国家庭为了宗教信仰而吵架。叶老认为，美国的白人都很友善，性格很直，诚实，好交往，但也有防人之心。为此，他举了一个他自己的例子。在公司举行球赛时，他所在的队伍经常输球，对此，他很懊恼。有一天，他对另一个强队的强手说："我要和你单独比赛，但时间由我来决定，我什么时候想和你比赛，你就得和我比赛。"对方答应了。过了一段时间，叶老发现那位强手的腿受伤了，拄着拐杖。于是，叶老就说

① 来自笔者与 Owen 的访谈内容，2014 年 2 月。

要和他比赛。强手说："我的腿受伤了，不能比赛。"叶老说："那就是我赢了。"强手点了点头。后来，叶老对同事们说他赢了那位强手，别人不相信，就问那位强手。那位强手回答说是的。通过此事，叶老想对笔者表达美国白人很讲诚信的个性。叶老说，他后来又把这个事情讲给了其他白人和黑人听，让他们猜那位强手是怎么回答的。几乎所有白人都回答说："是的，叶赢了。"有一半的黑人回答说："是的，叶赢了。"[①] 华人也差不多与黑人比例相当。叶老说，相比之下，他的白人朋友多一些，黑人有两三个。他也有华人朋友，社区的华人有时向他借车，但一旦出事，都得他自己负责，但白人从来不会。对此，他也有点意见。由此可见，在评价北卡华人和白人的社会交往程度时，还要考虑个人因素的差异。

北卡白人又是如何看待华人以及和华人的关系呢？首先来了解一下 Araca 的看法。Araca 是北卡州立大学二年级的本科生，人类学专业，白人基督教徒，9 岁时从密西西比州搬至北卡。2013 年秋季学期，笔者旁听北卡州立大学《中东人类学》课程时认识了她。Araca 告诉笔者从没去过中国，但看过一些有关中国的书。她的奶奶很早以前曾经去过中国香港和中国大陆，她的奶奶告诉她那里农民很多，吃的食物也很奇怪。Araca 上高中时，班上曾经有个华人男生，叫 Warron。Araca 说他很聪明，很安静，很符合华人的形象——聪明，是个天才。后来，Araca 发现 Warron 其实也是一个很有趣的人，也很独立。由于身边的华人较少，Araca 对华人的印象主要还是源于卡通片。例如，迪士尼的《荣耀家族》（*Proud Family*），但其中的华人形象是比较负面的，让 Araca 觉得成功对华人而言非常重要，为了取得成功，他们什么事情都会去做。当笔者问她是否愿意找华人男士做男朋友或丈夫时，她说她不介意，只要他是基督教徒就可以，她的父母也不会反对。另外，她也愿意与华人一起工作或成为邻居。

① 来自笔者与叶老的访谈内容，2013 年 11 月。

Lara 是教堂山格林伍德小学（Glenwood Elementary School）的一名白人教师，在该校工作了 9 年，目前教授该校双语项目的英文课程。该校的双语项目包括中文和英文双语项目、西班牙文和英文双语项目两种。中文被纳入该校的双语项目中，主要是因为教堂山的华人移民越来越多，华人学生也越来越多，中文具有一定的影响力。谈到教堂山的族群关系时，Lara 说还不错；讲到华人，她觉得这里的华人比较热衷于在华人圈中交往，喜欢扎堆。例如，他们集中居住在教堂山的几个小区，相互往来较多，但和其他美国人很少有交往。当班级举办活动并要求家长带食物来学校分享时，华人通常就吃自己带来的中餐，不过其他美国人也只吃自己带来的美国食品。2008 年，Lara 曾作为北卡教育交流项目的成员之一到过北京和上海。她说出发前，她的家人很担心她的安全问题，但到了中国后，才发现中国和美国媒体中所宣传的形象完全不一样，中国是一个很现代的国家。Lara 认为美国的媒体向美国民众宣传的往往是中国的负面形象，久而久之，中国在美国人心中便成了一个比较恐怖的国家。此外，Lara 还谈到她很喜欢的一些中国菜。

通过与 Araca 和 Lara 等白人的交流，笔者发现，北卡白人与华人的主动交流其实也有限，主观上，他们深受美国主流媒体对华人形象宣传的影响，经常戴着有色眼镜来审视周边的华人，无形中在他们与华人之间筑起了一道壁垒。美国历史上对华人形象的贬低和嘲讽在现代白人心中依然印象深刻，阻碍了他们对华人的深入了解，虽然华人也被白人看作是“模范少数族裔”，但这往往使华人的处境更为艰难。此外还存在一些客观原因，首先是华人在北卡总人口中所占的比例非常小，当地白人与华人接触的机会也相对较少，导致他们与华人之间交往有限；其次，正如上文北卡华人所说的：生活方式上的差异也让当地白人拉开了与华人之间的距离。

二、华人与黑人的关系

与白人的社会交往相比，北卡华人与北卡第二大族裔——黑人的交往更是谨小慎微。这与北卡黑人的高犯罪率和以此形成的负面形象有关。根据2010年美国人口普查数据，北卡白人人口所占的比例是66.8%，黑人的比例是21.6%，西班牙裔的比例是7.7%，亚裔的比例是2%，印第安人的比例是0.1%。在北卡犯罪率统计中，西班牙裔犯罪率被归入白人犯罪率中。从图5－2至图5－5中可以看出，黑人的强奸率、杀人率和坐牢率都大大超过了其他族群。

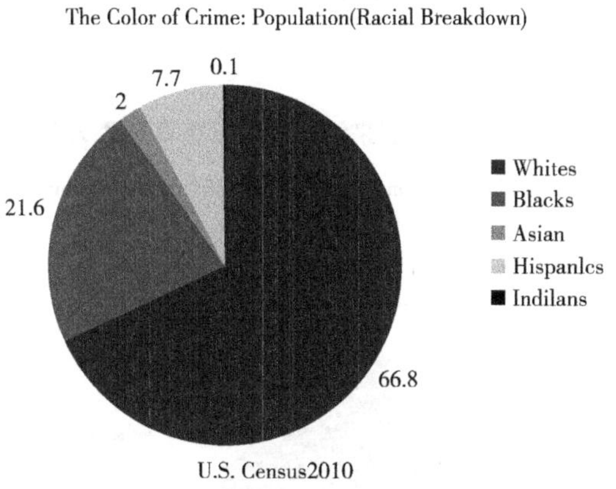

图5－2　北卡罗来纳：种族人口

资料来源：http：//www. occidentaldissent. com/2011/05/30/north－carolina－the－color－of－crime/

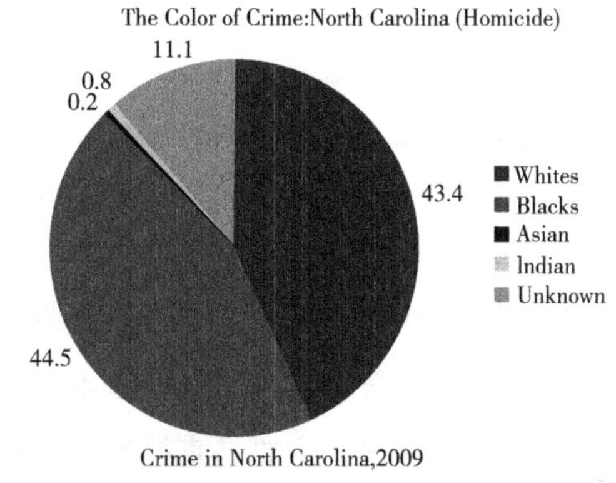

图5－3　北卡罗来纳：种族犯罪率（强奸）

资料来源：http：//www. occidentaldissent. com/2011/05/30/north－carolina－the－color－of－crime/

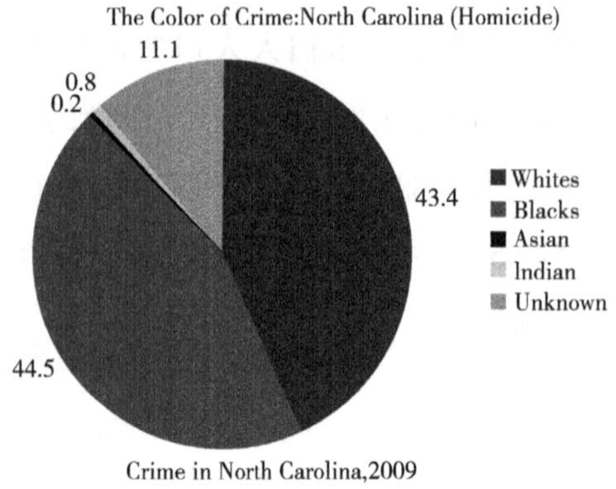

图5－4　北卡罗来纳：种族犯罪率（杀人罪）

资料来源：http：//www.occidentaldissent.com/2011/05/30/north－carolina－the－color－of－crime/

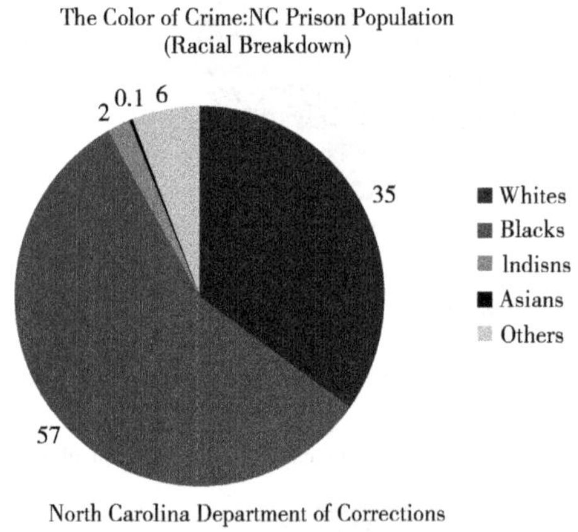

图5－5　北卡罗来纳：种族坐牢率

资料来源：http：//www.occidentaldissent.com/2011/05/30/north－carolina－the－color－of－crime/

2013年年底至2014年上半年，北卡东部有9个郡频频发生亚裔餐馆被抢事件，其中包括华人开的中餐馆。抢劫分子基本都是黑人，一般是在夜间接近餐馆打烊的时候开始作案，主要是直接冲入餐馆内打劫钱财，有的也会尾随从餐馆出来回家的老板和员工。2014年6月7日，在罗利一名非裔男子持危险武器抢劫了China Wok餐馆，劫得600美元；6月28日，他又抢劫了另一家中餐馆，劫走2 000美元；7月12日，当时他试图抢劫Golden China餐厅时被抓获。① 针对亚裔餐馆的打劫作案，在北卡中餐馆经营者和当地华人社会中引起了很大的不安，华人开始采取措施，尽量减少和避免财产上的损失并保护个人人身安全。其中，卡罗来纳华人工商总会副会长、在夏洛特市有着20多年经营中餐馆经验的北卡侨领李勐提出了几条防范措施。他的餐馆也曾被抢劫者光顾过，累计不下10次，甚至发生过在同一天晚上连续两家店先后被砸玻璃窃走钱财的事件。对此，李勐提出了以下防范措施：

一、打烊后不在店内存放现金。更加重要的是，在取出收款机器里的现金之后，把空了的钱箱抽屉取出放在店面显眼位置，这样做是为了暗示潜在的打劫者“店内已无现金，没有打劫必要”。

二、提醒店员千万不要与打劫者产生冲突。由于打劫者通常携带武器，因此保全人身安全是最重要的，不管对方是要钱还是其他财务，都立即拿出，与此同时，记住对方相貌特征，可以在其离开后立即报警。

三、安装与报警公司相连的民用报警器非常有必要，而且需要考虑在店里多处安装，尤其是在餐馆厨房里的蔬菜冰箱里。因为此前曾经发生过抢劫者将全体店员赶进冰箱反锁事件，因此在冰箱里安装报警器可以防止这种情景下的人员伤亡。同时，也可以在配合报警器的同时在店内安装监控摄像头，一方面可以留存信息，另一方面对前来蹲点的抢劫者也有震慑作用。

四、抢劫者有可能通过后门穿越后厨进店，因此，对于经常开后门透气的餐馆，一定要安装有插销的纱窗门，这样在开门透气时可以

① 杜美娟：“抢劫罗利多家中餐馆嫌犯落网”，《侨报周末》北卡南卡版，第37期，2014年7月18日A1版。

防止抢劫者乘虚而入。①

2014年7月24日上午，北卡大学教堂山分校药学院分子药剂系教授刘锋博士在校园散步时遭到两名黑人歹徒抢劫，头部受到了重创，由于伤势严重，医院抢救无效，不幸身亡。这一不幸事件的发生在北卡华人社区引起了很大的震惊和悲痛。2014年7月30日晚上7点半，《侨报周末》北卡南卡州读者俱乐部、北卡华联、北卡三校学生会和中文学校等华人社团共同努力，组织了一场悼念刘锋教授的烛光默祷会。刘锋教授生前的朋友和同事、北卡大学教堂山分校校长、当地华人与当地小区各个族裔的民众共计300多人一起参加了默祷会。在默祷会上，北卡华联积极通过默祷会发出声音，呼吁加强校园安全和小区安全，避免惨剧再次发生。在刘锋教授遇害事件发生后，北卡华人枪组为了帮助华人社区和同胞提高防范意识，专门安排了一次培训，向内部人员和北卡三校师生普及枪支及安全使用常识，包括防卫系统的概念、防卫预案的设立、防卫装备、防卫术以及不同场景下的防卫训练等方面。②

如前面所介绍，北卡华人餐馆和华人个人都遭到过当地黑人的抢劫和袭击，因此，在和当地黑人交往时，北卡华人大多采取非常谨慎的态度。笔者有一次在RDU机场附近的一家中国自助餐店吃晚餐时，和餐馆的华人老板娘聊了起来。老板娘说他们一家是从福建移民到美国来的，开始在纽约，后来家人搬到了北卡，他们也跟着搬来了。笔者问这里治安如何，老板娘回答说不太好，主要是黑人抢劫比较多。她家的餐馆也遇到过类似的情况。有一次，一个黑人男子进入餐馆说要打包饭菜，老板娘就递给了他餐盒，让他先去挑选好饭菜，然后再到柜台交钱。谁知黑人男子打包好

① 杜美娟："抢劫罗利多家中餐馆嫌犯落网"，《侨报周末》北卡南卡版，第37期A1版，2014年7月18日。

② 杜美娟："忆斯人，难诉音容笑貌；借烛光，作别良师益友"，《侨报周末》北卡南卡版，第39期A3版，2014年8月1日。

后，趁她不注意，没交钱就溜走了。他们也没敢去追，怕那个黑人手里有枪。类似的黑人抢劫和偷窃事件在北卡华人社区时有发生，令当地华人闻黑色变。在选择居住地和买房时，当地华人都会考虑该社区的黑人人口比例和治安情况。前面提到的陈姓房地产经纪人介绍说，在三角区，黑人区的房价和租金都比较便宜，主要是因为治安不好；有时把房子租给黑人，房租都收不回来。

在北卡华人居住的中产阶级社区通常也会有黑人邻居，但情况会好很多。因为能够居住在中产阶级社区的黑人，一般受教育程度比较高，有正当的职业和可观的收入，犯罪率相对较低。然而，北卡华人对黑人邻居还是多持负面态度。DW 女士介绍说，她家就挨着一家黑人家庭，一家三口，父母都是牙医，还有一个小男孩。不过 DW 女士对于这对黑人父母管教孩子的方式不太赞同。DW 女士觉得这个小男孩没有什么礼貌，不太懂规矩，有好几次都跑到她家去，拿了玩具就走，也不打声招呼。DW 女士和男孩的父母沟通了一下，似乎也没有效果，她感到比较懊恼，说道："这算不算偷呢？虽然他父母受教育程度高，但是却不会教育孩子。黑人的教育传统不行。"

当然，也有北卡华人对黑人的态度比较正面。教堂山的 LL 女士遇到的一个黑人家庭让她觉得很好，并且与之建立了长久的友谊：

我给 Flora 做家教两年了，是个黑人小女孩，父母都是黑人，母亲是律师，父亲是作家。他们只生了这一个孩子，还收养了一个非洲女孩。Flora 从六岁开始学中文，已经学了五年。其实她不是很喜欢学中文，因为她一直比别的同学学得慢，有挫败感，但她妈妈坚持让她学。她父母都去过中国，对中国文化很感兴趣，她爸爸每天早上都要打太极拳。这是一个原因。还有一个原因是她妈妈脾气是那种不服输的类型，不愿意让女儿放弃，Flora 的小学老师不止一次建议她放弃，但她妈妈就是不肯，好像一定要证明给老师看，我女儿行。现在 Flora 上中学了，继续在中英文双语班学习，和小学时一样，她在班上算是程度差的，老师三天两头找她妈妈，昨天又把我也一起叫去了，这也不是我第一次见她的老师了。

老师给我和她妈妈说，她这次考试的成绩是 D，希望她能重考。Flora 自然是不太乐意的，我们一起给她做思想工作。其实她不是那种很调皮不听话的孩子，只是有时候比较难集中注意力。她挺聪明的，要是肯努力，一定能学好，这也是我们反复跟她说的话。跟老师见完以后，Flora 的妈妈跟我说觉得好累，不知道拿孩子怎么办。天下的父母都是一样的，不管是哪个人种，哪个国家，都希望孩子好好学习，将来有前途。我也尽量安慰她，给她提建议。Flora 很喜欢音乐，喜欢唱歌跳舞，但她还没有参加这样的兴趣班，我建议她妈妈给她报个音乐班，发展一下她这方面的天赋，也许她会从中找到很多乐趣和自信。

我和他们不仅是家教的关系，也是朋友。Flora 是个很可爱的女孩，我挺喜欢她的，希望她快快乐乐，也希望她能把中文学好！①

三、华人与其他亚裔的关系

同属亚裔，价值观念、思维模式和生活方式等较为相似，使得亚裔之间的社会交往更容易些。比较而言，北卡华人与亚裔的社会交往要比与白人和黑人的社会交往频繁。北卡华人和亚裔的接触主要是通过北卡的亚裔组织联系在一起的。北卡各高校的亚裔学生协会（Asian Students Association）对北卡亚裔学生之间的交流起了很大的促进作用。以北卡大

① 来自 LL 女士博客。

学亚裔学生协会的宗旨为例，主要包括四点：第一，通过讨论、交流和内观，感受和检验亚裔认同；第二，增强族群意识和文化意识，欣赏美国亚裔社区内的多样性；第三，作为大学生，履行我们服务社区的责任；第四，本着娱乐、友谊和团结的精神，组织各种社会活动。[①] Jeniffer 说她在上大学前几乎没有和任何亚裔交往过，因为她小学到中学所在的小城市以黑人为主，因此周围的朋友也是黑人。考入北卡州立大学后，她觉得她应该多认识些亚裔朋友，于是就加入了北卡州立大学的亚裔学生协会。Jeniffer 觉得她和她的亚裔朋友之间交流比较容易，共同点较多，比如，有共同的音乐爱好、相似的家庭教育背景等。不过，她和中国留学生基本没什么交往。她觉得主要是语言和文化上存在障碍。每次参加聚会，中国留学生都讲普通话，她听不懂。Young 和 Jennifer 一样，考入北卡州立大学后立刻就加入了北卡州立大学的亚裔学生协会。参加这个协会后，Young 虽然也结交了一些亚裔朋友，却开始反思自己的身份。像 Joe 一样，他一直认同自己是美国人，但令他百思不得其解的是，为什么非要在“美国人”前加一个亚裔和一个连字符（Asian-American）呢？难道一定要把亚裔和白人、黑人、拉美人进行区分吗？

除了各高校的亚裔学生协会，北卡还有民间亚裔组织，致力于团结北卡亚裔族群、宣传亚裔文化和维护亚裔权益等活动。北卡亚裔服务中心就是其中的一个。该组织 2009 年在三角区的莫里斯维尔市成立，属于非营利组织，以服务当地亚裔社区为目标。其创立者是华人，成员包括当地华人和其他一些亚裔人士。该组织自成立以来，举办了多项公益活动，诸如文化活动、职业讲座、市民日活动、亚裔健康展等。其中，影响力较大的是 2014 年至 2015 年连续两年承办北卡三角区的龙舟节。除了北卡华人社区的大力支持和参与外，北卡其他亚裔族群也积极参与北卡三角区的龙舟

① 参见 http：//asaatunc. weebly. com/about – us. html。

节，如菲律宾、印度、日本、韩国等族裔。此外，北卡各亚裔族群还展示了自己族群的文化和美食。在夏洛特地区，夏洛特亚裔协会自2006年起开始承办龙舟节暨亚洲节。

此外，北卡其他亚裔族群也经常举办活动，团结当地亚裔族群，包括华人，宣扬亚裔文化，维护亚裔权益，这在夏洛特地区尤为显著。位于夏洛特市中心的亚洲图书馆是由韩裔美国人创办的，成为当地亚裔各族群的活动中心。夏洛特华人的各种活动几乎也都是在夏洛特亚洲图书馆内举办的。夏洛特韩裔全起铉是当地亚裔族群中的杰出人士，为增强当地亚裔族群的凝聚力做出了不少努力。下面是有关他的介绍：

> 2014年12月5日晚，在北卡州夏洛特市亚洲图书馆，由亚裔领袖全起铉博士主办，举行了一场盛大的圣诞晚宴，参加者有亚裔领袖、夏洛特市政要，共计120多人。
>
> 全起铉博士来自韩国，经营一家会计师事务所，事业有成，热心公益，是夏洛特有名的企业家、慈善家、亚裔领袖，他发起创建了卡来罗纳亚洲商会，活跃于政商两界，为亚裔搭建了一个很好的平台。
>
> 晚宴开始前，全起铉博士介绍了夏洛特亚裔的发展史：夏洛特已经发展成为一个多元社会，拥有55 000多名亚裔移民，几千家亚裔企业；特别是中国餐馆，三十多年前仅有两家，今天发展到286家，几乎遍布大街小巷。全起铉博士希望我们亚裔团结起来，互助互利，关心美国社会，参与选举，真正做到融入美国社会。
>
> 晚宴还邀请到一个特殊的演讲嘉宾Jennifer Robert，她准备明年底竞选夏洛特市市长。Jennifer Robert是我们亚裔的好朋友，多年来，她积极支持亚裔社会，随处都能见到她和亚裔在一起的身影。Jennifer Robert说，她如果当选市长，一定会把城市建设得更好，团结各族裔的人，发展经济，为了孩子的未来，我们要每天努力工作，贡献自己

的一分力量。最后，Jennifer Robert 用中文、韩文、英文说“谢谢!”赢得全场的欢呼声。

全博士为晚宴准备了精美的亚洲食品，晚宴中还有二胡、笛子、草裙舞、意大利歌剧表演。[①]

北卡华人与北卡各亚裔族群的具体交往和好感还依族群的不同而有所不同。根据笔者的调查，在三角区，华人和韩裔、日裔的交往不是太多，主要原因是语言障碍。很多当地华人反映，韩国和日本第一代移民的英语太差，听不懂。丁女士半开玩笑地说：“韩国人和日本人的英语学习能力太差。”[②] 她提到一个韩国第一代移民女士嫁给了一个第二代华人，但是英语交流是个大问题，没办法，这位韩国女士一直在英语培训机构学习英语。另外，还有些华人认为当地华人之所以和韩裔、日裔交往较少，还因为韩、日是两个不太开放的民族，也有着自己的生活习惯，即使有所来往，也是淡水之交。北卡华人和印度裔的关系较为复杂。当谈及印度裔时，很多华人都表现出了既赞赏又憎恶的态度。赞赏的是印度裔的英语水平普遍很好，主要是因为印度原来是英国的殖民地，印度本身一直也注重英语教育。英语水平好使印度裔在美国的发展也较好。另外，印度裔值得赞赏的地方是在美国很团结，相互扶持，形成了良好的社会关系网。在美国总人口中，印度裔虽然只占不到百分之一，但印度裔在大公司的高管人数中仅次于白人，远远超过华人。然而，这也是很多北卡华人憎恶印度裔之处。李女士讲道，在美国大公司里，印度裔都是拉帮结派，抱团得厉害。每当有工作机会或升职机会，都会照顾自己的族裔。印度裔把华人当作自己在美国的强劲对手，处处压制华人。此外，印度裔对白人上级阿谀奉承，对下级又是另一样。如果下级是印度裔或白人，就会好些；如果下

① 参见 http://ny.uschinapress.com/weekends/2014/12-18/61082.html。

② 来自笔者与丁女士的访谈内容，2014 年 6 月。

级是华人或其他少数族裔，就会差些，经常压制华人下级，厚黑学用得淋漓尽致。同时，李女士感慨华人第一代移民语言上太吃亏，又比较内敛，在美国企业中也没有印度裔那样抱团，时刻要注意和其他华人划清界限，唯恐招惹上麻烦，累及自身。李女士说她的丈夫也属于比较内敛的人，在一家大公司工作，公司要给他提升职位，做部门领导。深思熟虑之后，她和她的丈夫谢绝了职位的提升，主要是担心把控不好内部关系，三下两下就被印度裔打下来了，那样还不如就安安分分地做名工程师。对于印度裔，北卡华人中有很多人持有和李女士相似的看法。姚先生说，其实北卡华人和印度裔的交流相对还是较多的，主要是在高科技领域的人士。美国印度裔受教育程度普遍很高，很聪明，很团结，并且他们的思维方式与美国人比较接近，人数又多。这是他们在美国取得很大成功的原因，而语言和文化差异却阻碍了华人第一代移民的上升空间。姚先生认为相对第一代华人移民，第二代华人移民有较大的可能性与印度裔竞争，打破职业生涯中的“玻璃天花板”。在北卡，也有华人和印度裔通婚，但比例很少，不如和白人的通婚比例高。

曾少聪在研究美国华人新移民与华人社会时指出，华人移民来自不同的地域，文化背景和知识水平有很大的差异。他们在美国的发展必然朝着多元化的方向发展。① 北卡华人内部关系的发展同样也受到地域、文化背景和知识水平等因素的影响，有时也存在不和谐的音符，但从未激起过较大的内部矛盾与斗争。纵观北卡华人社会内部关系，还是比较和谐的。一方面，个人和家庭层面的往来比较频繁；另一方面，北卡华人组织举办的各类活动也增进了当地华人之间的交流，促进了当地华人的族群认同感。北卡华人与其他族群的社会关系呈现出复杂化的特点，在选择交往的族群时有着一定的偏好。北卡社会中还存在隐性歧视现象，一定程度上削弱了

① 曾少聪：“美国华人新移民与华人社会”，《世界民族》，2005 年第 6 期，第 52 页。

当地华人对主流社会人士的主动接近，使华人更加认同自身的华人族群，寻求抱团取暖。削弱并不等于隔离。北卡大多数华人仍然在努力试图捅破工作和生活中存在的“玻璃天花板”。正如马戎所说：“对于位于纵向历史坐标和横向地域坐标中的迁徙族群来说，族群认同的影响因素可能要复杂得多，每一历史阶段和每一空间地域都有它的特殊性以及族群主体的选择性和客观环境的限制性，他族群对本族群的宽容度也是在变化中发展的，而他族群的宽容度又与本族群的努力结果有关系，本族群或妥协或抗争的争求生存空间的策略选择，总是在曲折中发展。”①

① 马戎：《民族社会学——社会学的族群关系研究》，北京大学出版社 2013 年版，第 474 页。

第六章　语言的适应

语言是彰显族群文化的一个重要标志，在族群文化认同中占据重要地位。文化认同的加强也会为语言的使用和发展提供动力。即使身处异国，华人移民特别是第一代移民，在和家人或同胞交流时通常习惯于使用中文，认为中文是自己的母语，不能轻易丢掉。这是族群认同原生性的自然流露。然而，对于华人第一代移民而言，生活在美国社会，为了生存和交流的需要，又不得不学习和使用英语。这是族群认同工具论的体现。由于代际不同，北卡华人使用英汉双语的程度也不同。华人第二代移民使用和学习中文与英文的情况与第一代华人移民存在显著的差异。北卡华人在中文和英文之间努力进行着调适，中文学校历来都是华人社会传承中华文化的重要渠道，被称为海外华侨华人社会的三大支柱之一。随着时代的变迁，北卡中文学校在力求以传承中华文化为己任的同时，根据美国教育体制的需求又做出了相应的调整和改变。华文报纸是海外华侨华人社会的另一大支柱。华文报纸成为华人知晓移居国、祖籍国和世界其他国家及地区发展变化的桥梁。到目前为止，北卡华人创办的报刊只有一种——《华星报》，后改版为《侨报周末》北卡南卡版。虽然北卡华人创办的华文报纸只有这一种，但在北卡华人文化生活中却占据着非常重要的地位，影响着北卡华人的文化认同。

第一节　语言的使用

美国是一个移民国家，多移民族群的存在必然导致多种语言的存在。虽然英语在美国一直占据主导地位，但整体而言，美国对其他少数族群语言还是采取相对宽容的政策，允许少数族群保留自己族群的语言。如殖民时期，英国殖民者把拉丁语和希腊语作为两门重要的外语，号召人们学习，以掌握《圣经》的教义和传承文艺复兴的传统。美国建国后，德语、西班牙语和法语等也被列入所教授的语言课程名单。20 世纪 30 年代，随着实用主义哲学兴起，美国的外语教育受到了很大的冲击。第二次世界大战期间，由于缺乏精通外语的专业人才，美国政府开始重视外语教育。第二次世界大战后，美国军队还成立了自己的语言学校，培养具有外语交际能力的军事人才。国防对外语教育的需求在一定程度上推动了美国国内外语教育的发展。20 世纪 50 年代，随着美国在经济和军事领域的强大以及国际影响力的不断提高，加上来自苏联的挑战，美国十分重视与外界的交流与合作，外语教育也被提到了新的日程。20 世纪 60 年代末至 80 年代，受越战的爆发和美国国内事件的影响，外语教育处于低迷时期。进入 20 世纪 80 年代后，面对经济全球化的趋势和世界政治格局的变迁，美国的霸主地位受到威胁，美国政府再一次认识到外语教育在国家安全和对外政策和交流中的重要性，鼓励外语教育。美国各州纷纷把外语列为必修课程，学校开设了各种外语课程。进入 21 世纪后，随着全球化的全面展开，世界各国在政治、经济和文化等各领域的交流与合作日益增强，美国的外语教育蓬勃发展。中国的崛起使得汉语教育在美国外语教育政策中备受关注。2005 年，美国民主党参议员利伯曼和共和党参议员亚历山大提交了《2005 年美中文化交流法案》，指出："为我们的孩子提供了解中国语言和文化的机会，将使他们在经济全球化过程中获得更好的获胜机会。”①

一、第一代华人的语言

语言是文化的载体，是文化中最为稳定的一个部分。一方面，共同的语言是维系族群认同的基础，是维系族群认同的文化核心。另一方面，对移民群体而言，采用当地的主流语言在过去是必需的，在今天仍然是涵化的最根本的方面。② 如同美国其他州的华人一样，北卡第一代华人在使用中文的同时，为了适应新的生活环境，也必须学会使用英文，因此形成了中英双语并用的局面。年龄和教育背景的差异也影响了第一代华人的语言使用情况。通常情况下，年龄越大，英文学习能力就越差；受教育程度越高，英文学习能力就越强。

生长在中国大陆或港澳台地区的北卡第一代华人，中文水平普遍较高，包括听说读写各方面。第一代华人之间的交流基本上都是使用中文，他们认为使用中文交流非常顺畅舒服，不管是在社区还是在教堂，或是在其他华人聚集的场合，常常可以听到华人使用中文进行亲切的交流。此外，通过网络、电视和华文报纸等媒介，北卡第一代华人时刻关注国内流行的一些词语，并且在交流中尝试使用，如“高富帅”“给力”“亲”等。北卡第一代华人之间交流时偶尔也会夹杂一些英文单词，尤其是表实物的英文单词和英文专有名词；形容词或副词用得较少，偶而用到的一些形容词或副词也是比较简单的口语词，如 good、bad、excellent、actually 等。

北卡第一代华人的英文水平整体不如中文水平，只有在和其他族群交流或是和自己的子女交流时，才会使用英文。有一次，笔者在罗利的一个华人教堂遇到一位第一代华人女士，她感慨地说道：“在这里，终于不用说英文了。英语说得我难受死了。”在华人教堂，她可以不用再绞尽脑汁

① 李英姿：《美国语言政策研究》，南开大学博士学位论文，2009 年，第 89 页。

② 陈志明：《迁徙、家乡与认同》，商务印书馆 2012 年版，第 57 页。

想那些英文单词，然后再去组成话语表达出来，相对存在一种安全感。对于大多数第一代华人来说，尤其是英文听说水平较差的华人，用英文和其他族群交流是一件比较痛苦的事情。很多第一代华人在为自己的英语学习而痛苦地挣扎着。

语言技能在移民的适应过程中起着非常重要的作用，要想较好地适应当地主流社会，移民首先必须掌握好主流社会的语言，不能熟练地掌握当地主流社会语言，往往会导致精神上的挫败感和交往圈子的狭隘。有一次，凯瑞的一位友人 Jane 去女儿的学校参加活动，因为英语口语不太好，闹了个笑话。她感慨地说道："今天办了件超愚蠢的事，给我女儿丢脸啦！我要好好学习英语。英语够好，才能自信又自如地跟人交流！"① 这位友人一家从中国大陆到北卡定居已有两年。一到北卡，她便感觉自己的英文不行，在这里日常交际都成了问题，于是报名参加了华人教会的 ESL（English as a Second Language）课程，每周末开车过去学习两个小时。除了华人教会开设有 ESL 课程外，北卡本地较大的基督教会也开设有 ESL 课程，以学习《圣经》为主。北卡学区和社区大学也常常在当地社区开设免费或收取小额费用的成人 ESL 课程，帮助新移民学习英文，尽快融入美国主流社会，如前面提及的 YL 上的维克郡技术学校的 ESL 课程（参见图6－1）。对于英文基础薄弱的华人新移民而言，一个或两个学期的 ESL 课程学习往往还不能让他们使用英文进行有效的交流。在维克郡技术学校常常可以看到已经在那里学习了两三年的华人新移民。如 W 女士就已经在那里学习了两年了，但笔者发现她的英文表达能力还是比较有限。当问到英文不好如何与她的白人丈夫交流时，她回答说，当自己不能完整地表述想要表达的意思时，就说几个单词，再加上手势和表情，她丈夫也就基本明白了。

---

① 来自笔者与 Jane 的谈话内容，2015 年 9 月。

图 6 - 1　维克郡技术学校国际艺术节上的华人 ESL 学员和教师

（笔者拍摄于 2013 年 11 月）

这些北卡华人新移民英文进步比较慢可能有以下两种原因：第一，受教育程度多在本科和本科以下，英文表达能力比较差，再加上多年不学不用，来美之前英文基本已经处于废弃状态；第二，即使已经移民，持有绿卡或成为公民，但日常生活并不会因为英文讲得不好而受到很大影响。像 W 女士这样的华人新移民，虽然和当地白人组成了家庭，但掌握了最基本的日常用语，也可以应付夫妻间的日常交流。然而，如果想在美国的企业和政府机构等谋求一份工作，没有很好的英文交流能力是不可能成功的。如果能够用英文进行基本的交流，但不是非常自如，也会影响其事业的提升空间。北卡华人常把印度裔当作自身的竞争对手，认为在美国的印度裔之所以比华人获得的职位更高，一个重要的原因就是印度裔英文比华人要好，占了不少便宜。相比之下，在美国接受过高等教育的北卡华人，其英文水平普遍较高，能够应付社交和工作需求；不过，相对于中文，英文的使用还是不能那么自如。

李百炼是北卡华人的著名侨领之一，也是北卡高等教育界的杰出人士，现为北卡州立大学副校长（参见图6－2）。他跻身于美国主流社会的过程首先就是从突破语言障碍开始的，详细信息可见附录四。他的成功经验可以给北卡华人乃至全美华人一些借鉴。

图6－2　笔者与北卡州立大学副校长李百炼以及其他学者的合影

（后排右二为李百炼副校长，拍摄于2014年9月）

二、第二代华人的语言

北卡第二代华人的英文水平普遍高于汉语水平，日常交流基本都是使用英文。这和他们的成长环境有很大关系。在上幼儿园前，他们主要是在家中，和父母或祖父母等人相处，因此主要的交流语言是中文。从幼儿园开始，他们更多的时间是其他族群相处和交往，英文逐渐取代中文，成为他们的主要交流语言。随着英文听说能力的提高，北卡第二代华人的中文听说水平则呈现下降趋势。多数北卡第二代华人能够听懂中文，却只能说出简单的中文，还有些第二代华人对中文只是一知半解，基本说不出来。一个周六，笔者在凯瑞中文学校碰到一位熟识的华人友人和他的儿子。他的儿子八岁，每周六都会到中文学校学习中文。见面时，他用中文对他的儿子说："和阿姨打个招呼，说阿姨好！"他的儿子只是和笔者摆了摆手，说了一声"Hi"。这时，这位华人友人又说："说阿姨好啊！"但是，他的儿子却没有说。后来，笔者在休息室又见到了这个小男孩。他拿了一个小玩具，走到笔者身边，主动用英文和笔者交流了起来，让笔者猜猜这个玩具怎么玩。他看笔者不知道，还示范给笔者看。可见，对这个小男孩来说，英文已经成了他的母语，使用英文交流让他更加自如、放松。

周敏认为，第二代华人年龄越大，中文越差；如果母亲的英文程度高，其子女的中文程度便相对较差；住在唐人街或华人移民聚居郊区的孩子的中文程度比住在白人区的孩子高。[①] 对此，笔者基本认同。北卡三角园区的第二代华人中，年龄越小，中文水平尤其是听说能力越强。学龄前儿童总体的中文听说能力都比较好。母亲的英文水平确实能够影响子女的中文水平。但笔者观察到，不只是母亲的英文水平会影响子女的汉语水平，父亲或同住的祖父母的英文水平同样会影响子女的汉语水平，呈反向增长的关系。原因是父母或祖父母如果没法用英文和子女进行日常沟通的话，子女就会努力使用中文和他们沟通，特别是和祖父母交流时。凯瑞中文学校的一位学生家长说道："我父母从国内过来和我们住在一起。他们不会说英语。我女儿要想和爷爷奶奶说话，没办法，就得逼着讲中文了。"[②] 此外，在特别强调中文的华人家庭里，子女的汉语水平也相对较高。T先生和R女士夫妇住在教堂山，T先生是第一代华人，R女士是美国白人。笔者拜访他们时，只有他们最小的女儿在家中，大概十来岁的样子。尽管小女儿是在美国长大并接受教育的，但在家中，T先生一家都讲

① 周敏：《美国华人社会的变迁》，上海三联书店2006年版，第345页。

② 来自笔者与凯瑞中文学校一位家长的谈话内容，2014年2月。

中文。虽然T先生的小女儿中文讲得不是非常流利，但和其他同龄华人孩子相比已经算是很不错的了。T先生说了一句让笔者印象非常深刻的话："她的身上流淌着中国人的血，她必须会讲中文。"① 可见，T先生内心的族群认同感还是比较强烈的。还有一些第一代华人父母也很重视子女的中文。有的父母为了孩子能够说好中文，平时和孩子交流时就说中文。即使遭到孩子的反对，还是坚持了下来。有的孩子没有办法，只好跟着讲中文；有的孩子则是父母讲中文，自己虽然能听懂，却坚持用英文回答，久而久之，父母也就妥协了。作为母亲，家住教堂山的LL女士认为华人的孩子应当会说中文：

这儿的华人家庭有一个有意思的现象，父母和孩子说话时，父母说中文，孩子说英文，你说你的，我说我的，这个现象很普遍。

有的家长说，孩子已经习惯说英语了。的确，他们从小在英语环境中长大，每天在学校的时间比在家里的时间长，回到家一下转不过来，也是可以理解的。有些家长觉得这样没什么不好，反正我能听懂他，他也能听懂我就行了嘛。

别人怎样教育孩子我无权过问，我只想说说我的看法。在我看来，这个事情只有坏处没有好处。本来这些在美国出生的ABC② 就已经很西式了，他们当中的很多人对中国没有什么深厚的感情，对中国文化谈不上认同，如果连中文都不说，不就是彻彻底底的香蕉人了吗？

第二个坏处，孩子不说中文，会导致跟家长越来越疏远。我认识的一家人就是这样，母亲英语不好，孩子大了，说得越来越复杂，母亲常常听不懂，女儿觉得没劲，就不愿意跟她妈说话了，母女关系越来越淡，母亲很郁闷，但是这时候后悔已经来不及了，孩子已经十几

① 来自笔者与T先生的谈话内容，2014年5月。

② American Born Chinese

岁，很难改变了。

第三个坏处，即便父母英语好，跟孩子交流没问题，那孩子回国的时候呢？国内的爷爷奶奶外公外婆不会说英语啊，叫他们怎么跟孩子交流呢？

第四个坏处，浪费了孩子双语成长的机会。中文在全世界越来越热门，中文是最有前途的语言，连外国人都在努力学汉语，中国人的孩子却不学，说不过去啊！再说双语成长对孩子的语言能力和智力发展是很有好处的。

其实中国人的孩子都是非常聪明的，学两门语言对他们来说一点问题都没有，关键还是家长不重视。我的一个朋友很重视孩子的中文学习，让儿子上中文学校，每天读写，几年下来，这个小朋友的中文水平不比国内的孩子差。事实证明，孩子的中文水平完全取决于家长的重视程度。如果家长嫌麻烦，可以不要求会写会读，但是至少得会说吧？这是最最基本的了，而且也不难做到。

虽然我的女儿还小，但是以后我一定要求她说中文，在外面可以不说，但是在家里，跟父母家人一定要说。中文是很美的语言，也是很有用的语言，我希望她能掌握这门语言，也希望她对中国文化有一些了解。①

对于北卡第二代华人来说，中文听说尚且难以坚持学习，读和写的能力就更加不乐观了。在中文学校学习的孩子每周有一次机会在中文学校学习读写。老师一般都会留家庭作业，但不会太多。因为孩子平时在公立学校或私立学校还有自己的作业。通常他们也很少再花费时间进行课外的中文阅读和写作。即使如此，有的学生还是不能按时提交作业，家长也总是觉

① 源于LL女士的博客。

得孩子练习读写的时间太少了。但很多家长基本持顺其自然的态度，认为这里是美国，对中文的要求也没那么高。有的家长则不愿意逼迫孩子学习读写，怕孩子逆反，反而适得其反。因此他们中文读写能力的提高受到了一定的限制。正如随着年龄的增长，听说能力趋弱一样，北卡第二代华人的中文读写能力也是如此。此外，北卡华人移居北卡时间较短，并没有形成像旧金山、纽约或芝加哥等那样华人聚居程度很高的唐人街或郊区。虽然三角园区的华人也多居住在凯瑞市、莫里斯维尔市和教堂山，但还是形成了和其他族群混居的居住格局，这种居住格局也不利于第二代华人中文能力的提高。

第二节 中文学校

19 世纪 50 年代末，大批中国人纷纷涌向美国。随着华人的增多，华人子女的教育问题被提上日程。由于受到种族歧视，华人子弟无法进入美国的公立学校接受教育。在华人的强烈要求下，美国政府为华人子弟开设了中文学校，但又以资金匮乏、学生出勤率较低等为理由，多次强迫关闭中文学校。19 世纪 80 年代，随着排华运动的兴起，华人子弟完全被隔离在美国公立教育之外，只得在中文学校就读。在美国大城市居住的华人还自发组建了私塾和专馆，成为中文学习的主要形式，但由于要缴纳学费，它们并没有得到普及。1888 年旧金山成立了一所旧式中文学校，采用传统教材授课，其教学水平相当于（中国）同时期的私塾专馆。20 世纪初，在清政府推动的作用下，美国华人比较集中的大城市建立起了中文学校，但规模都较小。这些中文学校属于中文补习性质的学校，教学方法和教学内容基本以及管理方式基本沿袭中国国内的形式。[①] 20 世纪 30 年代后，受到公立学校教育的影响，华人子女越来越倾向于学习和使用英语，中文学

① 李永、顾晓莉：“家庭教育·中文学校·文化认同——二战前美国中华传统文化教育活动研究”，《江汉大学学报（社会科学版）》，2012 年第 5 期，第 63 页。

习热情受到了挑战。20世纪60年代后，随着中国新移民人数的增加和美国倡导多元文化主义政策，中文教育也开始在美国复兴。特别是中国实行改革开放政策以后，随着中国综合实力的增强和世界地位的提高，中文的地位也日益得到提升。华人社区和美国的公立学校都出现学习中文的热潮，中文学校的类型和教学形式呈现多样化。20世纪80年代始，美国许多中文学校被纳入美国的教育体系，美国的许多高等院校也相继开设了中文课程。中文教育和美国主流教育实现了融合和对接。中文教育使美国华人子女能够学习和继承中华传统文化，促进了中华传统文化在美国的传播。同时，中文教育也增强了华人子女对中华传统文化的认同，增强了华人的族群意识。

第二次世界大战后，海外华人从“叶落归根”转变为“落叶生根”，中文教育的性质也随之出现了变化。以海外华人学生为对象的中文教育归属问题引起了美国国内学术界的广泛讨论，主要存在三种基本的观点：第一，认为中文教育应当属于第二语言教育或外语教育；第二，认为中文教育应当属于一种新型的母语教育；第三，中文教育既属于母语教育，也属于第二语言教育或外语教学。同时，国际学术界也就该类语言教学展开了讨论，最终形成了一种全新的观点，认为该类语言教学既不属于母语教学，也不属于外语教学或二语教学，从而形成了一个新的概念——“继承语”。自20世纪90年代始，这一概念在美国语言教育领域被广泛使用。费什曼认为，这是这一种“与学习者有着某种特殊家庭联系的非英语语言”。博林斯基（Polinsky）和凯根（Kagan）认为，费什曼的定义是广义上的，广义的继承语是家庭和文化传承的一部分，这门语言可能已不再在家里使用，继承语说话人也可能不会说，而要作为一个二语学习者来学习这门语言。狭义的继承语则是“由于个体转向另一门主体语言而没有完全习得的第一门语言”①。费什曼把美国的继承语分为原住民继承语、殖民继

① 曹贤文：“继承语理论视角下的海外华文教学再观察”，《华文教学与研究》，2014年第4期，第50页。

承语和移民继承语三种。原住民继承语是指原居住在美洲大陆的居民使用的语言，即印第安语。殖民继承语是指美国独立前殖民者使用的语言。移民继承语是指独立后移民所使用的语言。殖民继承语和移民继承语有重合之处。对来自欧洲的西班牙后裔来说，西班牙语是殖民继承语，而对来自美洲地区的西班牙裔来说，西班牙语则是移民继承语。[①] 根据费什曼的这一分类，汉语应当属于移民继承语。相关研究显示，继承语学习者比其他学习该继承语的外语学习者更能够接近讲母语者的高级语言水平。针对汉语学习者族群背景的差异性，美国一些学校已经实施了双语教学，把汉语教学分为继承语学习班和汉语常规班。同时，美国的中文学校也开始采用这一机制。

随着北卡华人人口数量的增多，第一代华人对子女接受中文教育的需求变得越来越强烈——虽然已经移居美国，但他们仍然希望自己的子女能够学好中文并传承中华文化，不能忘记自己的“根”。20 世纪 90 年代前后，在一批北卡华人精英人士的号召和努力下，北卡中文学校孕育而生。国内有学者把 20 世纪 80 年代以来由中国大陆新移民在美国创办的中文学校称为“新型”中文学校。[②] 北卡中文学校自然也属于新型中文学校。

一、学校的创办与运作模式

北卡中文学校建立的初衷是培养当地华人子女使用中文的能力，传承和弘扬中华传统文化，加强华人社区的文化交流和凝聚力。在北卡华人聚集的地区都建有中文学校，主要集中在北卡研究三角园区和夏洛特地区。北卡研究三角园区的中文学校有教堂山中文学校（1993 年建立）、罗利汉语学校（1995 年建立）、凯瑞中文学校（2003 年建立）。位于夏洛特地区

① J. Fishman , “300 plus years of heritage language education in the United States”, In *Heritage Languaga in America Preserving a National Resource*, J. K. Peyton, D. A. Ranard, S. McGinnis (eds.), Washington D. C. : McHenry II. Ceter for Applied Linguistics, 2001, p. 81 ~ 89.

② 李嘉郁：“谈谈北美地区新型中文学校的社会功能”，《八桂侨刊》，2001 年第 4 期，第 7 页。

的中文学校主要是夏洛特华夏中文学校（1998 年建立）。这几所中文学校主要招收学前班及以上年级学生，同时也招收幼儿园儿童。由于资金限制和人力不足，北卡中文学校目前基本都没有自己独立的校区，主要是租用其他场所授课，通常是租用当地的中小学教室。根据学校发展需要或所租用学校的变化，北卡中文学校也会变更授课场所。例如，2014 年之前，罗利汉语学校一直借用罗利森林山浸礼教会（Forest Hill Baptist Church）的场所授课。2014 年 9 月，罗利汉语学校迁至罗利特许高中（Raleigh Charter High School）授课。又如，2015 年之前，凯瑞中文学校的授课地点是埃佩克斯中学（Apex Middle School）。2015 年秋季，凯瑞中文学校迁至潘特克里克高中（Panther Creek High School）。上述北卡中文学校是北卡规模较大的中文学校，授课时间都安排在周末。此外，北卡还有一些中文托管学校，周一至周五公立学校放学后，负责把学生接到中文托管学校并教授中文，大概六点左右父母再过来接孩子回家。中文托管学校的建立一则可以免去双职工家庭或一些特殊家庭时间上的不便，二则可以让孩子有机会学习中文。凯瑞市的优胜中文学校以及教堂山的美国东方文化学院和红苹果中文学校都是这种性质的学校。下面主要以北卡周末中文学校为研究对象。

传统的中文学校以学习中文和传承中国传统文化为主，这也是北卡中文学校建立的主要目的之一。这一建校目的是华人族群认同原生性的重要表现。正如梁培炽所言：“华文教育关系到我们族裔的成长、民族文化的传承、民族凝聚力以及和自己祖籍国的感情与维系。所以我们必须通过华文华语载体，把我们民族的文化及民族的情愫凝聚起来并世代相传。”[①] 随着时代的改变，第二代华人学习中文的目的不再单纯是为了传承和发扬中华传统文化。为了更好地在美国社会生存与发展，实现积极向上的流动，也成为他们学习中文的重要原因。正如周敏所说：“它们（中文学校）的

① 梁培炽：“美国华文教育发展新理念”，《暨南学报（哲学社会科学版）》，1998 年第 4 期，第 59 页。

首要目标是协助移民家庭努力使他们的孩子在公立学校取得优秀成绩，进入名牌大学，最终获得一份高报酬、高地位的职业，以确保他们将来安居乐业。”[①] 从中可以看出，学习中文是传统华人移民家庭实用主义观念的表现。现今的中文学校通常都与美国的教育体制挂钩，与公立学校的课程设置保持一致，迎合升学或考级的要求，并相应推出一些课程。在调查过程中，笔者发现北卡第二代华人学习中文带有一定的工具性，即目的性。在凯瑞学校做志愿者期间，笔者曾听家长和老师提到，如果学生在凯瑞中文学校完成《马立平海外华裔少年中文教材》六级年级课程或《中文》教材八年级课程，经学校考核认定，将有资格获得维克郡高中外语的一个学分；完成《马立平海外华裔少年中文教材》七级年级课程或《中文》教材九年级课程，经学校考核认定，将有资格获得维克郡高中外语的另一个学分。使用《马立平海外华裔少年中文教材》七年级以上的学生，且年龄在 14 岁以上，通过在凯瑞中文学校连续两年的学习，可以参加中文 AP 考试，通过后可以折算为美国大学学分。[②] AP 学分可以减轻大学修学分的负担，保证按时毕业或提前毕业。提前毕业可以省下一笔相当可观的学费，并且也节省了时间。1994 年，美国大学教育委员会在 SAT Ⅱ 外语考试中增加了汉语科目。[③] 汉语科目的考试成绩成为美国大学录取的一项外语资格，极大地鼓舞了华人学习中文的热情。近几十年来，中国经济得到了长足的

① 周敏：“美国华人社会的变迁”，上海三联书店 2006 年版，第 306 页。

② AP 是 Advance Placement 的缩写，是指美国大学预修或先修课程，适用于全球计划前往美国读本科的高中生，由美国大学理事会（The College Board）主持。AP 成绩不但可以抵扣成功申请美国大学的同学入学后相应课程的学分，而且 AP 成绩也成为美国各大学录取学生的重要依据。2003 年，中文被列入美国高中 AP 课程。2007 年举行了第一次 AP 中文考试，采取繁体字和简体字并列的形式，包括听说读写四大部分，重点考察学生的汉语使用能力。

③ SAT（Scholastic Assessment Test）是由美国大学委员会（The College Board）主办的学术能力评估测试，是美国高中生和其他国家的高中生申请美国大学入学资格以及奖学金的重要参考，分为 SAT I 和 SAT II 两个部分。SAT I 是推理测验，包括阅读、写作和数学三门必考科目，目的是考察学生的能力是否达到了大学教育的要求。SAT II 是学科测试，即专业课测试，包括化学、物理、数学和各种语言等学科的测试，中文也是其中一门。虽然美国很多高校并不要求 SAT II 的成绩，但有些高校还是会特别要求 SAT II 某些学科的成绩。

发展，取得了举世瞩目的成就，成为世界的焦点，中国的国际地位和影响力得到了显著提升。作为根在中国的美国华人，他们在美国的社会经济和政治地位与中国紧密相连。自古就是中国弱则华人弱，中国强则华人强。中国的强大使得越来越多的美国华人第二代更加关注中国，要想搭乘上中国这辆快速发展的列车，寻找和抓住自身发展的机遇，首先面临的就是语言关，不会使用中文或中文使用不熟练，终究会阻碍他们和国内人士的交流，交流不畅通，势必会影响其自身在中国的发展。

北卡中文学校属于非营利组织，管理和组织工作基本上依赖于当地的华人资深人士和学生家长，包括决策制定、注册、筹资、教师招聘、教学培训和教学质量检查等方面，一般由董事会、执行委员会和家长委员会组成。学校董事会的主要职责是规划学校的长远发展与建设，并监督和辅助校执行委员会的日常工作，通常由创始人或当地华人教育界资深人士组成；执行委员会，有的中文学校也叫校务委员会或校委会，是学校的行政管理机构，通常由校长、副校长、教务长及助理、总务长及助理和财务长组成；家长委员会由主席、副主席和委员组成，主要负责协助校执行委员会的工作，组织家长义务服务，举办家长或家庭活动。[①] 如夏洛特华夏中文学校，董事会成员有三人，均是该校的创始人。校委员会有 7 人，负责整个校务工作。家长委员会包括 1 名主席、2 名副主席和各班级的 1 名家长代表。通常董事会、执行委员会和家长委员会的主要成员都是基于自愿的原则，由家长选举出。以罗利汉语学校 2015 年度至 2016 年度学校新一届领导选举为例。此次选举一共收到 166 票，3 票无效，有效票 163 张。由学生家长唱票和统计票数，选出了 1 位校长，1 位副校长，1 位家长会主席，3 位董事。凯瑞中文学校的校长则由董事会和执行委员会成员从中

① 这里的家长委员会中，家长担任组织者和参与者的角色，可以联合教师组织和策划一些活动，促进学生综合能力的培养和家长与师生之间的交流。但在北卡中文学校，家长教师协会的主要职责是协助学校教学。

选出，任期两年；校执行委员会成员则由校长任免。学校董事会和执行委员会的人员通常都有自己的工作，在中文学校只是兼职工作，因此不能像全日制的中文学校一样来经营和管理学校。董事会和执行委员会成员每学期初和学期末都会集中起来，或是在周末中文学校开课期间，或是当有重大事件需要做出决策时。平时，董事会和执行委员会成员多通过电子邮件和电话等方式进行沟通。

北卡中文学校家委会在中文学校中所发挥的作用是至关重要的。以凯瑞中文学校为例。笔者曾经在凯瑞中文学校做过一个学期的志愿者。首先，要在学校的网站上注册为志愿者。审核通过后，再根据自己的时间自行选择志愿服务日期和服务类型，服务次数不限。笔者主要负责上下课打铃和安全巡视工作。由于周末不能使用所租用学校的电子铃，只能依靠志愿者手里拿着一个铃铛，在上下课时逐层走动，摇动铃铛，并要确保每个教室都能听到。安全巡视工作主要是注意学生下课时不要到处跑动，以防磕碰和破坏所租用学校的设施。罗利中文学校对家长委员会的职责做出了具体规定："学校家长会实行学校工作人员和家长轮流值日制度。家长会负责安排停车场执勤，摇铃，走廊执勤，安全和卫生监督。轮流值日是全体家长的义务，轮流值日表由每个班的家长代表制定，每个星期六之前，家长代表会提醒值日的家长有关值日事宜。值班家长应提前十分钟到学校，做好值日工作。"①。此外，还有相应的应急和惩罚规定："如果值日的家长因故不能值班者，可自行与其他家长协商调换，并提前通知家长代表请求帮助，及时调整。如擅自不到，缺席家长应缴纳补偿金——每次 30 美元，最多每学期 60 美元，由家长会安排其他人员代理。补偿金应及时交给家长代表。如拖欠，家长代表可以记账并通知拖欠家长和家长会，下学期交学费时一起补交。"② 夏洛特华夏中文学校则要求每位家长每学期至

① 参见 http：//www. racl. org/罗利汉语学校家长守则/。

② 参见 http：//www. racl. org/罗利汉语学校家长守则/。

少为学校义务服务2小时，不包括值班时间。服务内容包括校园内纪律监督、春节联欢、秋游做菜等。

中文学校的资金运转主要靠学生所缴学费、个人与社会捐助。夏洛特华夏中文学校中文班每学期每位学生需缴纳125美元学费，才艺班每学期每位学生需缴纳70美元学费。学费两个学期一起收，每学年每位学生需缴纳学费共计250美元，逾期不交将被罚款50美元。在校学生凡在网上注册的，免交注册费。在校学生开学当天在校注册的，及所有新生需交注册费20美元。所有新生每个家庭需交20美元值班押金。罗利汉语学校每学期中文课的学费为190美元。课外活动班每学期的费用因课程不同存在差异（参见表6－1）：英语SAT课程为150美元，公共演讲课程为150美元，乐高课程为140美元，其他课程为100美元。此外，每个学生每个学期还要缴纳10美元的家长委员会费用。晚于规定时间注册的学生要缴纳25美元的延迟注册费。凯瑞中文学校和教堂山中文学校等的学费标准也基本相似。此外，一些中文学校还经常举办夏令营和冬令营活动，收取一定的费用。如罗利汉语学校2015年7月27日至31日举办的夏令营活动，费用是一周200美元或每天45美元。2015年6月8日之前报名优惠为一周175美元。兄弟姐妹同时报名再每人优惠10%。个人捐助主要是源于学生父母，以现金或购买学校用品的方式捐助给学校。社会捐助包括华人组织捐助和华人企业捐助，也包括其他族裔的企业捐助，主要以房地产中介、保险公司、艺术培训机构、旅行社和诊所等行业的捐助为主，且捐助者中华人企业占多数。如凯瑞中文学校的赞助商有大亚洲超商、北卡三角区华人服务网、假日旅行社、罗利功夫中心等。作为回报，通常中文学校的网站上都会登出捐助的组织和企业，帮它们做宣传。学生所缴学费、个人与社会捐助所得用于学校的各方面运行。凯瑞中文学校熊校长告诉笔者，任课教师的薪酬和租用教室就花费了学校大部分的资金。他给笔者算了一下这两项的大概费用：凯瑞中文学校教师有40名左右，每小时的讲课费是32美元，每年学校要发放的薪酬要70 000多美元；凯瑞中文学校每周末需要租用大约40个教室。租用一个维克郡学校的教室，每小时为12.5美元。每周末每个教室都至少需要租用2至5个小时。一年教室租赁费就要50 000美元左右。此外，学校举办和参加各种活动、派送教师培训也是两项不小的开支。

表6－1　罗利汉语学校2016年春季课程收费标准表

Language Class Tuition (All levels):	$190	0
Activity Class Tuition: SAT English ($150); Public Speaking ($150); LegoMindstorm ($140); Others ($100)		
PTA Fee: per student per semester (Adult student has no PTA fee)	$10	
Late Fee (Applied after January 16, 2016)	$25	
Prior Semester Balance (+/-)		
Please make check payable to Raleigh Academy of Chinese Language, or RACL	Total	0

Total	Check Number	Receiver	Date
0			

Raleigh Academy of Chinese Language (RACL)
Spring Semester 2016 Receipt

Total	Check Number	Receiver	Date
0			

资料来源：http：//www. racl. org/forms/。

以下是罗利汉语学校建校二十周年募捐信：[①]

亲爱的罗利汉语学校校友们和朋友们，大家好，今年是罗利汉语学校建校二十周年，学校定于2016年2月6日下午在Cary Arts Center举行20周年校庆及2016年春节联欢晚会。十分感谢校友们和各界朋友关注和支持学校的发展和建设，欢迎你们来参加罗利汉语学校20周年校庆及2016年春节联欢晚会，我们可以一起畅叙情谊，共度佳

① 参见http：//www. racl. org/罗利汉语学校欢迎校友们为20周年校庆捐款/。

节，同展未来！

如果你有心愿支持学校并为校庆捐款，罗利汉语学校大厅里设置校庆捐款箱，以方便在校师生员工及广大家长对校庆进行捐款，其他朋友可以网上捐款。十分感谢！学校网站上设有 PayPal 校庆捐款网页（http：//www. racl. org/donation/），以方便网上捐款，捐款也可以通过支票形式寄到学校的邮箱地址。（Raleigh Academy of Chinese Language，P O Box 50375，Raleigh，NC 27650 - 6375）。

竭诚欢迎商家和各社会团体，组织及社团为罗利汉语学校提供赞助。我们将慎重用好每一笔捐款，所有捐款在除去校庆的开支之后，将用来支持学校的正常运转和长远发展。所有捐款的单位和个人，将赠送一份特定制作的罗利汉语学校 20 周年校庆咖啡杯以留作纪念。

特此公告，敬祈周知！

罗利汉语学校

二、师资与生源

北卡中文学校的教师人数依据学校规模不同，大致在十几人至 50 人之间，包括中文教师和各种课外活动课教师。其中，中文教师占绝大多数，且女教师居多。中文和课外班教师基本都是当地华人，只有少数的课外活动课有其他族裔的教师。教师岗位通常采取公开招聘的方式，择优录取。有中文教学经验的华人人士优先考虑。以罗利汉语学校为例。罗利汉语学校一直拥有良好的师资，它的大多数教师都毕业于师范院校，或者具有其他高等教育学位。此外，大部分教师之前在国内都有教授语文或在海外教授华人子女中文的丰富经验。截至 2015 年秋季学期，罗利汉语学校有教授 CHL（Chinese as a Heritage Language）课程教师 20 人，教授 CSL 课程教师 4 人，均为华人。另外，课外活动班中教授数学的教师有 6 人，分别为速算1、速算2、趣味数学、中学竞赛数学、代数和SAT数学等课程的教师，英文SAT教师3名；围棋教师3名；舞蹈教师3名；美术教师4名；还有其他课外教师4名。课外活动班中其他族裔的教师有7名，主要教授英文SAT课程和围棋课程。再看夏洛特华夏中文学校，总共有教师20人，其中中文教师17人。据夏洛特华夏中文学校现任于校长介绍，该校有将近一半的教师都有教师资格证，其他教师有的是学生家长，有的是代课教师。不像加州、纽约等地的一些中文学校，有自己的全职教师，北卡中文学校的教师都是兼职，大多都有自己的工作，还有的是学生家长。和美国其他族裔一样，北卡华人的工作也存在一定的流动性。根据新工作地点的需求，不得不从一地搬家到另外一地，因此，北卡中文学校的教师也存在一定程度的流失和频繁更换现象。北卡中文学校比较关注师资水平的提高。以凯瑞中文学校为例。2014年，凯瑞中文学校聘请了两位CHL教务长，专门负责《马立平海外华裔少年中文教材》和《中文》的CHL教学工作。此外，凯瑞中文学校还聘请曾在国内有过丰富教学经验的3位老师组成了听课组，每周到各个班级听课。听课过程中，听课组会做好详细的听课记录。课后听课组会及时和教务长就听课事宜进行讨论，再反馈给授课老师，以提高老师的教学质量。凯瑞中文学校每个月都会开教师例会。会上，教师们会针对不同的教学主题进行讨论，相互交流经验。此外，学校每年还会另拨出经费，支持教师参加在美国或中国举办的中文教学培训和会议。

北卡中文学校的学生来源主要是当地的第二代华人，其父母大多来自中国大陆和港澳台地区，还有一些来自东南亚国家。此外，还包括对学习中文和中国文化感兴趣的一部分其他族裔学生，其中既有儿童，又有成人。自20世纪90年代前后，北卡中文学校建校以来，学习中文的学生人数一直呈递增趋势。夏洛特华夏中文学校现任于校长介绍说，1998年建校时，夏洛特华夏中文学校只有二三十人，到2015年达到了260人。凯瑞中文学校建校时也只有几十人。2015 年，罗利汉语学校语言班的学生达到500 多名，课外活动班有 300 多名学生，其中包括 80 多名其他族裔的学生。人数翻了将近十倍。熊校长解释说，凯瑞中文学校自 2015 年从埃佩克斯搬到凯瑞市后，生源扩大了很多，主要原因是在凯瑞市居住的华人较多，在这里上课十分方便，所以学生人数也就多了。图 6 - 3 是教堂山中文学校学生人数逐年变化表，从表中可以看出，1993 年建校时，该校的学生人数非常少。到 2000 年才达到大约 50 人。然而从 2001 年起，该校学生人数迅速增加，2008 年和 2010 年达到了顶峰，约有 350 人。北卡中文学校的学生主要以小学生人数最多。初二开始，学生人数开始越来越少。主要原因是到了初中，功课比较多，学习比较紧张，很多学生放弃了中文课。

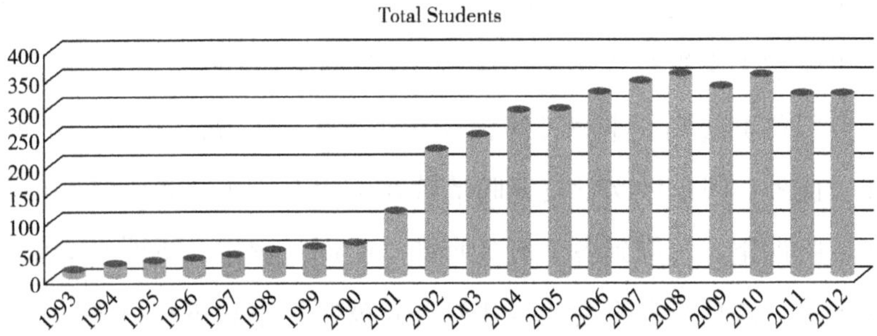

图 6 - 3　教堂山中文学校 1993 年至 2012 年学生总数表

资料来源：http：//www. csch - nc. org/Default. asp？Typ = ItemText&ID = 1&MenuTitle = Overview。

三、课程设置与教材使用

北卡中文学校的中文教学一般分为两种类型——针对华人子女的 CHL 课程和针对非华人学生的 CSL 课程，采取分级授课的形式。北卡中文学校大体分为幼儿班、学前班和小学一年级至高中班级。其中，CHL 课程教学又分为简体中文教学和繁体中文教学。罗利汉语学校两种文字教学都有。凯瑞中文学校和教堂山中文学校进行简体中文教学。此外，罗利汉语学校还开设了 CSL 课程的成人班，面向那些对中文和中国文化感兴趣的其他族裔，教学重点是听和说。中文学校使用的教材主要是暨南大学主编的《中文》系列教材和马立平主编的《马立平海外华裔少年中文教材》系列。凯瑞中文学校和夏洛特华夏中文学校两套教材同时使用，并开设了两套教材教学班。这在北美中文学校中称得上是一大特色。凯瑞中文学校的杨老师向笔者介绍，根据所使用教材的不同，凯瑞中文学校 CHL 课程又分为了暨南大学《中文》教材班和《马立平海外华裔少年中文教材》教材班。《马立平海外华裔少年中文教材》采用“直接识字法”，先识汉字，后学拼音，具有识字多、阅读早的优势，但对于写作的训练相对薄弱，不能满足 CHL 学生学习中文的不同层面需求。从 2011 学年开始，凯瑞中文学校增设了《中文》教材的平行班级。《中文》教材强调“读写听说”全面基本功的掌握，但是由于学生需花大量时间抄写、默写生字和做笔头练习，对识字量和阅读量有一定影响。

北卡中文学校的授课时间均是每周六或周日，每周一次，每次两个小时。教学内容包括教师讲授、阅读、写字、讨论和小测试等。课后，老师会留作业，让学生在一周之内完成。杨老师担忧地说道：“本来每周就只能上一次课，如果再不留家庭作业，学生会忘得更快！”① 由于学生周一到周五要接受美国公立或私立学校的义务教育，有些学生并不能按时完成作业。笔者发现，在中文课堂上，尽管老师基本都用中文讲授课程，但学生时而还是喜欢用英语交流，课间更是立刻转换成英文交流。每学完一单元，教师会对学生进行一次测试。北卡中文学校除了开设中文课程外，还开设了文化课程，使学生在轻松有趣的环境中了解更多中国文化，并在潜移默化中传承中华文化。例如，书法、国画、民族舞蹈和中国功夫等课程。此外，如前所述，北卡中文学校从一开始就和美国公立学校的教育体制挂钩，开设有 SAT 数学、英文阅读和英文写作等相关课程，吸引学生前

① 来自笔者与杨老师的访谈内容，2014 年 3 月。

来学习。体育类课程和棋类课程等在北卡中文学校也多有开设。

四、中文学校的社会功能

前面曾提及，北卡中文学校创办的主要目的是学习中文和传承中国传统文化。除此之外，北卡中文学校还表现出以下社会功能：

第一，北卡中文学校加强了北卡第二代华人的族群认同，使第二代华人有机会接触到当地较多的其他华人家庭，让他们意识到他们与其他美国家庭在文化上的不同，并做出积极地调整，适应自身作为华人族群的一些独特性。周敏曾提到，在自己所做的一份调查问卷中有这样一个问题："什么使你感到自己是华人。"许多学生答道："上中文学校"或"在中文学校里"。①

第二，为学生家长和教师提供生活便捷服务。北卡几所中文学校可以代发免费华文报纸，并与其他华人组织合作为学生、家长和教师代办中国签证。在凯瑞中文学校，每周末开课时，学校值勤人员都会把《华星报》②放在教学楼的入口处，以便学生、家长和教师取阅，这已经成为凯瑞中文学校的一个传统。此外，凯瑞中文学校联合北美科技协会北卡分会，每个学期都会在学校定期帮助学生、家长和教师代办签证，特别是中国签证，使他们不必再驱车前往华盛顿亲自办理，深受学生、家长和教师的赞扬。通常代办签证的工作人员还会给家长和教师当面或邮件中交代所需材料和证件等，对于签证政策的变化，也会及时与家长和教师进行解释沟通。此外，中文学校还为学生、家长和教师以优惠价代买华人活动的门票。

第三，举办各种讲座并组织参与各种社区活动，丰富学生、家长和教师的生活，同时也促进中文学校和华人社区的交流，为第一代华人移民提

① 周敏著，刘宏译："美国华人移民家庭的代际关系与跨文化冲突"，《华侨华人历史研究》，2006 年第 4 期，第 25 页。

② 2014 年 11 月，《华星报》被《侨报》收购，改名为《侨报周末》北卡南卡版。

供了一个重要的社交空间，使以前互不相识、互不往来的华人移民重建社会关系网络。[①] 北卡中文学校举办的讲座有投资理财、中医养生、书法艺术、插花、如何申请美国大学等内容。举办的活动有每年组织学生和教师排练舞蹈、歌曲等节目，参加当地华人的中秋和春节晚会演出等。此外，北卡一些中文学校每年都会组织师生和家长参加当地的龙舟比赛，如罗利汉语学校、凯瑞中文学校和夏洛特华夏中文学校，不仅团结了师生和家长的力量，还加强了和当地其他族裔的交流。同时，在龙舟文化节上，还可以欣赏各种文化演出，品尝各种美食。北卡中文学校的管理人士认识到，要想使中文在美国社会持续发展下去，必须走出华人自己的圈子。

第四，开展慈善募捐活动，号召师生和学生家长为学校生活困难的师生家庭或其他华人、美国难民以及中国受灾地区捐款捐物。华夏中文学校的一名中文教师家中不幸起火，房子和所有财物都被烧毁，华夏中文学校立即号召和组织全校师生和家长为这名教师一家捐款捐物，并为这名教师一家寻找暂时居住的地方，帮助他们渡过了难关。在北卡的绿堡市（Greensboro）与高点市（High Point）附近有一所多丽丝·亨德森新移民学校（Doris Henderson Newcomers School），专收刚抵美国的难民和新移民儿童，包含幼儿园到十二年级，但这所学校物资一直缺乏，尤其是冬衣。罗利汉语学校得知此事后，在 2014 年至 2015 年冬季，组织全校师生为这所移民学校募集冬衣。在老师和家长们的热烈响应下，两个周六的上课时间就募集到了 600 多件冬衣和几十双靴子。2015 年至 2016 年冬季，罗利汉语学校再次发起了为多丽丝·亨德森新移民学校募集冬衣的活动。每当中国国内发生特大灾难时，北卡中文学校都会及时伸出援助之手。2008 年四川发生大地震后，北卡各中文学校纷纷为灾区组织募捐活动。

北卡中文学校是美国中文教育领域中的一支新兴力量。经过 20 年的

① 周敏、黎熙元：“族裔特性、社会资本与美国华人中文学校——从美国华人中文学校和华裔辅助性教育体系的发展看美国华人移民的社会适应”，《世界民族》，2005 年第 4 期，第 38 页。

发展和改革，在数量、规模、运作和师资水平等方面取得了显著成果。但是，北卡中文学校目前也存在一些问题：

首先，运转资金紧张。如前所述，北卡中文学校属于非营利组织，运转资金基本来自学生所缴学费和个人与社会捐助。学校的正常运行勉强可以维持，却没有雄厚的财力建立自己的学校校舍、增强软件和硬件设备。有学者指出，伴随着中文学校的发展以及主体社会对华文教育的理解，越来越多的中文学校开始认识到应充分发挥自身非营利组织的优势，通过与美方学区、教育机构建立经常性的联系、争取社会力量办学等途径广开财路。①

其次，专业师资队伍建设比较薄弱。真正中文教学出身的教师在北卡中文学校中所占比例不是非常乐观，并且流动性较大，这在一定程度上会影响中文学校的教学质量。教师工资比较低，也是不能吸引或留住优秀专业人才的一个主要原因。这也是全美很多中文学校共同存在的问题。

最后，高年级生源流失现象比较严重。随着年纪越来越大，第二代华人的在校学习任务也相应加重，很多高年级学生和家长选择放弃继续学习中文。面对高年级生源的流失，北卡大多数中文学校都很无奈。

笔者认为，北卡中文学校可以使中文教育进一步向美国教育体制靠近，特别是升学体制，开设相关课程和活动，留住并吸引更多的学生。

除了中文学校外，北卡的公立学校也开设有中文作为第二语言的课程。不像中文学校，把中文教学细化为 CHL 教学和 CSL 教学，公立学校中第二代华人和其他族群的学生共同学习中文。第二代华人大学生也有机会接触中文。如北卡州立大学专门开设有 CSL 课程，供学生选修。笔者在北卡州立大学的合作导师是一名教授 CSL 课程的美国教授。笔者应邀旁听了他的几节课。他的班级有一名父母来自台湾地区的华人学生。据这位教

① 肖炜蘅：“当代美国华文教育浅析”，《八桂侨史》，1999 年第 3 期，第 39 页。

授介绍，这名学生的中文能力很好，明显高于班级的其他学生。此外，北卡州立大学孔子学院（参见图6－4）也开设有中文课程，面向北卡州立大学的学生和热爱中文的社会人士。在授课的同时，北卡州立大学孔子学院经常举办各种宣传中华文化的活动，吸引各族群人士前来参加，很多华人大学生也选择在孔子学院学习中文。

图6－4　北卡州立大学孔子学院十周年校园宣传活动

（笔者拍摄于2014年4月）

第三节　华文报纸

美国华文报纸出版地多设在华人聚集的旧金山、纽约、洛杉矶、波士顿、芝加哥、夏威夷和休斯敦等地区。美国最早的华文报纸创办于19世纪中叶加州淘金热时期，也是华侨开始赴美时期。19世纪70年代，随着在美华侨人数的迅速增长，华文报刊的发展也开始有了起色。这一时期的华文报刊有《旧金山唐人新闻纸》、《华人记录》和《华夏报》等。20世纪20年代后，美国华文报刊取得了较大的发展。第一次国共合作时期，创办有《国民日报》《光华日报》《大公报》等华文报纸。国共合作破裂后，美国华文报纸出现纷争。第二次世界大战后至20世纪70年代，由于国内形势和中美关系发生了巨大变化，美国华文报纸发展受阻，仅有少数华文报纸创刊和发行，如《文荟》、《新光大报》和《中美周报》等，但多由台湾当局控制。

20世纪70年代后，中美恢复建交，中国移民大量涌向美国，进而推动了华文报纸的快速发展。其中，既包括在美国本土创办的华文报纸，如《纽约日报》，还包括在香港地区和台湾地区创办的报纸的美洲版，如《中报》。1970年，美国的华文日报仅9种，华文周报12种。1971年以后的几年，每年都有少则几家、多则十多家报刊面世。据统计，1854—1990年，在美国各地出现过的华文报刊约380种，其中1971—1990年间创刊或继续出版的就有280种以上，约占总数的3/4。[①] 20世纪90年代，美国华文报纸呈现出多元化发展的趋势，种类和内容更加多样化，华文网络报纸也开始步入历史舞台。21世纪后，美国华文报纸更是得到了长足的发展，华文网络报刊迅速发展起来。美国华文报纸一个多世纪的发展历程，除了造就了一些大型的报业外，许多小型的华文报纸也力图在夹缝中求生存，求发展，求壮大。目前，学术界对美国大型华文报纸的研究较多，但忽略了对美国小型华文报纸的研究。为此，本书将以美国北卡罗来纳州华文报纸为例，阐述美国小型华文报纸的创刊历程和发展态势。

一、《华星报》的创刊与改版

由于华人移居北卡时间较短且人数不能与旧金山、洛杉矶、纽约、芝

① 张志营："美国华文报刊历史研究"，《新闻爱好者》，2010年第4期，第127页。

加哥和波士顿等相比，因此华文报刊在北卡一直没有获得较大的发展。再加之《世界日报》《星岛报》《明报》等华文报刊在美国的规模和影响力较大，可以在北卡华人超市买到或订阅到，已在一定程度上满足了北卡华人的阅读需求。随着北卡华人人口的不断增多和实力的增强，北卡华人渴望拥有自己所在地区的华文报纸，不仅可以了解中美新闻、社会、文化和娱乐等各方面，而且可以了解北卡华人和北卡社会的动态。在这样的大背景下，北卡华文报刊应运而生。21世纪初，北卡先后有几个华人创办了当地的华文报纸，但基本不到一年就停办了。大多因为毫无经验，势单力薄，或内容不当，无法继续经营下去或被叫停。其中，只有2003年8月创刊的《华星报》坚持了下来。

《华星报》的创刊人是胡燕萍女士。胡燕萍女士毕业于清华大学。毕业后，曾经在中国的外企工作了一段时间。2001年年底胡女士赴美，在芝加哥生活了一年。在此期间，她正好有个朋友在芝加哥做华文媒体工作，因此便有机会接触和了解华人媒体。2003年年初，胡女士从芝加哥移居到北卡三角区凯瑞市。胡女士通过朋友、北卡华人联合会和教会等途径结识了当地的一些华人，并经常和他们聚会讨论有关生活理念问题。在此期间，她开始萌生出如何通过平台来分享生活经验和信息这个问题。另外，当她到三角区华人超市取阅华文报纸时，发现这里并没有北卡华人报刊。这时，芝加哥朋友就鼓励她创办一份北卡华文报纸，而且三角区华人对华文报纸肯定是有需求的。于是胡燕萍女士便着手筹备创办报纸的事宜。她为她的华报取名为《华星报》，英文是China Star，定为免费月刊。

2003年1月，胡女士购买了排版软件，自学了三个月。当年五六月份，她发布出要创办华文报纸的消息，没想到当地华人都非常支持。很快，她便招来了她的第一任编辑。为了准备第一期报纸的版面内容和拉广告赞助，胡女士和她的编辑积极参加当地华人社区的各种活动。他们参加的第一个活动是当地一家华人饭馆的开张典礼。她就此写了一篇报道，并得到了报纸的第一个赞助。第一期排了十二个版面，包括本地新闻、电影、体育等专栏。他们对这十二个版面斟酌了多次后才最后定版。当时北卡华人联合会的会长杨汉娜也是北卡州立大学的中文教师，为《华星报》撰写了贺词。2003 年 8 月 8 号星期六，《华星报》第一期印刷 1 000 份。当天，胡女士和她的爱人亲自驱车赶往北卡华人联合会举办活动之处，向参加活动的华人免费分发和宣传《华星报》。这次活动大概有 800 人参加，因此第一期的《华星报》基本发放完毕，也使三角区当地的很多华人开始了解《华星报》。第二期《华星报》的发行量也是 1 000 份。自第二期开始，胡女士开始在三角区寻求合作的发行点，最终确定了大亚洲超市、美亚超市、华人餐馆和中文学校等处。自 2005 年开始，《华星报》又在北卡最大的城市夏洛特市增加了发行点。那时夏洛特还没有华人超市，《华星报》就放置在越南人的超市，另外还放置在华人餐馆、中文学校和教会。2008 年，随着实力的增强，胡女士把《华星报》改为双周刊，发行点增至 70 余个，遍及北卡大部分城市，名副其实地成为根植于北卡当地华人社区、吐露侨胞心声的中文报纸。随着《华星报》影响力的增加，其发行点还覆盖了比邻的南卡罗来纳州和田纳西州，使这两个州的华人也能够阅读到华文报纸。2013 年 10 月前，《华星报》还为读者提供免费邮寄服务。后来由于财政紧张，不得不终止免费邮寄服务，读者如果需要订阅，收取一定的手续费和邮费即可。每份《华星报》每期 1.35 美元，半年 35 美元，一年 68 美元。2013 年，《华星报》一期增至 20 版。[①]

《华星报》创刊之初采用的是中文简体字。当时有华人提出一个顾虑，认为居住在三角区的华人以高级知识分子居多，都通晓英文，创办华文报纸似乎没有很大的必要。胡女士则认为，虽然大多数北卡华人都能够阅读英文报刊，但是英文并不是第一代华人的母语，使用时终究取代不了中文

---

① 整理自与胡燕萍女士的访谈内容。

带给他们的独有的亲切感；再者，还有一部分华人，特别是老人，对阅读华文报纸的渴望会更加强烈。因此，创刊时她坚持使用中文简体字。在《华星报》的发展过程中，为了满足台湾地区和香港地区读者的需求，《华星报》又改版为中文简体字和中文繁体字并用。此外，《华星报》有的广告版面还使用英文，以满足不同读者的需求。①

《华星报》的版面内容包括导读、广告、本埠、中外观察、理财、话题、美食天地、教会、教育/儿童、文学/文化、旅游世界、网评世界、健康养生和时尚生活等，内容覆盖面广泛，有一定的深度，同时又不乏趣味性，自创刊以来一直深受北卡当地华人的喜爱。这与胡女士与时俱进的理念是分不开的。为了不断完善《华星报》的版面，她积极参加新闻传媒的各种培训和会议。2005 年年底，受中国驻美大使馆邀请，胡女士参加了中国侨办在中国人民大学举办的海外媒体高级研修班。这次研修班给胡女士的印象最为深刻，使她受益匪浅，不仅学习了有关新闻媒体的专业知识，还结识了其他海外华文媒体。同时，这次活动中的实地考察也让她更全面地了解了中国的现有国情。

从 2013 年 11 月 8 日起，原来涵盖南卡、北卡和田纳西州的《华星报》被《侨报》收购，正式更名为《侨报周末》北卡南卡版。《侨报》于 1990 年 1 月 5 日在美国纽约创刊，现已发展成唯一以中文简体字印刷出版的全美性日报，在众多美国中文媒体中影响力很大。《侨报周末》为《侨报》的子报，1999 年创刊，已在美国纽约、洛杉矶、旧金山、芝加哥、波士顿、新泽西、费城、华盛顿特区、休斯敦和西雅图等华人集中的美国大都会地区发行，是全美最具影响力和代表性的综合性大型中文周刊，也是全美发行量最大的中文周刊之一。《侨报周末》北卡南卡版变身为《侨报》扎根北卡、南卡华人社区，特别是北卡三角园区的周末报系新成员。

① 整理自与胡燕萍女士的访谈内容。

北卡州长 Pat McCrory 在贺函中表示，他代表北卡州，诚挚地欢迎《侨报周末》在北卡创刊，欢迎这份业界口碑很好的媒体来到北卡首府以及全州各地发行。《侨报》将北卡划入其服务区域，北卡州府为此深感骄傲。[①]

《华星报》并入《侨报周末》是一个互赢的战略。对《侨报周末》而言，如果在北卡创办华文刊物，首先面临的就是寻找办公地点和招募工作人员的问题，再者就是开拓市场的问题，同时也会造成与《华星报》之间的恶性竞争。《华星报》在北卡已经具有很大的影响力，收购《华星报》后，《侨报周末》可以借助它的影响力。此外，还能够利用《华星报》的现有资源，实现资源共享，在北卡顺利开展业务。对《华星报》而言，《侨报周末》在全美华文报刊中实力雄厚，与《侨报周末》合并后，在资金运作方面会更加从容，从而有利于扩大自身的发展规模。自 2013 年《华星报》改版为《侨报周末》北卡南卡版后，除了常规发行纸质版《侨报周末》北卡南卡版外，还依托《侨报》增加了网络版。虽然《侨报周末》北卡南卡版纸张发行量增加比较有限，但网络版点击量迅速增加，吸引了更多的读者。此外，《侨报周末》北卡南卡版还开发了微信平台，增强了信息交流的及时性和互动性。

《侨报周末》北卡南卡版每期两叠 20 个版，A 叠是新闻版，B 叠是生活休闲副刊，皆为彩色印刷，每周五发行，免费赠阅，为南北卡两州华人读者群提供全面的新闻、信息、文化、商务和休闲等信息服务。《侨报周末》北卡南卡版既保留了《华星报》原有的大部分版面，又增加了新的版面。新闻版包括要闻、本埠新闻、热点话题、热点聚焦、环球视窗和广告等版面。新闻报道范围全面，融汇了中国、美国、北卡以及世界其他地区的重点、热点新闻。生活休闲副刊分为娱乐、热帖、健康、华人、教会、美食、移民、史海、华文、文学和分类广告等版面，收纳东西娱乐、文

---

① 参见 http://www.chinanews.com/hr/2013/11-09/5482224.shtml。

化、健康和美食的精彩内容。有时，根据情况，版面主题也会做出相应调整。《侨报周末》北卡南卡版一方面保留了中华文化的特点，另一方面又向当地华人社会传递了美国主流社会的动态信息。《侨报周末》北卡南卡版在致读者创刊词中提到，首先要做华人社区传递声音、表达情感、互帮互助的“信息桥”，也应是一座融通文化、守望家园的“心桥”，联结中美两国、本地华人社区和美国社会，促进文化交流、经济协作和情感互通，还是一座通向外部世界的“天桥”。

二、华文报纸的社会作用

关于华文媒体对华人移民社会生活方式的影响和对华人移民融入美国主流社会的影响，学术界有不同的观点。同化论者预言，当移民被主流社会同化之后，他们最终会放弃自己原有的文化观念、习俗和族裔社区；而多元化论者则认为，移民最终通过自己族群内的制度机制找到在美国生存与发展的空间。[①] 目前来看，同化论者的观点还没有得以证明，多元化论者的观点得到了彰显。在多元文化的大环境中，美国华文媒体大放异彩，成为美国华人社会生活中不可或缺的一部分。周敏认为，作为一种族裔组织的制度机制，华文媒体对移民适应新环境和新生活所起的正面作用远大于负面作用。[②] 北卡华文报纸在北卡华人社会文化适应中发挥了重要的作用。

（一）促进了北卡华人社区内的信息流通和社会交往，增强了北卡华人的族群认同

首先，北卡华人社区举办的重大活动信息和报道每次都会在《华星

① Conzen Kathleen Neils, “Mainstreams and Side Channels—The Localization of Immigrant Cultures”, *Journal of American Ethnic History*, II Fall, 1991.

② 周敏、蔡国萱：“美国华文媒体的发展及其对华人社区的影响”，《社会学研究》，2002 年第 5 期，第 93 页。

报》及其改版后的《侨报周末》北卡南卡版上登出，鼓励当地华人踊跃参加、时时关注活动进展和成果，以每年华人的中秋晚会和春节晚会信息以及相关报道最为引人注目。每次《华星报》及其改版后的《侨报周末》北卡南卡版都会利用较大的版面对此进行详细的追踪报道，从节目准备情况、门票购买方式到晚会的全程细节，让读者有身临其境之感。当北卡华人创立新的华人社团或北卡华人社团举办各种大型活动时，《华星报》及其改版后的《侨报周末》北卡南卡版也会及时进行报道和宣传。如 2016 年 2 月 25 日，《侨报周末》北卡南卡版本埠新闻版面刊登了北美科协北卡分会、北卡中美生物科技协会和中国深圳市驻北美经贸代表处共同在三角科技园区举办的中美创业讲座的主要内容。

其次，《华星报》及其改版后的《侨报周末》北卡南卡版的广告信息较多。一则广告费的收入可以保证报纸自身正常运行，二则可以在商家和当地华人之间架起沟通的桥梁，满足双方的需求。其中包括房地产广告、个人律师和律师事务所广告、保险广告、旅行社广告、医疗广告、招聘广告和餐饮业广告等。这些广告商家大多数是当地的华人。读者可以根据广告信息和自己的需求，联系商家咨询和接受相关服务，免去了语言不通的不便。最典型的例子就是医疗广告的作用。很多在北卡的第一代华人英文不太好，有的虽然日常生活能够应付，但一走进非华人的诊所或医院就会遇到很大的语言障碍。因此，这里的很多华人倾向选择华人开设的诊所就医，可以轻松地了解自己的病情。在《华星报》及其改版后的《侨报周末》北卡南卡版上就可以找到当地华人诊所的信息。

最后，《华星报》及其改版后的《侨报周末》北卡南卡版也时常会在当地华人社区举办一些活动，号召广大华人读者和群众参与。《侨报周末》南北卡读者俱乐部 2014 年 4 月 12 日首次组团到华盛顿赏樱花，参团的 49 名游客中，除一人来自南亚外，其他都是华人同胞。自 2013 年起，《侨报》开始举办“青少年儿童中文写作大赛”，《侨报周末》北卡南卡版负责组织北卡和南卡的写作大赛。2015 年第三届青少年儿童中文写作大赛，北卡和南卡赛区 23 名学生参与了该项大赛。《侨报周末》北卡南卡版还对参赛选手的写作过程和学习中文的故事进行了连续报道，展示了选手风采的同时还分享了家长们的经验。随后，《侨报周末》北卡南卡版举办了颁奖典礼活动，同时还宣布成立小记者俱乐部，激励华裔少年学习中文的热情。担任颁奖仪式主持人的是《侨报周末》北卡南卡版的当地编辑冯华女士，她在开场白中表示："在美国，我们华人就像是散落一地的珠子，而中文就像一根柔弱又强韧的串丝线。它使我们零散的、疏离的个体找到联结，进而成精神相通、忧戚与共的社群。"[①]这次活动的赞助商主要是包括联想集团和大亚洲超市在内的多个当地华人商家。

《华星报》及其改版后的《侨报周末》北卡南卡版为华人社区传递信息、加强华人之间的联系、促进社区建设做出了很多努力。正如一位读者所言："原来在这里的生活没觉得有什么特别的。有了《华星报》以后，觉得我们这个社区就动起来了"。[②]

（二）成为连接北卡华人和中国以及中华文化的纽带，缓解了他们文化上的焦虑

《华星报》及其改版后的《侨报周末》北卡南卡版会专门报道中国发生的重要事件和中国政府的方针政策，让华人随时了解祖籍国的发展变化。娱乐版中设有专门版面讲述中华美食的故事和制作、中国娱乐圈中明星大腕的故事、中国文化界的名人名作。此外，《侨报周末》北卡南卡版还向北卡华人征集杰出的中文自创作品。此举得到了北卡华人的积极响应，其中很多作品都表达了作者对中华文化的热爱和对故乡的思念之情。夏洛特市的李勐先生是一位酷爱中文写作和写诗的人士。他的《假如有来

① 参见 http：//ny. usqiaobao. com/junior - reporter/2015/01 - 21/256. html。

② 整理自胡燕萍女士与笔者的访谈内容。

生，我愿做一颗榕树》一文，情深意切地表达了他本人对父母、对兄弟姐妹、对故乡挥之不去的思念。此外，李勐先生在该报上还发表了多篇主题丰富的精彩作品——《窗外，冬来了》《一幅感恩的画》《旧城旧事》等。正如中国驻美大使崔天凯在《侨报周末》北卡南卡版创刊的贺信中所称赞的："《侨报周末》北卡南卡版的发行，是《侨报》发展的新举措，为北卡罗来纳、南卡罗来纳地区华侨华人和留学人员乃至美国主流各界深入了解中国社会、经济、科学、文化等领域的最新发展又开辟了一扇窗口。"①

（三）拓宽了北卡华人了解主流社会信息的渠道，帮助北卡华人适应美国主流社会的生活

多元文化主义认可每个族群文化的价值，尊重族群文化间的差异，同时也滋生了族群间的隔离或对立，使个体族群趋向于自我封闭。多元文化主义下的少数族群传媒也存在类似的情形，注重本族群文化的保留和传播，远离主流社会文化。这是少数族群传媒副作用的表现。因此，现代少数族群媒体在发展过程中，应当注重与主流社会文化的互动。作为美国华文媒体之一，《华星报》及其改版后的《侨报周末》北卡南卡版在一定程度上对美国主流社会文化给予了关注。除了报道中国和北卡华人社区的信息外，《侨报周末》北卡南卡版同时也会报道美国主流社会各方面的重大新闻事件、移民政策解读、教会和文化娱乐事件，使当地华人在关注中国和所在社区的同时，也关注美国社会正在发生的变化。如美国政府的政策取向、种族事件、美国房地产投资建议、美国大学录取信息等。其中，《侨报周末》北卡南卡版较为关注与美国华人切身利益有关的国家政策和法律法规等。每当美国政府或各州政府做出不利于华人的政策提议，《侨报周末》北卡南卡版都会进行专题报道，为全美华人发声，维护华人权

① 参见 http://finance.ifeng.com/a/20131219/11302128_0.shtml。

益，例如2014年3月21日总第20期刊登的“加州众议会退回SCA5”一文。尽管报道美国主流社会信息在《侨报周末》北卡南卡版中所占的比例小于有关北卡华人社区和中华文化的报道，但也是该报纸不可缺少的一部分。身处美国，就必须了解美国的国情和社会生活环境，并做出适当的调整。诚然，作为华文传媒，整体上看，《华星报》及其改版后的《侨报周末》北卡南卡版还是以服务北卡华人社区和中华文化的传播为首要目标。

周敏认为，在民族人口较为集中、族裔经济较为发达、族裔传统习俗制度又相对较强的环境下，华文媒体也有一些负面影响，华文媒体最明显的负面影响是有碍于华人移民与其他族群个人之间的交往。作为一种族裔社区制度机制的族裔传媒，它会增加移民的“自己人”感觉，减少他们向其他族群扩展社会网络的需求。① 在北卡，华人人口虽然相对集中在三角园区和大夏洛特地区，但和洛杉矶、旧金山、芝加哥和纽约等华人高度聚集的地区相比相差甚远，更没有形成华人聚集的唐人街。因此，中华传统习俗制度的体现程度和经济水平方面也存在差异，北卡华文媒体的负面影响力和上述地区相比也不显著。笔者每周末到大亚洲超市购物时观察到，《华星报》及其改版后的《侨报周末》北卡南卡版都被放置在超市进出口处。当华人顾客进出时，大多都会随手取一份边走边读或带回家阅读。对于超市中售卖的其他华文报刊——《世界日报》《星岛报》《明报》似乎不是很关注。笔者认为，主要原因应当是《华星报》及其改版后的《侨报周末》北卡南卡版是免费取阅，而以上三种报纸则需要购买。在凯瑞中文学校也是如此，报纸也是被放置在教学楼的进出口处，家长可以自由拿取，在等待孩子上课的时间，在休息室中阅读。有时，几个家长还会一同聊聊报纸中报道的事件，发表各自的看法。可见，《华星报》及其改版后的《侨报周末》北卡南卡版在某种程度上使北卡华人更加关注自身所属的

① 周敏、蔡国萱：“美国华文媒体的发展及其对华人社区的影响”，《社会学研究》2002年第5期，第95页。

华人族群。这一点在《侨报周末》北卡南卡版的创刊目的中体现了出来："它将植根当地华人社区，接侨社之地气，抒侨胞之心声，为南北卡两州华人、学界和高端科技界读者群提供服务，为大家带来丰富的精神及文化营养。"①

在传媒领域，这种主流文化的统领状态不仅表现为面向多数大众的英文主流媒体占据垄断地位，族群传媒依然处于边缘化境地，还体现在主流媒体与族群媒体之间互动交流关系的单向性，经济实力、文化地位与受众数量处于劣势的族群传媒只能被动地接受美国主流社会的看法与评价，而难以向美国主流社会传播其族群文化。② 据统计，2010 年在北卡有 189 份报纸，其中有 48 份日报。它们当中 75% 属于 100% 是当地化的社区周报。罗利地区最大的日报是《新闻与观察者》（*News & Observer*），日发行量达到 17 万份。③ 作为少数族群报纸的《华星报》及其改版后的《侨报周末》北卡南卡版的影响力显然不能与《新闻与观察者》这样的主流大报同日而语。然而，这并不能否定北卡华文媒体和北卡主流媒体之间存在有效互动交流的可能性。作为少数族群媒体的《侨报周末》北卡南卡版需要付出更多的努力，改变现存的不对等局面，才能让北卡主流媒体能够正面地关注华人群体，从而树立北卡华人的良好形象。2007 年 11 月 15 日，《华星报》荣获当地政府"国际社区和经济发展奖"提名奖。该奖项共有 3 个获奖者，12 个提名奖。《华星报》是此次获奖的唯一华人社团机构，引起了北卡主流社会的关注，也成为华人社区的骄傲。这也是北卡华文媒体在北卡主流媒体面前一次自身风采的华丽展示。

诚然，在美国很多州，像北卡《华星报》这样的小型华文报纸依然还

---

① 参见 http://www.chinanews.com/hr/2013/11-09/5482224.shtml。

② 殷琦："美国华文传媒：多元文化主义背景下的发展状况"，《厦门大学学报（哲学社会科学版）》，2015 年第 6 期，第 42 页。

③ 陈凯、黄小强："垄断与危机——美国北卡州 Sanford-herald 社区日报采访记"，《传媒》，2010 年第 11 期，第 57 页。

在激烈的竞争中生存与发展，力图在美国的多元文化中展现华人族群的独特性和融入主流社会的意愿。美国大型华文报纸尚且生存艰难，小型华文报纸更是如履薄冰，它们所面临的问题十分现实和严峻。其中一个主要问题是经济效益不佳，广告收入和赞助不稳定或低下，经常导致入不敷出，濒临破产解散。另一个问题是，通常这些小型华文报业机构只由一个老板和一两个或几个员工构成，且员工大多是兼职人员，缺乏专业水准，致使报纸质量差，内容欠佳，存在错别字和排版错误。此外，美国小型华文报纸的发行量相对较小，发行点有限，多集中于华人超市、中文学校和华人餐馆，很难扩大其影响力，这也是造成其经济效益不佳的一个重要因素。互联网的冲击更令美国小型华文报纸举步维艰，迫使它们进行经营模式转型，但又缺乏相应的高科技人员、经验以及财力的支持。然而，在美国，华文报纸还是有一定的市场需求的，那么，如何开发和利用这一市场，与大型华文报业分得一杯羹？这已是美国小型华文报业亟待解决的问题。笔者认为，美国小型华文报纸首当其冲要做的是提高和完善自身专业做报的能力，才会吸引更多的关注，才能谋求发展壮大。美国小型华文报纸也可以借鉴《华星报》的经验，寻求与大型华文报纸的合作或合并，借助大型华文报纸的雄厚实力促进自身的发展，为美国华人社区做出更大的贡献。

第七章　宗教信仰的本土化与族群性

19世纪40年代末，伴随着第一批华人移民美国，中国传统的宗教和神灵信仰也漂洋过海到了美国。由于身处异国，遭到各种歧视，举步维艰，美国华人不得不借助中国原有的宗教和神灵信仰，慰藉孤独和痛苦的身心，获得一份内心的平静和安全感。19世纪下半叶，华人在加州和纽约等华人聚集地建立了较多的庙宇。其中，加州所建庙宇最多。“加州正规庙宇甚多，凡中国人居住的居留地，每为中国庙宇的所在。所有矿场、市镇及捕鱼的营幕，均立有此等庙宇，犹白种人之有基督教堂然，为祭祀神祇之所。”① 1850年，华人在北加州萨克拉门托的玛丽斯维尔建立了北溪庙（Bok Kai Temple，也称柏凯寺），庙中供奉的北溪神就是水神，以保佑中国移民能够安然横渡太平洋，到达彼岸的美国。1850年，华人在旧金山建立了关帝庙和妈祖庙。这三所寺庙同时也是华人早期的议事厅或同乡会馆。至1883年，旧金山的华人庙宇多达13所，分属7个不同的会馆。至1882年，纽约华人所建庙宇有两所，直至目前还是两所。芝加哥没有建立华人庙宇，但有几处私人祭坛。这些庙宇大多供奉关公、妈祖、观音和玉皇大帝等神灵。杨凤岗认为，美国华人老移民虽然在美国也拜菩萨，建了不少庙，但那些应该基本归类为中国民间宗教的神庙，并且随着第一代华工（或华商）的离去或离世而关闭或衰落。② 第二次世界大战后，随着新

① 刘伯骥：《美国华侨逸史》，（台北）台湾黎明文化事业公司1973年版，第462页。

② 杨凤岗：“北美华人佛教的本土化”，《中国民族报》，2009年4月8日第005版宗教周刊，第1页。

华人移民和难民的到来，佛教在美国得到了长足的发展。20 世纪六七十年代，著名的虚云弟子宣化上人所领导的法界佛教总会在美国西海岸建造了金山寺、万佛寺等一系列寺庙，吸引了不少美国人皈依和出家。20 世纪 80 年代始，中国香港和台湾地区的新兴佛教团体纷纷来到美国，在美国一些大中城市建立了佛光山、慈济道场、雷藏寺和玉佛寺等寺庙。

基督教在美国人的文化生活中占据着重要的地位。据美国盖洛普民意测验公司 2015 年的报告，美国人口中，75.2% 是基督教徒，5.1% 是基督教外的其他宗教徒，19.6% 的美国人说自己没有宗教信仰。基督徒中大约 50% 是新教徒或其他非天主教的基督徒，24% 是天主教徒，2% 是摩门教徒。年龄越大，信仰基督教的比率越高。[①] 虽然自 2008 年以来，美国信仰基督教的人数比例一直呈下降趋势，但基督教在美国各宗教中还是占据主导地位。基督教在美国华人赴美后，便开始了向华人传教的活动，基督教信仰开始步入华人生活。1853 年，在美国白人长老会的协助下，第一家华人基督教会在旧金山成立。接着，在其他华人聚集的地区，如大波士顿地区、纽约地区等，华人基督教会也纷纷成立。尽管经济上有赖于美国其他基督教派，但自 20 世纪初起，美国华人教会逐渐改为由华人领导。20 世纪 60 年以前的华人基督徒主要是老一代华工移民及其后代。20 世纪 60 年代之后，随着华人新移民数量的剧增，美国华人教会的规模和力量也随之迅速壮大。美国华人教会在经济、管理和宣教等方面开始独立，并取得了较大的发展。20 世纪 60 年代至 70 年代末，美国华人基督徒的结构发生了变化，来自中国台湾和香港地区的移民构成了华人基督教徒的另一个中坚力量。20 世纪 90 年代，中国大陆的大学生纷纷赴美留学，其中很多留学生选择定居美国，并有一部分人皈依了基督教，致使美国华人基督教徒的成分又一次发生了改变。此后，随着越来越多华人新移民的到来，美国华

① 参见 http：// www. gallup. com/poll/187955/percentage - christians - drifting - down - high. aspx? g_ source = Chr istians% 202015&g_ medium = search&g_ campaign = tiles。

人基督徒的规模也在发生变化。至20世纪90年代末，美国华人教会达到了800多个；至21世纪初，华人教会和福音机构超过了1 800家。[①] 尽管目前中国大陆移民会众的增长势头超过了中国港台地区的移民，但华人教会的领导权仍由港台地区的移民掌握。[②] 北卡华人的宗教信仰主要也是佛教和基督教，既保留了中华文化的特点，也融入了美国的主流文化元素，形成了独特的华人佛教和基督教文化。

第一节　佛教的本土化

在北卡，华人佛教信徒基本上都聚集在北卡佛光山协会。佛光山由星云大师于1967年在台湾高雄创建，主张以出世的思想做入世的事业。1991年，国际佛光会世界总会成立，以实现星云大师“佛光普照三千界，法水长流五大洲”的人间佛教宏愿，让佛教人间化、生活化、现代化，超越宗派、种族和国界，朝国际化发展。此后，国际佛光山世界总会在世界各地先后建立了170多家佛光山协会和分会。国际佛光山美国协会在美国华人佛教信仰与传播活动中的表现非常突出，具有重要的影响力。其中，本土化是国际佛光山美国协会在美推行佛教时最为重视的一个方面。北卡佛光山协会立足北卡，在佛事活动和宣传等方面致力于本土化改良，同时为社会提供各种慈善服务。

一、北卡罗来纳佛光山协会

相对于北卡华人基督教会的数量和华人基督徒人数而言，北卡华人佛教寺庙数量和信徒人数相差甚远。目前，华人佛教庙宇只有一个——北卡

① 白玉广：“美国族裔政治的发展与华侨华人在中美关系中的作用”，《国际论坛》，2014年第5期，第62页。

② 李爱慧：“当代美国华人基督教徒的构成”，《世界民族》，2009年第4期，第73页。

佛光山协会，华人信众也较少。然而，北卡佛光山协会满足了北卡华人对佛教信仰的追求。查尔斯·普莱比什（Charles S. Prebish）把美国佛教分为两种——亚洲移民佛教（Asian Immigrant Buddhism）和美国皈依佛教（American Convert Buddhism），并提出佛教从亚洲转变的三分法：精英佛教（Elite Buddhism），把佛教输入到美国；福音派佛教（Evangelical Buddhism），把佛教输出到美国；族群佛教（Ethnic Buddhism），伴随亚洲移民在美国生根。[①] 按照普莱比什的划分方法，北卡佛光山应当属于族群佛教，因为它的信徒基本上都是移民到美国的华人，但也兼有福音派佛教的特征，原因是北卡佛光山是国际佛光山协会的一个分支，而国际佛光山协会同时也招募非华人或非亚裔信徒。

北卡佛光山协会是国际佛光山世界总会在美国北卡州的分会。[②] 北卡佛光山协会的前身是成立于 1992 年的北卡禅境中心，位于凯瑞市。2010 年，北卡佛光山协会（IBPS NC Temple）正式落成，位于首府罗利一个环境幽静的地方。从建筑外貌上看，北卡佛光山协会与传统的佛教庙宇大不相同，完全看不出这是一座庙宇，而像是一所休闲度假中心，颇具现代气息，内部也是传统与现代的结合。北卡佛光山协会占地约 1 672 平方米，内部由佛堂、禅堂、教室、图书馆、厨房、滴水坊等几个部分组成。成立之时，北卡州长和众议员代表纷纷祝贺，北卡地区各国人士也前来献香祝贺，体现了北卡州政府和民众对佛教信仰的尊重和热情。北卡佛光山秉承佛光会的服务目的：以弘扬人间佛教为宗旨，以教育培养人才，以文化弘

---

① Charles S. Prebish, "Family Life and Spiritual Kinship in American Buddhist Communities", In *American Buddhism as a Way of life*, Gary Storhoff and John Whalen - Bridge (eds.), Albany NY: State University of New York Press, 2010, p. 153,

② 1991 年 2 月 3 日，在星云大师的领导下，"中华佛光协会" 在中国台湾创立。1992 年 5 月 16 日，"国际佛光会世界总会" 成立并在美国洛杉矶举行第一次会员代表大会。国际佛光会在 "尊重与包容" 的理念推动下，秉承星云大师 "佛光普照三千界，法水长流五大洲" 的思想，在全球各地积极弘扬人间佛教。在美国、加拿大、澳大利亚、新西兰、法国、德国、英国、菲律宾、日本、韩国、印度、巴西、南非等五大洲一百多个国家和地区相继成立了国际佛光会组织。详情见 http://www.blia.org/content/。

扬佛法，以慈善福利社会，以共修净化人心。北卡佛光山协会一向遵从国际佛光山世界总会制度。凡是关于人事奖惩、调职、财务会计、出家受戒、道场建筑，以及僧团清规和僧众等进修、福利办法，均有详细的制度。佛光山协会的组织和管理机构是理事会，由会长、督导和若干名理事组成，每月召开一次理事会议，讨论协会相关事宜。运转经费主要源于会员的会费、信徒功德捐赠、法事服务功德捐赠和社会功德捐赠等。北卡佛光山协会以法会共修、佛学讲座和读书会为主，还为佛光山信徒提供婚、丧、喜、庆等佛事服务。此外，北卡佛光山协会还进行急难救助和社区公益服务等。由于脱离了原有中国传统佛教的大环境，像世界其他佛光山一样，北卡佛光山在保留中国传统佛教精华的同时，在诸多方面也做出了相应的调整，以适应陌生的环境。这也反映了星云大师 2001 年提出的“本土化”主张。“所谓‘本土化’，就是要让佛教依各地的文化思想、地理环境、风俗民情之不同，发展出各自的特色。”①

北卡佛光山协会的信徒以当地华人为主，其中来自台湾地区的华人信徒占大多数，还有一部分是来自东南亚、香港地区和大陆地区的华人信徒。在华人比较集中的美国一些州，来自东南亚的华人通常会选择加入带有东南亚佛教特色的佛教组织，如天后宫、明月居士林。目前北卡还未出现明月居士林和天后宫这样的佛教组织，因此，来自东南亚的华人佛教信徒会选择北卡佛光山协会。首先来看一下北卡佛光山信徒为何会选择信仰佛教。诺埃尔·Y. 林曾经对北卡佛光山协会华人信徒的皈依历程进行过调查，并列出了几个主要的皈依动机：有的人是因为家庭或朋友的影响，如父母一方或双方都是佛教徒，从小便跟随父母做佛事，成年后也顺势皈依了佛教；有的人因为家庭发生重大变故，为寻求心灵的慰藉而皈依了佛教；有的人因为自身想深入探索精神领域，认识生命的意义；还有的人是

① 星云大师：《在人世与出世之间》，上海人民出版社 2010 年版，第 385 页。

图7－1　北卡佛光山图书馆

（笔者拍摄于2014年3月）

因为从中国移民到美国，生活环境发生了很大的变化，一时难以适应，便通过佛教来缓解内心的忐忑。①

此外，有的华人信徒在移民美国之前就已经皈依佛教。北卡佛光山协会前任会长储会长就是在移民美国前在中国台湾皈依佛教的。储九岁时就皈依，开始学禅打坐。她说自己一个好动的孩子，每天学打坐能使她静下来。后来随父母移民美国，在纽约生活了一些年。在纽约期间，她一直坚持打坐。1995年，自纽约移居北卡后，储加入了北卡佛光山协会。另一个值得关注的现象是，北卡佛光山协会信徒和家庭成员的宗教信仰具有多元化的特点。有些信徒在皈依佛教之前曾经是其他宗教的信徒，或是曾经接触或体验过其他宗教，特别是基督教。有些信徒的家庭成员是基督徒、天主教徒或其他宗教的教徒，但依然没能阻止他们皈依佛教。觉泉法师是在

① Noel Y. Lin, *Find Buddha in West—An Ethnographic Study of a Chinese Buddhist Community in North Carolina*, for the degree of Master of Arts of UNC at Chapel Hill, 2001.

基督教环境下长大的。她的父母由于工作繁忙，几乎没有时间留给宗教信仰。儿时照顾她的保姆是一个虔诚的基督徒，经常带着她去教会。基督教给儿时的觉泉法师留下了美好的印象，但是上了大学之后，她开始对佛教教义萌生兴趣，最终不顾父母的反对，剃度出家。[①] 储的家庭成员的宗教信仰也是典型的多元化的。储说她家是一个宗教自由的家庭，她的奶奶是基督徒，爷爷一直无宗教信仰，但去世前的几年皈依在星云大师门下；储虽然自己是佛教信徒，但她的丈夫是西班牙裔，一个天主教徒。她的丈夫每周都会陪她到北卡佛光山协会上佛学课，做义工。她说她的丈夫把佛教当作一种生活中的哲学来学习。储有两个儿子，她并没有强迫自己的两个孩子信仰佛教。她觉得孩子的成长环境和自己的成长环境是不同的，应该采取包容的心态，让孩子们体验不同的宗教，让他们自己去做选择。在两个孩子小的时候，储曾经送他们去参加各种宗教活动，对比之下，最终他们还是选择了佛教。

就像储的丈夫一样，北卡佛光山协会也有其他族群的人士皈依。北卡佛光山协会落成启用当天，来自芝加哥、波士顿和迈阿密等州佛光山的多名法师前来参加典礼。《人间福报》发行人心定法师为 130 位戒子主持三皈五戒典礼，还有大约 30 位戒子皈依。同时，她还为来自美国其他州的近 30 名美籍人士和其他大众一同受戒。又如 2011 年 10 月，北卡佛光山协会的永瀚法师为 15 名来自佛罗里达州光明寺的英语学员主持了皈依仪式，使他们正式成为佛教徒，并向他们颁发了皈依证书。和华人佛教信徒相比，北卡佛光山协会非华人信徒的比例还很有限。星云大师提到："假如现在佛光山海外的分别院、西来寺由美籍的出家人当主持，南天寺、中天寺由澳洲籍的出家人当主持，南华寺由非洲籍的出家人当主持，其他的各个地方也都是由当地的人士主持；如果佛光山现在把佛教发展到这个程

① Noel Y. Lin, *Find Buddha in West – An Ethnographic Study of a Chinese Buddhist Community in North Carolina*, for the degree of Master of Arts of UNC at Chapel Hill, 2001, p 26.

度，那将是一个怎么样的盛况呢？”[①]这是星云大师对佛光山未来本土化的美好期许，虽然目前来看需要走的路还很长，但北卡佛光山协会一直朝本土化的目标努力着。

二、佛事活动与宣传方式

为了让更多的北卡本土人士了解佛教，有兴趣加入佛光山，北卡佛光山协会每年都会举办对外开放日活动（Open House），敞开大门，欢迎当地人士前来参观。首先，为来访者准备有关佛光山和北卡佛光山协会的简介、北卡佛光山协会的佛学讲座以及共修法会安排日程等资料。接着，还会带领来访者参观玉佛殿，体验佛学班，体验禅修，并就来访者提出的各种问题给予解答。如佛教对地狱与轮回的看法、佛教各宗派的异同、道场建筑的象征意义等。除了开放参观日活动外，北卡佛光山协会也会接待随时到来的访客。笔者在没有预约的情况下，在一个周日的早晨首次拜访了这里。在入口处，有信徒接待笔者。进入寺庙时，出于尊敬，首先要更换鞋子。入口旁即为正殿——玉佛殿。换鞋完毕，笔者在入口处看见了介绍佛光山、星云大师和佛教的一些中英文手册，便取阅了一些。笔者想参加这里的佛学英文社教课程，于是一位信徒便指引笔者来到英文社教课程教室，里面大概有 10 人，除了华人外，还有几名白人。课堂上，主讲老师用英文阐述了佛教关于过去、现在和未来的关系，并进行了讨论，时长 50 分钟。课程结束，就到了法会共修时间，所有信徒和访客都聚集到玉佛殿外。这时，所有皈依的信徒都换上了吉祥服，在法师的带领下依序进入玉佛殿，大家各自找好自己的位置后，面向玉佛，在佛乐的伴奏中，法师带领大家进行敬拜。随后，大家分别跪在了各自的蒲团上，每个蒲团旁都摆放了一本中文的《金刚经》。接着，法师带领大家共诵《金刚经》。不懂

---

① 星云大师：《在入世与出世之间》，上海人民出版社 2010 年版，第 385 页。

英语的华人或其他族裔人士可以带上耳麦，跟随汉语拼音一起诵读，时长一个小时。这天，正好有一家信徒要为刚去世不久的一位家人做法事。因此，法会共修结束后，法师让所有信徒和访客转身面向玉佛殿后一个角落的佛龛，共同为逝者超度。法事过后是午餐时间。北卡佛光山为信徒和访客提供免费的自助素餐。进餐时，笔者了解到，这里的自助餐都是信徒自愿无偿提供的。一位来自马来西亚的华人信徒说今天的自助餐是她家做的，她家是经营餐馆的。用餐时，笔者遇到 3 名来自北卡大学的白人学生，于是问他们为什么来这里。他们回答说觉得这里很神秘，想了解一下。午餐后，来此体验的访客开始离开。离开前，对佛教感兴趣的访客可以登记。为了使信徒和访客深入了解佛教，自 2013 年始，北卡佛光山协会每周日上午还同时安排了观看和学习《僧事百讲》活动，从中学习佛教的常识和典故。[①]

每逢重要的佛教节日，北卡佛光山协会都会举办隆重的法会庆祝活动，如佛诞节、盂兰盆节、观世音菩萨成道节等。法会庆祝活动中还会为信徒和访客祈福，通常都会吸引当地华人和其他族裔人士前来参与。如 2011 年 7 月，为庆祝观世音菩萨成道纪念日，北卡佛光山启建大悲忏法会首次举办“毓麟祈福”典礼。大约有 150 名华人和其他族裔人士参加了礼忏和观礼。为了让礼忏者可以专心地持诵大悲咒，北卡佛光山协会采用了定点式绕坛的方法。大悲忏法会结束后，“毓麟祈福”典礼开始，佛堂响起“观世音菩萨”的圣号，永瀚法师用英文诵读了星云大师所著的“为新生儿祈愿文”，为所有新生儿洒净，挂上观音菩萨像，祈求他们平安顺利、健康快乐。永瀚法师向大家讲述了“鸽子是观世音菩萨”的故事，观音菩萨寻声救苦，母亲是观音菩萨的化身，无怨无悔的付出。图 7－2 为“毓

① 《僧事百讲》由国际佛光会世界总会会长、台湾佛光山星云大师主讲。通过佛光山国际万源三坛大戒戒会总督导慈惠法师的提问和星云大师回答的方式，向佛教信徒和社会大众介绍和讲解佛教的礼仪、道场规矩和戒律等知识。《僧事百讲》被分为丛林制度管理、礼仪常识、僧侣的完成、各种修持、弘法利生、佛门饮食六个部分。2011 年录制三个多月完成，共计 104 集。

麟祈福”典礼的宣传单。

新生命滿載著父母長輩的期望與祝福來到人世間，每一對父母都希望自己的孩子能夠健康成長，智慧通達，福德圓滿。北卡佛光山特別舉辦毓麟祈福法會，為新生兒祈福，祝福每一位新生兒在佛菩薩的護佑下，有一個幸福美好的未來。

一、報名資格：0至6歲的小朋友
二、典禮日期：2015年5月3日
三、典禮時間：下午2:00
四、典禮地點：北卡佛光山玉佛寶殿
五、報名日期：即日起至2015年4月26日止
六、報名費用：隨喜

北卡佛光山
2529 Prince Drive, Raleigh, NC 27606　Tel: (919) 816-9866　Email: nc@ibps.org　web: ibpsnc.org

图 7－2　北卡佛光山毓麟祈福礼宣传单

资料来源：http：//www. eventbrite. com/e/children－blessing－ceremony532015－tickets－16642712802。

笔者曾参加了北卡佛光山于 2014 年 5 月 18 日举办的佛诞节法会活动。佛诞节浴佛法会是佛教中一个非常重要的活动，庆祝佛诞的同时也可以为自己和家人祈福。除了北卡佛光山协会的信徒外，还有其他佛光山协会的信徒前来参加，包括 10 位来自佛光山华盛顿特区分会的理事。访客中可以看到各个族裔的面孔，其中还有一些儿童。上午 10 点半，在法师的主持下，法会准时开始。参加此次活动的信徒和访客皆脱鞋着袜依次步入玉佛殿。首先是进行上献十供养的仪式。仪式结束后，信徒和访客在法师带领下共同唱诵了几篇经文。经文诵读完毕便开始了本次法会最为隆重的浴佛仪式。玉佛殿前摆放着一尊幼年的释迦牟尼佛，全体信徒唱起浴佛偈文：“我今灌沐诸如来，净智功德庄严聚，五浊众生令离垢，愿证如来净法身。”信徒依次上前，拿起竹筒，为幼年释迦牟尼佛像洒水沐浴。这次佛诞节法会大概持续了 2 个多小时。法会结束后，信徒和访客共进了斋

饭。斋饭后，北卡佛光山交响乐团进行了精彩的春季演出。

在推进本土化过程中，北卡佛光会青年分团的工作也是其中一大特色。北卡佛光青年分团是国际佛光会青年总团部的一个分支，北卡佛光会协会负责指导和监督工作。星云大师认为，想了解一个国家的未来兴衰，先看这个国家的青年；同样，想知道佛教的未来发展，也要看青年的表现。青年是佛教未来的希望。在星云大师的支持下，1997 年，国际佛光青年团成立，佛光青年团的宗旨和目标是以人间佛教建立生活方向，以组织社团培养领导能力，以参与活动拓展生活领域，以教育训练深植佛教信仰，以服务社会提升生命价值，以三好、四给和五戒建立青年典范。① 团员由年满 15 岁以上至 35 岁青少年组成。团员要认同佛教，并能够开心地服务社会，希望拓展国际视野，有意追求自我成长。凡召集团员或社团人数达 20 人以上，经审核通过，即可申请成立佛光青年团。按照年龄层次，以高中在校学生为主者称为少青团，以大学生为主者称为学青团或三好学社，以学校从业者为主者称为社青团；以别分院为单位，由学青、社青组合成立青年分团。各地佛光协会或总会成立专职单位或分配专职人员，指导和协调各自区内的分团活动以及干部选拔。国际佛光会青年团发展至今，在全世界已拥有 200 多个分团。北卡佛光会青年分团的团员既包括北卡佛光山协会信徒的子女，也包括北卡高中至大学的学生和从业人员。在学习和弘扬佛法的同时，在北卡佛光山协会的指导下，北卡佛光会青年分团召开干部会议，筹备和开展各项活动，如素食烹饪活动、电影欣赏、母亲节亲子活动、感恩募捐餐会和其他社区服务等。感恩募捐会可以说是借鉴了基督教感恩节的由头开展募捐活动的，但又不采取基督教的感恩礼仪。下面是北卡佛光会青年分团 2010 年感恩募捐会活动介绍：

---

① “三好”是指做好事、说好话、存好心。“四给”是指给人信心、给人希望、给人欢喜、给人方便。“五戒”是指不杀生、不偷盗、不邪淫、不妄语、不吸毒。针对现代社会青少年吸毒的实际情况，佛教“五戒”中的“不饮酒”改为了“不吸毒”。

11月26日感恩节的周末，道场随处可以听见年轻活泼的笑声与对话，北卡青年分团借着岁末之际，特别筹划感恩餐会，希望借由此活动与才艺展现来表达对北卡佛光山及北卡协会与家长们支持与爱护。青年分工合作负责才艺表演的组别，将庄严的客堂布置成创意舞台，来宾与家长纷纷表示赞赏；利用巧思为五观堂添加感恩的色彩；负责典座的青年，有模有样地挥汗穿梭在大寮，精心准备着秀色可餐的中西式餐饮、点心等美食；同时间在各个角落不时响起歌声、琴声或舞蹈的身影。道场上下大家发挥创意与潜力，忙碌一片却充满了欢笑声。

傍晚时分，近百位来宾与家长们陆续到达，在永瀚法师介绍青年团团长 Michael Chiang 之后，由 Michael 代表青年团欢迎来宾，并请宾客尽情享用青年们所准备的各道美食。永瀚法师借感恩节餐会同时表示，信仰的传承需靠青年，教育就是培养人才最究竟的方法，将星云大师一笔字十二幅——颁发给赞助结缘者，并致赠“云水天下——一笔字特辑”，感谢大家对西来大学的护持。①

…………

北卡佛光会青年交响乐团隶属于北卡佛光会青年分团，上面提到的多才多艺的青少年也是北卡佛光会青年分团的成员。此外，还包括来自其他社区的人员。北卡佛光会青年交响乐团的指挥是当地社区的一名白人女士——米根·克莱顿（Meaghan Clayton）。克莱顿毕业于北卡的梅瑞迪斯学院（Meredith College），并获得了音乐教育学士学位，是这所大学的首席大提琴手，曾经参与多个乐团演出活动，也参与过教堂崇拜的乐

① 参见 http：//www. foyuan. net/article – 383995 – 1. html。

队演出。此外，她还在戴维斯驱动中学（Davis Drive Middle School）担任过六年的乐团指挥，在北卡其他学校也从事过专业工作。后来她在家做全职妈妈，同时也做大提琴私人教师。北卡佛光会青年交响乐团表演的曲目并不局限于传统梵音，而是为适应北卡的本土环境，分为三种类型：佛教梵音、中国传统曲目和英文传统曲目。根据不同场合、大众和语言的需求，表演不同的曲目，或是同时表演二或三种曲目。北卡佛光青年交响乐团每月排练两次，在佛光山举办的很多活动中进行表演，同时还为社区进行义务表演。

此外，为了进一步弘扬佛法和招募有缘之士，北卡佛光山也走出去做宣传活动。如2014年9月，凯瑞市联合北卡亚裔服务中心（Asian Focus），在幻彩湖（Lake Symphony）举办了首届北卡州大三角区亚洲传统文化龙舟赛暨各族群文艺表演。北卡佛光山监寺觉上法师受邀出席了开幕仪式，并为四艘龙舟点睛祈福。这些活动让更多三角区人士认识了北卡佛光山和佛教。每年最重要的宣传活动是在中国春节前，北卡三角区华美协会所举办春节联欢活动。北卡三角区华美协会举办春节联欢活动已经有20多年了，包括舞台表演、传统美食、游戏和商展园游会等活动。让人们共同欢度春节之际，也向人们展示中华文化，每年都会吸引大量的当地华人和其他族裔人士前来参加，如2015年参加的人数将近五六千人。北卡佛光山自2007年一直积极参与这项活动，布置摊位、做自我宣传。通常，北卡佛光山的与会人员会向来客发放佛光山和北卡佛光山的介绍以及有关人间佛教的资料介绍，有时也会展示星云大师的墨宝，供来客欣赏，每每都会受到来客的赞赏。同时，北卡佛光山还会准备各种美味的素食供来客品尝，深受来客喜爱。北卡佛光山青年团管弦乐队的团员还会现场演奏《佛光山之歌》《三宝颂》等。

除了宣扬佛教和中华传统文化，并采取措施适应不同族群外，北卡佛光山也把目光投向世界，在北卡华人和其他族群之间增加了一座交流的桥梁。例如，北卡佛光山及北卡佛光山协会为庆祝世界地球日，每年四月都会举办活动。2013 年 4 月 21 日，举办了以“关爱地球、绿色生活，心灵环保、日行三好”为主题的活动，有 200 多人参加。首先在玉佛殿举行祈福典礼揭开序幕，冯国煌会长介绍了活动缘起，永瀚法师强调了“三业与三好，落实心灵环保”。此次活动还邀请推广“周一素食”（Go Meatless on Monday）的 Wake Med Hospital 多元性部门经理安东尼·纽柯克（Anthony Newkirk）致辞。纽柯克推崇素食对健康及环保的诸多好处，肯定了北卡佛光山举办地球日活动对促进社区环保理念的贡献。10 多位圆满完成“素食七日，日行三”的三好行者接受了表扬和奖品。随后，大家在永瀚法师的带领下恭读星云大师所著的《为生态祈愿文》，并领取了小黄瓜种子包、《环保与心保》及《佛教对素食问题的看法》等小丛书。北卡佛光山还邀请到维克郡环保领域专家做专题讲座，包括：有机堆肥，蜡烛自然资源创作，资源再生及有机果、菜的生态环境介绍等。参加此次活动的人士与信徒将近 200 多位。2014 年，参加此项活动的人士与信徒更是增加到将近 300 人。典礼结束后，还会在室外禅修区举办园游会，并有北卡三角区华美协会青少年舞狮团开场助兴。园游会设有多个中西融合的素食摊位，如意大利面、米粉汤、芒果蛋糕、珍珠奶茶和现做馅饼等，以满足不同族裔的口味。园游会还设有 D. I. Y. 亲子手工艺环保活动、科学环保实验、抽奖等活动。由星巴克（Starbucks）、新鲜超市（Fresh Market）、家得宝（Home Depot）和黎明超市等二十多家赞助商赞助举办。

杨凤岗描述了 20 世纪 90 年代中期休斯敦的玉佛寺为了适应新移民的生活方式，如何有意识地借鉴美国基督教的方式：首先，从农历初一、十五拜佛念佛改为每个星期日聚会奖罚，颇似基督教会的礼拜讲道。其次，大雄宝殿内从坐地蒲团改为一排排的长椅，颇似基督教堂的设置；最后，在主要节庆法会上有合唱团现场演唱，穿着统一服装，颇似基督教的唱诗班，并且在木鱼、铜磬之外采用钢琴伴奏，原本引人入境的梵乐转变为高亢颂赞之歌。[①] 在这一点上，北卡佛光山协会也具有相似性，信徒每周日都会前来聚会；殿堂内部的布置也比较灵活，法会共修时，玉佛殿一般使用蒲团，举办专题讲座和研讨会时则更换成椅子；拥有自己的青年交响乐团，根据场合出演不同类型的曲目；为了吸引美国信徒和第二代华裔信徒，设有英文班和英文法会等；为了吸纳其他族群人士加入，调整了宣传方式。

三、佛学交流

北卡佛光山同美国本土的其他佛光山之间相互往来密切，经常举办佛教讲座、论坛和联谊活动等。2010 年北卡佛光山落成时，美国其他州佛光山的多名法师前来祝贺，如芝加哥禅净中心满普法师、波士顿三佛中心觉屏法师、西来寺觉忏法师、迈阿密妙华法师。2012 年 5 月 12 日，迈阿密佛光山的监寺妙华法师访北卡佛光山，并为这里的义工介绍和烹饪了供菜。妙华法师向义工展示了来自世界各地道场的供菜照片，介绍了每道菜的特色和制作要领，并带领义工一起下厨，制作罗汉斋。2011 年 10 月 20 日，佛罗里达州光明寺与北卡佛光山的英语佛学班学员于 10 月 8 日晚间在户外禅修区进行禅坐及本土化座谈会，永瀚法师借由手中持的一枝植物，让大众透过感受去察觉自己的起心动念，觉照自我；之后的座谈便借着大众对禅修的体认，引导出以禅修与佛法应如何连接为主题进行讨论。禅坐是目前在美国被广泛接受的一种减压方式，也已成为佛教本土化过程中不可或缺的一部分，学员们踊跃分享自己对禅坐的体认及将其运用在生活上的经验，希望能从身边的家人、同事开始，将佛法生活化，带入每个人的生活中，让生活佛法化，让每个人心中有佛，处处皆是净土。北卡佛光山的法师也经常参与美国其他佛光山的佛教交流活动。例如，2014 年 9

① 杨凤岗：“北美华人佛教的本土化”，《中国民族报》，2009 年 4 月 8 日第 005 版宗教周刊，第 1 页。

月，迈阿密佛光山邀请北卡佛光山监寺觉上法师前往举行佛学讲座。觉上法师以“开悟之钥”为主题，为这里的信徒讲解了《金刚经》的重点思想和修行方式。

除了与美国本土的其他佛光山往来密切外，北卡佛光山与国际佛光山总部和世界其他地区的佛光山的往来也较多。例如，2015 年 2 月，北卡佛光山邀请佛光山海外都监院、欧洲佛光山总主持满谦法师前来做演讲，他以“悦读法华经”为主题，为北卡佛光山的信徒演说这部成佛必读的佛教经典。此外，北卡佛光山还积极参与其他与佛教相关的活动。如 2011 年 9 月承办了全美宗教新闻从业人员协会（Religion News Writers Association）发起的“佛教论坛”活动。此次活动有来自全美的 125 名新闻记者参加。与会人员共同讨论了近代佛教在美国的发展状况，并介绍了佛光山的创建和成就。为了成功筹备这次活动，北卡佛光山利用假期进行培训工作，有 20 多名义工参加。为了使说英语的访客能够更好地了解佛教和佛光山，培训全程使用英文。培训内容主要采取问与答的方式，分组进行，各小组经由模拟接待宾客并设计可能发生的各种情况，进行讨论与经验分享。同时，北卡佛光山还为义工提供了常用的英文佛学参考资料，包含佛学常识、人间佛教理念、北卡佛光山道场特色以及历史背景等，帮助服务义工更加完善地为宾客服务。在北卡，还有两个重要的佛教团体，一个是噶当中心（Kadampa Center），另一个是大叻塔（Van - Hanh Pagoda），都位于罗利。噶当中心附属大乘佛教传统保存基金会（Foundation for the Preservation of the Mahayana Tradition），为非华人美籍人士创立的藏传佛教组织，大叻塔是越南移民创立的佛教组织。北卡佛光山和这两个佛教组织也有交流。

四、慈善服务

以慈善福利服务社会是佛光山的四大宗旨之一。佛光山设有慈善院，主要负责相关慈善事业。慈善院下设慈悲基金会、佛光诊所、云水医院、冬令赈济会、急难救助会、友爱服务队、观音护生会、器官捐赠会、社会教化处、大慈育幼院、兰阳仁爱之家、佛光精舍、万寿园、老人公寓等部门，为广大佛教信徒和社会大众服务。另外，佛光山在海内外的别院和分院也会定期或不定期举办慈善救助，如赈灾、敦亲睦邻、急难救助等。北卡佛光山在社教弘法的同时也积极投入社区或社会的慈善和公益活动。每逢中国传统佳节，北卡佛光山都会举办或参与敦亲睦邻的相关活动。如2014年春节之际，北卡佛光山邀请北卡三角区华美协会舞狮团、北卡阳光舞蹈团、欢乐直笛乐团，与北卡佛光青年交响乐团一起在北卡佛光山举办了主题为“敦亲睦邻”的新春文化活动。参加此次活动的除了佛光山的信徒，还有来自个地方的代表和社区的中美人士将近300人。除了表演，还有文化体验活动，包括彩绘灯笼、剪纸、墨宝拓印和体验茶禅等，让来客充分感受到中国年的欢喜气氛。同时，佛光山的义工会为大众进行相关解说。

除中国传统佳节外，每逢美国的重要节日，北卡佛光山也会举办或参加社会公益活动。例如，位于罗利市的维克医疗医院每年圣诞节前会在医院的会议大楼为员工举办冬令节销售活动，员工可以把自己制作的各种礼品和食物等带到这里销售。在该医院工作的佛光山信徒林丽娟赞助了北卡佛光山的摊位进行义卖，并与这里的员工结缘。北卡佛光山义工制作的环保手工袋受到了大家的欢迎。此外，还有佛光山翻译中心出版的英文书籍、CD和吊饰等物品。北卡佛光山一直积极参与北卡的慈善活动，多次在北卡发生风灾时，配合红十字会救助灾民，并积极组织捐赠衣物等慈善工作。北卡佛光山青年团的青年交响乐团每年都会前往当地的老年社区，为那里的老人进行慈善演出。

正如李四龙所说：“佛教在美国，既给身处异乡的亚洲人一种家乡的滋味，也给对佛教怀有好奇的美国人一种精神的理想，或是一种别样的生活方式。”[1] 北卡佛光山不仅满足了当地华人对佛教信仰的追求，也为当地其他族群人士的精神世界提供了一种新的选择。扎根在北卡，北卡佛光山采取了一系列本土化措施，在保留佛教精华的同时，也适应了主流族群人士和其他族群人士的需求。美国的佛教就处在如此微妙的关系之中：既是亚洲的，也是美国的。或许，有朝一日，这种关系可以采用地道的佛教表达方式：既不是亚洲的，也不是美国的，而是全新的。[2]实际上，包括北卡佛光山在内的美国佛教组织一直在佛教的美国本土化上进行着调整，虽然它们在较大程度上还保留着中国传统佛教的内容，暂且不能成为全新的、融合的佛教，但已经超出了中国本土佛教的形式了。

第二节　基督教的族群性

北卡华人基督教会基本上是在脱离北卡当地美国教会之后建立起来的，语言和文化背景的差异是形成北卡华人基督教会逐渐形成独立局面的主要原因。美国所宣扬的宗教自由和多元文化主义也有助于北卡华人建立自己的基督教会。为了适应华人族群自身的特点，北卡华人基督教会在组织、活动和语言等方面做出了一系列调整，使北卡华人教会呈现出与美国教会鲜明的差异性，体现了自身的族群性。对于族群性（ethnicity）的诠释，学者们各持己见，有的认为是族群性等同于族群，有的认为族群性指的是族群的性质和特点，有的认为族群性就是族群意识，还有的认为族群性兼具族群及族群意识。[3] 笔者更倾向于把族群性与族群、族群意识相区分，把族群性解释为族群的性质和特点。本书所称的族群性指的是华人族群的性质和特点。

① 李四龙：《美国佛教：亚洲佛教在西方社会的传播与转型》，人民出版社 2014 年版，第 13 页。
② 李四龙：《美国佛教：亚洲佛教在西方社会的传播与转型》，人民出版社 2014 年版，第 13 页。
③ 周大鸣：“论族群与族群关系”，《广西民族学院学报》，2001 年第 23 卷第 2 期，第 15 页。

一、教会类型

美国基督教委员会出版的《美籍华人及华人基督教会》一书这样评判华人的宗教和神灵信仰："华人是多神论者，他们从实际需要出发而求助于各种神仙。基督教徒必须经常不断地和邪恶做斗争，这样才能成为灵魂纯洁的教徒。多神论者认为哪一个神能帮助他，他就暂时忠于那个神，但不会固定虔诚于一个。基督教徒只信一个上帝，他们相信'拯救灵魂直说'并为之奋斗；但华人认为有众神存在，因此，除了能使生者或死者安居乐业的那些命运之神外，对别的一概不信。"① 这种观点表现出了早期美国华人宗教信仰工具性的一面。然而，随着时代的变迁，这种情形已经发生了转变。北卡华人基督教徒信仰的专一性和虔诚度都非常高。目前，分布在北卡的华人基督教会有罗利华人基督教会、教堂山华人基督教会、华人福音基督教会、中华浸信会、北卡中华圣经教会、北卡台福基督教会、博爱路、北卡威明顿华人基督教会、绿堡华人基督教会、夏洛特沐恩华人浸信会。前7所教会均在三角区内，这些华人教会通常都有自己的团契组织。其中，罗利华人基督教会是北卡各华人教会中规模较大的。下面主要以罗利华人基督教会为例，展现北卡华人的基督教信仰及其族群性和文化认同。

李爱慧把美国华人教会按照信徒构成分为四类：第一类是传统的华人教会，大都设在唐人街，不少属于主流教会的分会，信徒多数为早期移民，小部分为土生华裔，20世纪70年代开始吸纳中国留学生及专业人士；第二类是20世纪70年代至80年代中国港台地区的留学生所建立的教会，最早多是查经班，而后转型为华人教会；第三类以中国大陆新移民尤其是留学学人为主体的教会，建于20世纪90年代初，多是由其他形式转型而

① 宋李瑞芳：《美国华人的历史和现状》，商务印书馆1984年版，第208～209页。

来；第四类是由土生华裔构成的自立或独立的教会。这四类教会中，第二类数量最多，其次是第三类。① 北卡的华人基督教会都是在20世纪70年代开始陆续建立的，在北卡不存在第一类华人教会。中国大陆新移民进入北卡时间晚于港台地区的华人移民，移居北卡时北卡的华人教会基本上已经建立并日渐成熟，加之大陆新移民以往对基督教接触和了解甚少以及北卡华人人口规模相对较小，所以大陆新移民尚未在北卡建立过基督教会。北卡现有的华人基督教会完全可以满足当地华人的需求。北卡华人基督教会大体属于第二类，但又有别于第二类。

罗利华人基督教会（参见图7－3）的前身是1963年成立的一个查经班。这个查经班的主要信徒是北卡三角区来自台湾地区的留学生和学者，每周在北卡州立大学的戈登·米德尔顿教授家中聚会学习圣经。米德尔顿教授的妻子西莉亚出生在中国，岳父曾经在中国做过传教士。西莉亚是罗利森林山浸信会教堂的一员。西莉亚和她的姐姐玛丽·赫林共同创立了这个查经班。玛丽出生在中国山东省，在湖南长大。因此，两姐妹对中国有着特殊的情感，在美国与华人的交往也比较密切。1978年，在罗利森林山浸信会教堂的扶持下，查经班搬至罗利罗利森林山浸信会教堂，改称为罗利华人浸信会使命（Raleigh Chinese Baptist Mission）。1984年，又改为罗利华人基督教会。由于当时的宁威亚牧师和其他教会牧师认识到罗利华人需要一个独立的、没有宗派的教会，罗利华人基督教会逐成为非教派教会。1988年，罗利华人基督教会迁往罗利的维克森林路新址。随着20世纪90年代大陆留学生和学者陆续来到北卡，罗利华人基督教会中开始出现大陆信徒。21世纪初，大陆教徒人数增长迅速。华人偏爱居住在凯瑞市，随着凯瑞市居住的华人越来越多，甚至超过了罗利华人的人数，教会开始筹备把教堂搬至凯瑞市。2003年，新的教堂在凯瑞市建成，占地10.6

① 李爱慧："当代美国华人基督徒的构成"，《世界民族》，2009年第4期，第74页。

英亩。罗利华人基督教会搬至此处一直到现在。

图 7－3 罗利华人基督教会

（笔者拍摄于 2014 年 6 月）

关于华人为何要建立自己族群的教会、华人教会和美国其他非华人教会，尤其是与白人教会有何不同，罗利华人基督教会的谭牧师讲述了自己的看法。谭牧师是新加坡的华人再移民，做牧师已有三十年，曾经在德克萨斯州做过八年牧师，之后移居北卡，在 RCCC 做兼职牧师。谭牧师说道，除了纽约、洛杉矶、旧金山等华人早期移居的主要大城市的华人基督教会外，美国其他地区华人基督教会的历史一般不会超过 50 年。由于建立一所教堂需要大量的人力和财力，所以很多华人通常先会到美国的教堂参加崇拜和其他活动。同时，美国的教堂也想吸纳更多的国际人士和新移民。一旦某一美国教堂的华人数量达到一定规模，就会培养自己的牧师，筹划建立华人自己的教会。其他族裔也是一样。在德克萨斯州做牧师时，谭牧师也曾对他所在的美国教会提议过为西班牙裔和越南裔建立独立的教会，并且不收取任何租金，只支付水电费即可，目的是帮助他们成为自立的教会，就像很多华人教会一样。罗利华人基督教会是从白人浸礼教会中发展起来的，发展起来后来变得强大后便买下了自己的房子。谭牧师还认为，由于种族的不同，华人的思维方式和行为方式也不同于美国白人或其他族裔，这不关孰对孰错的问题——只是华人喜欢的和不喜欢的可能与其他美国人不同，如食物。大多数华人，包括他本人和他的太太，都吃意大利面和比萨，但绝对不会一周五天都吃；我们几乎每天都吃米饭，但美国人绝对不会每天都吃米饭。因此，我们是按照中国人的方式做事情的，适合中国人。谭牧师讲道，礼拜天崇拜活动结束后，几乎99%的华人教会都会有午餐会，原因是礼拜天是一周中华人移民唯一可以相聚在一起的时间，也是华人相互交流和帮助新朋友、新移民最好的方式之一，但这种形式在美国教堂是不会存在的。

此外，夏洛特沐恩基督教会的黄牧师也认为，华人在美国建立自己的教会，最主要的原因还是语言和文化上的差异。美国教会讲英语，但很多华人基督徒的英文并不好，而且文化上还有许多误解和矛盾。作为一名白人基督徒，Anne认为，华人建立自己的教堂主要还是因为语言和文化的认同问题。对于北卡华人教会周日提供午餐的惯例，Anne说：

> 主日活动结束后，大多数华人教会都会通过某种方式，以最低的价格为教会信徒提供午餐。通常都会有中国食物。夏洛特的华人教堂既有中国食物，也有比萨。大多数美国教堂不像华人教会那样每周日（主日）都提供食物并且一起聚餐。我个人认为，华人教会这样做是个很好的惯例，可以增强社区交流；人们可以有时间坐在一起吃饭，可以相互了解得更多一些。
>
> 谭牧师告诉我，如果华人搬到一个新的城市，而那里有好几个华人教会的话，他们会先把每个教会都参观一下，然后选择去饭菜最好吃的那家教会。我不知道他说的是真的还是在开玩笑呢。对于大多数

文化而言，我们习以为常的食物对我们非常重要，适应一种不同的食物不是一件容易的事情。[①]

具体到组织管理上的差异，谭牧师给出了如下两种解释：

第一，从管理和财务上讲，由于华人教会资金有限，通常没有全职付薪的牧师、秘书和管理人员，都是兼职；而美国教会资金充足，基本都是全职付薪人员。此外，受中国传统价值观的影响，华人一向勤劳、节俭，华人教会也是如此，但这并不是值得肯定的行为。像罗利华人基督教会，习惯买最便宜的设备。谭牧师告诉管理者："周日是人们来教堂的一天。这本来就是人员密集、需要花费的事情。为什么非要在灯光和音响等花销上这么吝啬呢?"[②] 据谭牧师所知，大多数的美国教会在音响设备上的投资额非常高，这在美国教会很常见的，而华人教会还从来没有置办过一套500 000美金的行头。

第二，从领导层面讲，大多数华人教会都是由海外出生的华人领导的。到了最近20多年，我们发现很多华人教堂都是由美国土生华人建立起来的。华人教会的年轻一代长大后，和老一辈华人会在神职理念上发生冲突，从而倾向于脱离原来的华人教会，这和整个美国土生华裔基督徒有相似性。很多土生华裔大学生受基督教普世主义思想的影响，试着与非华裔基督徒交往，然而他们却常常发现自己为美国主流群体所排斥，他们的少数族裔身份及与主流群体的族群分野似乎无法超越。[③] 许多土生华裔的族群意识被唤醒，又回归到了华人教会。在美国华人大规模聚居的地区，回归的土生华人与父辈之间存在较大的文化差异，他们觉得华人教会的保守气氛令人窒息，渴望改变和突破，而父辈则希望通过族裔教会来维持本

① 来自Anne与笔者的邮件内容，2015年9月。

② 来自笔者与谭牧师的访谈内容，2014年8月。

③ 李爱慧："当代美国华人基督徒的构成"，《世界民族》，2009年第4期，第74页。

族群的文化习俗和形式准则，这与土生华裔的价值观存在显著的差异。[①]对此，很多华人教会内部做了调整。还有一些不愿意妥协的土生华裔独立出来，建立了华人英语教会，或与其他土生亚裔群体共同建立泛亚裔美国基督教会。前面提到，在北卡，由于华人人口规模相对较小，并且大多数华人基督教会都设有英语堂，基本可以满足土生华裔的需求，矛盾没有如此尖锐，因此未曾出现土生华裔建立的基督教会。

关于北卡华人教会与其他美国教会的相互关系，谭牧师讲道，RCCC是独立的教会，很少与其他美国教会有联系，主要原因是受众不同，语言也是一个大的障碍，但是RCCC与北卡其他华人教会关系密切，每月都有牧师祈祷会、周期性的福音会等。

夏洛特华人基督教会的情况和谭牧师上面所谈的情况十分相似。例如，对于华人教会的勤俭精神，夏洛特沐恩基督教会的黄牧师也有同感，虽然他也没有对此持反对态度。讲到与其他美国教会的区别，黄牧师认为，因为华人爱面子的关系，和教会纪律相比，华人教会更重视荣耀和爱。关于与其他美国教会交往甚少的问题，黄牧师谈道，这并不意味着华人教会完全置身于美国其他教会之外，理想的状态应该是先把华人教会内部的事情处理好，再扩展与其他美国教会的关系。

二、组织与活动

罗利华人基督教会最主要的活动莫过于每周日的主日崇拜和主日学，无特殊情况，所有的教徒都要参加。每周日到达教会大门处时，执事人员会向教会教徒和慕道者发放刊有本周主日崇拜内容的中英文单子。教徒和慕道者可以根据自己的语言偏好选择合适的主日崇拜堂。笔者以慕道者的身份分别参加了中文堂和英文堂的主日崇拜活动。此外，为了帮忙照顾五

① 李爱慧："当代美国华人基督徒的构成"，《世界民族》，2009年第4期，第74~75页。

年级及以下的儿童和婴幼儿，罗利华人基督教会还开办有儿童主日学，时间是每周日上午九点半至十二点半，主要以英语交流为主。

除了每周日固定的主日崇拜和主日学活动外，罗利华人基督教会还会在其他时间举办各种活动，如教会祷告会、妇女祷告会和姐妹祷告会等。教会祷告会的时间是每周三晚，妇女祷告会的时间是每周六上午，姐妹祷告会的时间是每个月最后一个周六的上午。罗利华人基督教会的附属组织主要包括儿童事工部、青少年团契、家庭小组和其他类型的团契。儿童事工部除了每周日的主日学活动外，每周五晚也会举办适合学龄前儿童至五年级学生的活动。此外，罗利华人基督教会每年还定期举办全家同乐的节目，如复活节捡蛋、夏季暑期圣经学校、八月的升级典礼和十月的秋收庆典等。儿童事工部旨在教导儿童了解基督耶稣，与其建立个人的关系，把儿童培养为神所需要他们成为的人。这正是《圣经》所倡导的：“耶稣说，让小孩子到我这里来，不要禁止他们。因为天国的，正是这样的人”。[①] 罗利华人基督教会青少年团契成立的目的是帮助六年级至十二年级的学生在基督里成长，和基督同行并建立亲密的关系。青少年事工提供崇拜、查经、门徒训练、服事和团契的机会。除了每周日的主日学和崇拜外，每周五晚有固定的团契时间。周一至周五有以性别区分的小组分别在家庭或教会聚会。通过罗利华人基督教会短宣队、退休队和外展事工，帮助青少年成长和学习服事，如 30 小时饥饿体验活动。青少年团契还经常举办各种活动，如学期初的烧烤、掷飞碟、运动日等项目，鼓励青少年彼此之间建立更深入的关系与团契。

罗利华人基督教会还有其他大约 30 个家庭小组和团契，分别在小组成员的家中或教会聚会，目的是增进教徒之间的情谊、关怀和扶持。家庭小组，如神州、赞美、真爱、磐石等，通常是在教徒的家中举办聚会，一

---

① 出自《圣经·马太福音》，第 19 章 14 节。

般采取轮流的方法。笔者经常以慕道者的身份参加这样的家庭小组聚会活动。通常聚会时间是每周五或周六的晚上，大家都有时间的时候。聚会当天，如果有的小组成员不便开车前往，通常其他成员可以帮忙接送。每次聚会所在的家庭都会提前准备好一些晚餐，供小组成员食用。此外，小组的成员大多也会各自准备一个菜品或主食，带到聚会家庭，这样一则可以减轻聚会家庭的负担，二则可以分享不同的美食。菜品和主食通常以中国传统饮食为主，也兼有美国特色饮食，采取自助餐的形式。用餐前，牧师或小组的一个成员会先带领其他成员做餐前祷告。餐后，小组成员会共唱赞歌。之后，开始学习圣经相关主题内容并进行讨论。整个过程大概持续两个小时左右。参加学习的成员较多时，会分成两个小组学习。

罗利华人基督教会一个重要的团契是北卡州立大学大学生团契。这个团契是由一群北卡州立大学的华人学生、学者、博士后以及毕业生及其眷属组成，以中国留学生为主。初到异国，海外学子置身于陌生的环境中往往会产生不安、孤单和思乡的情感，很想寻找一个和自己有同样族群背景的组织，缓解自身的负面情感；再加上学业、生活和家庭等方面的种种压力，也促使海外学子重新思考人生的意义。华人基督教及时伸出援助之手，并凭借其强大的宣教力量和感染力吸引海外学子加入其中，抚慰他们惶然和寂寞的心灵。每年秋季都会有上千名中国留学生来到北卡三角区的三所大学学习；像北卡其他华人教堂一样，罗利华人教会每年都会有迎新生活动，如提供机场接机服务，为新生提供短期住宿，带新生购物、办卡，邀请新生来家中做客，带新生熟悉周边环境，邀请新生参加教会、家庭小组或团契的活动。同时，华人基督教会是华人聚集的场所，看到同样的面孔，大有他乡遇故知的感觉。在这个团契，大家基本都讲中文。笔者观察到，用中文交流让大家感到舒服和放松，这一点也是能够吸引众多中国留学生和学者来到这里的原因。聚会时间是每周五晚上七点，聚会地点在北卡州立大学旁的埃文特费瑞联合循道宗教教堂，便于学生和居住在附近的学者及眷属前往。和家庭小组一样，团契成员先是聚餐，之后再进行各项学习活动。晚餐通常由北卡州立大学的学者及其眷属准备，也是采取自助形式。这里的留学生和学者每周都很期待这顿晚餐，可以品尝到久违的家乡味道，每次所有的食物几乎都会被一扫而光。团契都聚会的具体方式有唱诗歌、祷告、查经、见证、专题、座谈、分享、电影欣赏等。此外，团契还为留学生提供英文的圣经学习活动。有时，来自北卡其他地区或美国其他州教会的教徒也会光临这里，和学生交流信仰历程或心得等。每逢重大节日，如新年、复活节、中秋节、感恩节、圣诞节，团契都会有精心设计的特别聚会。此外，北卡州大学生团契还不定期地举办各种户外活动，包括郊游、烤肉、赏枫叶、钓鱼、抓螃蟹、溜冰、打保龄球、唱卡拉 OK 等。

三、教会语言

罗利华人基督教会成立之初，在主日崇拜和主日学活动中只使用中文。在随后的几年中，教会尝试用中文讲道，同步翻译成英文，但效果并不理想。由于同步翻译的限制，以及后来使用并排翻译的限制，对教会中青少年的讲道受到了一定的影响。1989 年，教会成立了英文堂，聘请华人牧师负责英文崇拜活动，英文堂事工和信徒开始有了自己的英文崇拜活动。但英文堂的成立也遭到了部分信徒的反对。有的信徒希望自己的孩子用中文而不是英文来进行崇拜活动；有的信徒认为罗利华人基督教会是一个华人教会，不是英文教会；还有的信徒觉得成立英文堂的时机还未到。目前，罗利华人基督教会的主日崇拜和主日学使用汉语普通话、粤语和英语三种语言。由于该教会成立时，来自台湾地区的教徒居多，因此讲道信息、报告事项和文书印刷都使用中文繁体字。建立英文堂后，书面资料开始使用中文繁体和英文两种文字，并一直延续到现在。随着大陆新移民教徒的增多，对中文简体字的需求也变得越来越迫切，罗利华人基督教会面临着一个新的语言问题，亟待解决。汉语普通话和粤语主日崇拜的时间是每周日上午九点半至十点四十五分，主日学的时间是上午十一点十五分至十二点半。每周日参加的人数约有四五百人左右，为当地华人基督徒。英语主日崇拜和主日学的时间，与汉语普通话、粤语主日崇拜和主日学的时间正好相反。每周日参加英文崇拜人数平均有二百多人，以华人第二代青少年为主，也有部分父母陪伴，此外，还有一小部分当地的非华人基督徒。适逢基督教的重大节日时，罗利华人基督教会会举办联合崇拜活动，如复活节和圣诞节，使用汉语普通话和英语同步翻译。

为了让教徒中英语程度不高的人士能够更好地掌握英语，同时也为了让当地英语程度不高的华人非基督徒了解和接受基督教，罗利华人基督教会一直都以各种形式开设与《圣经》相关的 ESL 课程或活动。ESL 课程每年有两个季度的课程——春季班和秋季班。根据罗利华人基督教会 ESL 的编班测试，分别设有初级班、中级班和高级班，每个班的人数在十人左右。学员每个季度需缴纳学习材料费用 25 美元。授课地点是罗利华人基督教会，时间是每周日下午。授课教师既有教会英语水平很高的华人教徒，也有英语为母语的白人教徒。笔者印象深刻的是在这个团契工作的一个华人家庭和三位白人教师，他们是罗利华人基督教会的教徒，住在凯瑞。这个华人家庭中的先生英文名字叫 Buil，是在美国出生的第三代移民，祖籍广东台山。Buil 告诉笔者，他的爷爷于 20 世纪 30 年代来到美国，最初从事洗衣店工作，本想挣些钱再回广东台山老家，后来在美国定居了下来。他的父亲在中国出生，13 岁来美，第二次世界大战期间参加了美国军队，后来有机会上了大学，成了一名工程师。Buil 的父亲回台山娶了他的母亲，把他的母亲也带到了美国。Buil 在美国出生。因为母亲不太会讲英语，只讲台山话，所以 Buil 能懂一点台山话，但不懂普通话。他的父亲希望他的英语能讲得很好，这样可以在美国接受高等教育。Buil 退休前在

IBM 工作。Buil 的妻子 Meilong 是台湾移民，会讲普通话，原因是她那个时代在台湾要求会讲普通话，而现在很多人只会讲闽南语。Meilong 在台湾出生长大，大学毕业后，在台湾曾经做过教师，后赴美学习，并定居下来。退休后，Meilong 和 Buil 一起在罗利华人基督教会专注于 ESL 课程的教学工作。他们有两个儿子，一个女儿。大儿子在芝加哥，女儿在俄亥俄，小儿子在北卡，均为基督教徒。目前，Buil 和 Meilong 有一个孙子和一个外孙女，给他们取的名字均来自《圣经》人物，但还没有取过中文名字。他们最小的儿子 Young 周末也和他们一起从事 ESL 教学工作。每周五下午，Buil 和 Meilong 都会前往位于离埃文特费瑞联合循道宗教教堂不远的汉堡王快餐店，帮助中国留学生和学者学习英文，学习内容是《圣经》。等到北卡大学生团契聚餐结束后，他们会赶到北卡大学生团契地点——联合循道宗教教堂继续教授英语《圣经》。授课有时采取读书的形式，有时采取看圣经故事电影并讨论的形式。除了 Buil 和 Meilong 这样的华人 ESL 教师之外，罗利华人基督教会还有三位白人教师和他们一起教授英文《圣经》，其中有一对夫妇——Anne 和 Shawn，另一位是年近花甲之年的 Pauletta 女士。Anne 和 Pauletta 教高级班，Shawn 教中级班。Anne 的专业是心理学，Shawn 的专业是音乐。有时 Shawn 也会到其他班级弹吉他，为学员们献唱一曲。ESL 课主要是阅读和讨论《圣经》的内容，也兼有英文语法学习和语音学习纠正，同时还会对比中美文化的异同。罗利华人基督教会 ESL 课程的学员都是华人，少数是该教会的教徒，多数是留学生、访问学者和附近的居民。留学生的年龄普遍都在 20 岁左右。笔者发现，附近的居民学员有的已经 70 多岁了，还在学习英文。询问之后，才知道他们是最近几年才从大陆移民美国的，随儿女在这里定居，由于语言不通，给生活带来了很大的不便，所以才来到罗利华人教会学习英语。同时，教会的华人多，可以一起聊聊天，以缓解孤独之情（参见图 7－4）。

图 7-4　笔者与 Young、Anne 和 ESL 学员（男士是 Young，右一是 Anne，拍摄于 2014 年 7 月）

第三节　宗教信仰的调适功能

有学者把宗教信仰的调适功能划分为 6 种：调适人与自然的关系，调适人和社会的关系，调适对抗阶级之间的关系，调适国内各民族间的关系，调适国际关系，调适自我心理。[①] 基于北卡华人宗教自身的特征，笔者在此将宗教信仰的调适功能分为家庭调适、社区调试、文化调适和心理调适 4 种。信仰者的个人宗教信仰会深入影响其家庭生活。面对与中华传统文化的相悖之处，基督教人士试图寻找一条共通之路，让更多的北卡华人投入基督的怀抱，虽然有时表现得过于牵强。北卡华人的宗教场所也为当地华人提供了族群交流的机会，并加强了当地华人的族群认同。无论是

① 辛世俊："论宗教的调适功能"，《青海社会科学》，1994 年第 6 期，第 93～96 页。

佛教还是基督教，都会作用于信仰者个人的精神世界，对其思想和行为产生影响。正如奥戴所说：“宗教可以使个体和他的群体协调一致，可以在变幻无常中给他以支撑，在失望中给他以安慰，可以使他归属到社会目标之上，鼓舞他的士气，为他提供认同因素。”①

一、家庭调适

北卡华人的宗教信仰对北卡华人家庭的稳定起到了调适作用。罗利华人基督教会《教会会章及附则》（第四版）会章部分的第三章——教义与信仰的第四条是：我们相信圣灵是神，使罪人悔改重生，并住在信徒心中感动和教导，为信徒生活及事奉能力的来源（约翰福音：十四16、26，十六7－14；使徒行传：－8；哥林多前书：十二4－11）；第九条为：我们相信并确认圣经中的教导，即婚姻是神所设定，是一男一女终身的结合。我们不接受有人将神所制定的婚姻，重新定义为民间的一种制度，或是一个死人的情事。婚姻是一男一女终生结合神圣的约定，是神特别的恩赐。神并借着基督与教会的联合，来启示一男一女在婚姻架构中的亲密关系、合乎圣经标准的性表达方式、与繁衍后代的方法（创世纪：二24；以弗所书：五22－29）。② 这无疑强化了华人基督教家庭的稳定。对婚姻问题，佛教提倡夫妇间的平等、敬爱、互助，但认为世间一切变化无常，婚姻也是如此。虽然佛教并不赞成离婚，但还是秉承缘聚则和、缘散则灭的理念。如果夫妻的关系达到了水火不容的程度，还不如好聚好散。星云大师这样解读婚姻：“我认为最重要的是，如何在变化的人生中，保持一颗不变的心；如果那颗当初要结婚的心不变，再透过互相信任、了解和体贴，相信婚姻就能美满长久。”③

---

① 托马斯·奥戴著，刘润忠译：《宗教社会学》，中国社会科学出版社1990年版，第29页。

② 参见http：//www.docin.com/p－137641094.html。

③ 星云大师：《佛陀真言（中）》，上海辞书出版社2008年版，第102页。

在代际问题上，基督教主张尊重父母："当孝敬父母，使你的日子在耶和华——你神所赐你的地上得以长久。"① 同时还提倡："不忍用仗打儿子的，是恨恶他；疼爱儿子的，随时管教。"② 父母不可以在情绪冲动的情况下管教孩子，不能在冲动之下滥用父母的权利与尊严。佛教注重孝道。佛教传入中国后，就吸收和融合了儒家的三纲五常和五伦思想，更加强调孝道的重要性。星云大师依据佛经详细阐述了子女对父母应尽的孝道。星云大师对孝道进行了升华："如果说忠是与国与己的关系，那么孝就是与亲与人与生的关系。中国文化主张三纲五常，但是一切人生的重心主要在孝道的阐明，以孝顺为中心，扩而充之，对国家的孝顺就是忠，对兄弟的孝顺就是悌，对朋友的孝顺就是义，乃至对众生的孝顺就是仁。"③ 前面提到，为了教导佛光山青年团的团员和适应当前的社会环境，佛光山把佛教的"八戒"改为"五戒"，这对土生华裔起到了警戒和规范的作用。北卡的第一代华人基督徒认为，让自己的孩子接触或信仰基督教，在孩子的教育问题上遇到的麻烦会相对小些，特别是青春期。此外，如果家庭中的一员信仰了基督教，通常也会影响家庭中的其他成员，这在一定程度上可以缓解紧张的家庭气氛。

二、社区调适

许多华人新移民定居美国后，很快就参加了当地基督教会的活动，有些是为了延续或实现自身的宗教信仰追求，有些是为了摆脱自身在新环境中的茫然和焦虑，急于寻找族群归属感。无论出于何种目的，对大多数华人来说，基督教会是他们进行社交活动的一个重要场所，是他们实现族群归属和族群认同的一条重要途径。每到周日，在北卡，无论是华人基督徒

① 出自《圣经·出埃及记》，第20章12节。
② 出自《圣经·箴言》，第13章24节。
③ 星云大师：《佛教与社会》，上海辞书出版社2008年版，第85页。

还是佛教徒，都会驱车前往各自所属的教会或北卡佛光山协会参加宗教活动。谭牧师认为，这些宗教场所不单单是崇拜和修行的地方，吸引华人纷纷前往的一个重要原因，是他们可以和拥有同样面孔的其他华人相聚一堂，可以尽情地聆听和使用中文，遇到工作和生活中的难事，还可以在这里向同胞倾诉，也许就能得到解决。北卡的华人基督教会和北卡佛光山协会融合了来自中国大陆及港台地区还有其他国家和地区的华人。北卡华人基督教会和北卡佛光山协会借助其严密的组织性，把北卡华人信徒凝聚在了一起。

此外，还有一些北卡非基督徒或非佛教徒华人，他们在华人朋友的指引和带领下，或是在当地华人教会宣传活动的影响下，很快也走进了北卡华人教会或北卡佛光山协会。久而久之，其中一些人也皈依了基督教或佛教。杨凤岗认为，在工作中或者学校里，当民族意识被唤醒或强化后，移民及其子女们都发现，为寻求社会归属、心理慰藉与宗教满足，他们需要民族教会。换句话说，在工作单位和学校等公共领域的社会融入，燃起了他们周末与华人同胞聚会的愿望。①

三、文化调适

佛教文化历经千年的碰撞、磨合、改造、消化和吸收，最终在中国实现了本土化，被中国文化所接受。远赴重洋之时，华人佛教信徒也把中国的佛教文化带到了移居国；在坚守中国佛教文化的同时，对其中一些内容也做了相应的调整。佛教文化在美国的发展迎合了美国主流社会文化的需求。北卡佛光山协会在向美国主流社会人士宣传佛教文化时，非常注意与美国主流社会文化相排斥的佛教文化内容，如六道轮回思想。如果直接把六道轮回思想原封不动地灌输给美国主流社会人士，他们是很难接受的，

---

① 杨凤岗：《皈信·同化·叠合身份认同——北美华人基督教徒研究》，民族出版社 2008 年版，第 124 页。

主要原因是基督教文化对他们的影响比较大，天堂的思想或多或少存在于他们的心中，虽然他们中的一些人并不信仰基督教。然而，佛教文化中的缘起思想、众生平等观念和慈悲观念却是被美国主流社会人士普遍接受的，北卡佛光山协会便注重从这些佛教思想入手，向当地主流社会人士宣传佛教。

相对于佛教本土化的进程，华人基督教会根植于美国基督教文化，似乎并不需要做出调整和适应。然而，基督教思想和中国原有的儒释道思想经常会发生碰撞，这对刚刚开始接触基督教的华人尤为明显。以罗利华人基督教会的 ESL 课程为例，大多数非基督教学员对《圣经》还是比较陌生的，有的人甚至从未接触过。因此，在 ESL 课上，非基督教学员对《圣经》教学的内容存在异议，时而会用佛教、道教的思想与《圣经》中的思想进行博弈，时而也会用儒家的思想来反驳《圣经》中的思想。在一次 ESL 课上，Anne 提到《圣经》中说人生下来就是有罪的，即原罪，因此要信仰上帝，努力洗清自己的罪恶。Anne 的话立刻遭到了几名非基督徒学员的反对。有学员回击说："人生下来应该是无罪的、纯洁的。中国的《三字经》中就说'人之初，性本善，性相近，习相远，苟不教，性乃迁'，人是在出生之后才开始变坏、做坏事的。"又如，在另外一次 ESL 课堂上，Anne 说："如果不信仰上帝，那么就不会在死后得到救赎，进入天堂，只能进入地狱。"又有学员反驳说："这听起来不公平。我不是基督徒，但我从来没做过伤害任何人的事情，也经常帮助别人。我自认为是个善良的人。如果有天堂的话，为什么我就不能进天堂呢?"这种文化差异所造成的观念冲突，说明华人非基督徒学员在文化上还是更认同中国传统价值观。诚然，他们可能会像华人基督徒那样，对中国一些传统价值观的认同会随着思想的改变或某些偶然事件的发生而减弱或改变。前面提到的一位年龄较大的 ESL 学员，在参加罗利华人基督教会 ESL 课程的第二个学期便在罗利华人基督教会受洗，成为基督徒。然而，另一个实例是，一位一直在教会上ESL课程的中年女士，只是上课时来教会，从不参加教会的主日崇拜和主日学。她说她尊重基督教的信仰，但不会受洗。可见，她并不认同基督教。

Anne为了改变基督教和中国文化之间相冲突的状态，试图在基督教文化和中国文化之间建立起关系。为此，她常借助各种资料，把基督教文化同中国文化联系在一起，向ESL学生讲述，譬如，“义”的繁体字——“義”，即《圣经》中的义（righteousness）：

> “義”字看起来像是最初起源于崇拜这一行为，即请求宽恕自己的罪。“義”字中包括“羊”字，“羊”字下面是“我”，也就是自己，“羊”和“我”结合在一起，表示我们跪在上帝之羊面前。他独自保护我并带了义。可以把“我”字再进一步分解为“手”字和“戈”字，意味着“是我用我自己的手屠杀了羊”。这种解释可以通过“我”和“义”的古体字形式“莪”和“義”得到佐证。这两种古体字形式都描绘了“手”和“戈”。①

虽然Anne所借助的资料通常来自一些基督教人士的牵强附会，但从中可以看出，在美国，其实有很多像Anne一样的基督徒，其中不乏华人基督徒，一直在不遗余力地调适基督教文化与中国文化之间的矛盾和冲突，试图赢得更多的华人，使他们皈依基督教。

四、心理调适

从个人层面看，宗教信仰可以在一定程度上慰藉人的心灵，缓解内心的压力，使人获得心理上的归属感和平衡感。通常，当个人处于新的环

① C. H. Kang & Ethel R. Nelson, *The Discovery of Genesis*: *How the Truths of Genesis Were Found Hidden in the Chinese Language*, St. Loiuse MO: Concordia Publishing House, 1979, p. 83.

境，且不能较快地适应时，会在宗教中寻求心灵的寄托；或者当个人在生活或工作中遇到困难得不到解决时，也常常会借助宗教信仰的方式，如祷告、诵经等，换取内心的平和，祈祷困难早日解决。

家住北卡夏洛特的 XH 女士是一位虔诚的基督徒。她在北卡的一所大学攻读 MBA 时开始参加当地华人教会的活动，最后皈依了基督教。此后，每当生活或工作中遇到不顺心的事，她都会做祷告，希望借助基督的力量解决困难。有一次，她和家人一同带着不到一岁的孩子出去游玩，结果回家后，孩子便不停地哭闹。他们不放心，带着孩子去看医生。然而医生并没能找出孩子哭闹的原因。于是，他们就祷告，求神驱除孩子身上的捆绑。后来，孩子又哭了一次之后就好了。XH 女士相信这是神迹，是神帮助她的孩子停止了哭闹。

由于科研经费紧张，在杜克大学某部门工作的华人 LB 博士面临失业，这是他来美国八年的第一次失业，思想上没有一点准备，再加上当时美国经济不太景气，找工作比较困难，LB 博士的内心非常彷徨、痛楚。在这种情形下，他开始向他所信仰的基督祷告，祈求基督给他开一条路，让他能走下去。同时，他继续在他所在教会的唱诗班领诗、唱诗。他觉得每次唱完诗歌后，心中的恐慌和不安就会像云雾一样消散了。对基督教的信仰使他撑过了最艰难的一段时间。LB 最终又在杜克大学另外一个部门找到了一份满意的工作。LB 博士认为，是基督指引他找到了这份工作。

显然，对基督的虔诚信仰一定程度上缓解了 XH 女士和 LB 博士内心的不安和担忧。宗教所提供的意义解释，宗教场所所提供的神圣肃穆的氛围，宗教活动所提供的人们相互交往的机会，都会使人们积聚的强烈情感得到宣泄和缓解，从而调适人们的心理状态。宗教的慰藉功能是通过调适功能来实现的。[①] 对北卡第一代华人基督徒而言，宗教的慰藉对他们尤为

---

① 辛世俊："论宗教的调适功能"，《青海社会科学》，1994 年第 6 期，第 96 页。

重要。脱离了中国熟悉的生活环境，在陌生环境下产生的孤独感、焦虑感和恐惧感常常伴随着他们，再加上随之而来的各种困境，使他们的精神状态时常处于低谷之中，然而对基督的信仰让他们找到了一个避风港。

宗教的开放性在很大程度上也决定了人们的信仰程度。经过千年的发展和演变，基督教和佛教成为颇具开放性的世界性宗教。北卡第一代华人移民历经沧桑，纷纷建立起了华人自己的基督教会和佛教组织，并保留了中华传统文化的精华，实现了宗教自治，这是北卡华人文化适应的结果。同时可以看出，北卡华人在接受宗教信仰的过程中，既努力保持与美国主流社会及文化相适应，又顽强地保留了自身的族群性，并没有完全融入美国主流社会及文化。同时，他们还采取措施，吸引美国异族人士参与其中，特别是北卡佛光山，在一定程度上形成了美国主流族群主动靠近其他少数族群的局面。

结　语

20世纪50年代后期，随着中国宣布放弃双重国籍和美国移民限制政策的松动，美国华人开始实现从“落叶归根”到“落叶生根”的转变。多少年来，中国的传统观念——“落叶归根”曾经是先辈的金山梦所寄托，可是如今已时过境迁。新来者不再重踏先辈的足迹，临时在美国挣钱，梦想着衣锦还乡。相反，他们像许多欧洲移民一样，举家迁移，或者来与家人团聚，重建自己的生活，实现美国梦。这种变化可用新的说法来表达，即“让落叶随地生根”，或者说是“落地生根”的新观念。[①] 然而，华人真正实现“落地生根”，却需要相当长的一段时期，其所落之地在很大程度上已经不同于其原来所生所长的土地，一切熟悉的人与物都发生了很大的变化。费孝通在讲到中国乡村社会中的人时曾说道：“很多离开老家漂流到别地方去的，并不能像种子落土中一般长成新村落，他们只能在其他已经形成的社区中设法插进去。”[②] 这也是对北卡华人现状的写真，尤其是第一代华人。无论是主动地还是被动地，他们都必须做出调整，以适应美国主流社会及文化。北卡华人的一切调适行为都受到族群认同工具性外在拉力的影响。然而，另一方面，族群认同原生性的内在拉力也在发挥作用，使北卡华人在适应当地社会文化的过程中又表现出自身的族裔特性，使他们不同于周围的其他族群，无论他们喜欢与否。通过对北卡华人

---

① 陈静瑜：《从落叶归根到落地生根——美国华人社会史论文集》，稻乡出版社1992年版，第379页。

② 费孝通：《乡土中国》，江苏文艺出版社2007年版，第78页。

语言、宗教、婚姻与家庭、社会活动和社会关系等方面适应状况与族群认同的调查和分析，我们可以看出，北卡华人的社会文化适应与族群认同的程度受到了中美两国相关政策的较大影响。此外，代际差异、语言掌握程度、受教育程度和心理素质等个体因素在一定程度上也制约着北卡华人的社会文化适应与族群认同的程度。作为美国南部华人的典型代表，北卡华人和聚集在加利福尼亚州、纽约州等地区的美国华人的社会文化适应与族群认同的表现形式，既存在相似处，又存在差异性，有待学术界进行深入的研究。

一、社会文化适应与族群认同的相互作用

北卡华人在适应美国社会文化过程中通常存在两种认同：一是对华人族群的认同，二是对美国主流族群的认同。华人族群认同的拉力越大，则他们适应美国主流社会文化的程度越低；反之，美国主流族群的拉力越大，则他们适应美国社会文化的程度越高。社会文化适应与族群认同是相互作用的。北卡华人适应美国主流社会文化的程度越低，则他们对美国主流族群的认同越低；反之，北卡华人适应美国主流社会文化的程度越高，则他们对美国主流族群的认同越高。

（1）从文化层次上讲，文化适应主要表现为语言和宗教方面的适应。文化适应能力反映在族群认同上，主要表现为对语言和宗教的认同。学术界普遍认为，移民祖籍国文化与居住国文化差异越大，则文化适应能力相对较弱；移民祖籍国文化与居住国文化差异越小，则文化适应能力相对较强。中国文化和美国主流文化之间存在较大差异，造成了北卡华人文化适应的障碍。

首先，语言上的差异使北卡第一代华人不能同华人社区以外的其他族群进行有效的交流，成为文化适应过程中的第一道屏障。为此，很多第一代华人不得不参加各种类型的英文培训课程，加强自身的英文学习，提高

英文水平；还有的第一代华人凭借自身的勤劳刻苦去实现更好地读和说英文，就像前面提到的李百炼先生。但作为伴随其成长的中文，北卡第一代华人还是有着挥之不去的情感。正如英文是北卡第一代华人文化适应过程中的“拦路虎”一样，中文成为北卡第二代华人从小就面临的一个艰难的抉择。父母的期望与压力、族群身份的呼唤以及中文在升学中的作用，使北卡第二代华人对中文学习既爱又恨。北卡的中文学校是他们学习中文的主要场所，在这里，他们在中文老师的带领下，从汉语拼音到汉字再到整篇文章、整本书，一点一滴地汲取自己的族群文字并了解自己的族群文化，无形中也传承着中华文化的内容，同时又不得不与已经深受影响的美国主流文化做比较、做斗争。由于周围的同学、教师和家长基本都是华人，使他们的华人族群身份意识更加凸显，一定程度上唤起了他们的族群认同感。虽然许多北卡第二代华人在中文学校的学习随着年级的升高都中断了，他们要融入美国教育体系而做得更加优秀，但中文学校的学习经历却在他们的人生中占据了重要的地位，使他们深刻认识到自己是华人。

北卡华文报纸目前虽然只有《侨报周末》北卡南卡版一份，却成为北卡华人社区必不可少的一部分。北卡华人，特别是第一代华人，每周阅读《侨报周末》北卡南卡版已经成为他们日常生活中的一种习惯。《侨报周末》北卡南卡版增强了北卡华人社区对本族群的认同感。

其次，宗教是人们文化生活的重要层面，甚至伴随人们的大半生或一生。某一宗教在向外传播的过程中，要想立足于异国，在保持其根本教义、教规的前提下，在表现形式上必须去地域化，进行本土化改革。佛教在美国的传播便经历了并且还在继续经历着一系列本土化的调适。为此，北卡佛光山在宣传方式、佛事活动和社会活动方面都做了一定的调整。北卡华人信仰基督教就像是“入乡随俗”一样，然而，“俗”虽然随了，却是以一种别样的方式呈现出来。究其原因，主要还是文化差异造成的。另外，也有族群认同在“作怪”。北卡很多华人基督教会脱离了当地白人教会，成为自主的华人教会。北卡华人基督徒基本都是当地的华人，其活动内容和形式凸显了华人族群的文化特色。此外，笔者认为，北卡华人基督教会的自主运作一方面是美国多元文化政策的表现，另一方面，美国社会隐性的种族歧视也在其中兴风作浪。北卡华人基督教会的独立增强了华人族群的族群凝聚力，突出了华人族群的族裔特性。无论是北卡华人佛教和还是华人基督教，在未来的发展道路上还会在本土化和族群性之间进行博弈，这不仅取决于北卡华人自身的主观能动性，还取决于美国主流社会对待华人族群的态度。

（2）从社会层面上看，北卡华人的婚姻和家庭观念呈现出族群性的特点。北卡第一代华人在选择恋爱对象和配偶时，多数倾向于在华人族群内部选择，主要原因是族群内部在语言、价值观念等方面差异不大。而北卡第一代华人的族际婚姻家庭中，属于再婚家庭的比率较高，且通婚对象多为白人。北卡第二代华人比第一代华人更青睐族际通婚，且通婚对象也偏爱白人。一是由于北卡第二代华人生长在美国，受到美国主流社会理念的熏陶和冲击，因此理念上与美国主流社会有更多的相似之处，在择偶时也不会存在与主流社会较大的文化差异。此外，由于如今的美国社会实际上还是以白人为主导的社会，虽然种族主义似乎已成过眼烟云，然而“白人至上”的种族观念尚未完全弥散，仍在潜移默化地发挥着作用。在这种形势下，为了融入以白人为主导的美国主流社会，北卡第二代华人存在通过婚姻把自己和后代“洗白”的想法，以摆脱少数族裔身份。在北卡华人的家庭观念中，子女教育和养老观念也在接受着中美社会价值观念的双重冲击。像美国其他地区的华人一样，大多数北卡第一代华人父母依然重视子女的教育，会力所能及地为子女提供各种有利条件，把子女送入美国著名的高等学府。第二代华人虽然思想观念受到美国主流社会的较大影响，希望在家中享有自由平等的地位，但在持有中国教育观念的父母的谆谆教诲下，也不得不快马加鞭，成为“模范少数族裔”所标榜的对象。“养儿防老”这一中国社会传统观念在北卡华人社会中仍然传承着，尤其是对第一代华人。他们有的给父母办了绿卡，把父母从国内接到身边一起生活，以尽孝道。然而往往事与愿违，他们的父母通常不能较好地适应美国社会的生活方式，结果是“痛并快乐着”。相比之下，在美国生活了很多年的北卡华人中的第一代老人，其养老观念已经发生了较大的转变，更倾向于独立、自由的生活。

在北卡华人的社会活动中，北卡华人社团所起的作用非常突出。北卡华人社团属于美国新型华人社团，发挥着多种社会功能。首要功能是服务当地华人社区，通过举办各种活动，促进北卡华人之间的交流，增强北卡华人社会的族群凝聚力和族群认同感。北卡华人社团也在尝试与当地非华人族群建立友好关系，增进相互了解和交流，造就和谐的社会关系。北卡华人社团还致力于沟通北卡与中国的相互交流与合作。对于政治，北卡华人从最初的漠不关心转变为主动参与，因为他们意识到政治话语权对提高华人的社会地位至关重要。要想拥有政治话语权，必须参与到北卡的政治舞台中去，争取一席之地。目前，北卡华人的政治参与活动尚处于萌芽阶段。其中，选民登记投票要早于其他政治参与形式，也是北卡华人最广泛使用的政治参与形式。政治募捐形式也开始逐渐升温，但主要还是针对为北卡政要人物的募捐活动，目前北卡华人还未能在政界占据重要官职。精英参政也是刚刚迈出竞选的第一步，有待更多的北卡有识之士参与其中，代表北卡华人发声。北卡华人在政治参与过程中存在两个潜在的问题：一是党派支持和募捐无区分，以私人关系为主，受中国传统观念影响较深，这有可能会削弱北卡华人的政治影响力；二是参与政府职位竞选和争取委任的各方面策略尚未成熟，需要日臻完善。

社会关系是衡量少数族群适应当地社会的一个重要指标。北卡华人内部关系比较和谐，虽然居住模式相对分散，但华人之间的相互往来还是比较频繁的。华人族群内部偶尔也会传出不和谐的音符，但并没有影响北卡华人整体的和谐关系。生活在多族群的社会大环境中，北卡华人试图同其他族群建立良好的社会关系，同时又保持着一定的族群偏好和交往距离。其中，族群文化差异和思想中固有的种族偏见很大程度上影响了北卡华人与其他族群的往来。如何缩小文化差异、摒弃种族偏见，不仅是北卡华人和其他族群面临的一个难题，也是美国和世界移民国家亟待解决的一个难题。

二、族群认同的复杂性与多样性

美国华人学者王灵智先生认为，不管身在何处的华人，都不应该为自己的黄皮肤、黑头发感到自卑，更不应该为了适应当地族群或政府的某种需求，放弃自己的种族认同而被同化，应该为自己的语言、为自己的文化感到骄傲。[①]笔者认为，王灵智先生的这一观点是主张华人加强对自身族群的认同，即加强对自身原生性的认同。然而，通过对北卡华人的社会文化适应的研究，笔者发现族群认同的原生性和工具性通常是交织在一起的。例如，第二代华人学习中文，既体现出传承中华文化的原生性，也具有明确的目的性：一方面是为了更好地迎合美国主流社会，另一方面是为了抓住中国高速发展的机遇，从而实现向上的社会流动，提高自身在美国的经济地位与政治地位。从笔者的调查来看，北卡华人族群工具性认同的一面表现尤为显著。此外，北卡华人，特别是精英人物，还会有意地利用华人族群认同的原生性，团结当地华人来争取自身的经济利益和政治利益。从另一个角度来看，美国主流社会仍然存在隐形的种族歧视与偏见，如周敏所说："即便今天，虽然华人的社会地位不断提高，一些社会流动的硬指标，如教育、职业和收入水平，华人已经接近甚至超过白人，但他们在群

① 参见 http：//www. xmqs. org/old/0601 - web/06 - 11m - qx/061121 - wlz. htm。

体的层面上还是被种族分层制度所边缘化。”① 而主流社会的隐形种族歧视与偏见会促使北卡华人站在同一条战线上，凝聚在一起，共同应对来自主流社会的不公正待遇。

关于族群认同，本书探讨的焦点是北卡华人对华人族群的认同和对美国主流社会族群的认同，这也表现出一定的复杂性与多样性，特别是在当地第二代华人身上。北卡第二代华人的婚姻家庭生活和文化特征，与第一代华人相比，表现得更加复杂和多样化，从中可以看出他们的族群认同比第一代华人也更为复杂化和多样化。例如，本书前面提到的 Joe，当笔者问及 Joe 如何确认自己的身份时，他坚定地回答说：“我首先是一个美国人，然后是华裔美国人。”接着，当笔者问他的社交圈都包括什么族裔时，他回答说：“上学时，华人同学很少，所以一般我的朋友都是其他族裔的，但是现在忽然发现我通讯录里的联系人百分之九十左右都是华人！”② 社交圈发生了这样的转变，Joe 自己也觉得惊讶！他接着解释说，可能是他总去华人教会，教会的朋友比较多。另外，一起经常打排球的朋友也都是华人。在北卡，有很多像 Joe 一样的第二代华人，他们在族群认同上更倾向于美国主流族群，然而社交圈却又离不开华人族群，尤其是在第二代华人之间通婚或第二代华人与第一代华人通婚的情况下。另外，北卡第二代混血华人的族群认同情况则更加复杂。多琳居住在北卡的一个小镇，具有一半华人血统，一半白人血统。从小她就感觉她的体质特征与周围的白人不同。她很想知道自己的父亲是谁，但是她的白人母亲拒绝告诉她。和白人相比，她更愿意与华人在一起。她说她喜欢住在中国人或华人多的地方，但是她的丈夫在北卡工作，所以不得不在北卡买房子定居。虽然华人也没有把她看作一个完全的华人，但她自己觉得无所谓，至少他们没把她当作

① 周敏、刘宏：“海外华人跨国主义实践的模式及其差异——基于美国与新加坡的比较分析”，《华侨华人历史研究》，2013 年第 1 期，第 6 页。

② 来自笔者与 Joe 的访谈内容，2013 年 12 月。

白人看待。多琳提到，她的一个邻居曾经问过她的国籍。她回答后，那位邻居说："我知道你不是纯白人。"对此，她表示气愤，"见鬼！什么是'纯白'？谁是'纯白人'？所有这些白人不都是从某个地方来到这里的吗？所以，我叫我自己杂种。"[①] 对多琳来说，她在族群身份上认同华人，同时可以看出，她很反感别人对她族群身份归属的议论。然而，多琳在族群身份上更认同华人这一点并不能说明所有第二代混血华人都认同华人族群，北卡有些第二代混血华人则更认同美国主流族群。对此，不能简单地"一刀切"。

还需要指出的是，除了上述这两种族群身份外，在北卡华人中还存在对其他族群身份的认同。葛永光（Ger Yeong-Kuang）归纳了美国华人可能存在的5种族群身份认同选择：与中国人交往时的中国人认同，与非美国人交往时的美国人认同，与大多数族群交往时的华人认同，联合亚裔族群时所利用的亚裔认同，与其他有影响力的少数族群合作时所使用的少数族群认同。葛永光认为，族群身份的选择变成了获得族群目标的一种策略或工具。[②] 笔者认为，他的划分具有一定的意义，却不具有普遍性。以"与中国人交往时的中国人认同"为例，现实中往往并不完全如此。笔者在调查中发现，有些北卡华人在与来自中国的人士交往时，会有意地强调自己的美国人认同，而非中国人认同。

综上所述，族群认同本身就具有复杂性和多样性，在做族群认同领域的相关研究时一定要特别注意。关于族群认同，本书虽然有所涉及，但还是比较有限，希望在将来的研究中有所弥补。

---

① Claire S. Chow, "Ethnicity and Identity: Creating a Sense of Self", in Diversity – Strength and Struggle, Joseph Calabreses & Susan Tchudi (eds.), New York: Pearson Education Inc., 2006, p. 40 – 42.

② Ger Yeong – Kuang, *Ethnic identity and ethnic Political Development: The Experience of Chinese Americans*, Ph. D. dissertation of University of Wisconsin – Madison, 1985. p. 180.

三、华人的社会文化适应与族群认同深受中美两国政策的影响

自有华人移民美国以来，华人的社会文化适应与族群认同就受到了中美两国政策的双重影响，其中，美国相关移民政策直接影响到华人在美国的生存与发展。自清代以来，中国的侨务政策几经变迁，对美国华人的态度从忽视转变为越来越重视。

19 世纪中期，美国对前来的华工采取自由移民政策。华工来到美国也是短期的打算，希望挣到足够的钱后能够衣锦还乡。美国国内对华工也是称赞有加，“在最初的几年，华人受到欢迎、赞扬，并且被认为几乎是不可缺少的。那时，没有种族厌恶情绪。由于工业上的需要，华人尚有立足之地，日子还过得去。”[①]邓蜀生认为，这个所谓自由移民政策的“自由”是附加种种严苛法律限制的，也就是在这个“自由移民”时期，出现了使美国历史蒙羞的、加害华人的、大规模的、有组织的肆虐暴行，这是应该受到谴责的种族主义表现。[②] 1882 年，美国出台《排华法案》，迫使许多华人返回中国，还有的被迫到旧金山、西雅图、洛杉矶等城市较大的唐人街里避难。美国的排华政策一直持续到第二次世界大战前。1943 年 10 月，美国颁布《马格纳森法》，废除了所有排华法案，对中国移民实行配额制。在这 61 年的排华期间，老一代华人不敢轻易踏出唐人街，失去了与其他族群的交流，维持着中国传统的社会、文化模式。在族群认同上，更认同自己为中国人。1944 年至 1965 年期间，美国又出台了一系列法案，如《战时新娘法》《美国军人未婚妻法》《难民救济法》。1944 年到 1965 年，根据限额入境的华人只有 5 891 人，可是根据非限额入境的却有 47 068

① 亚历山大·麦克劳德：《辫子与金沙》，引自陈依范著：《美国华人史》，世界知识出版社 1987 年版，第 71 页。

② 邓蜀生：“关于美国华人历史的几点思考”，《世界历史》，1988 年第 1 期，第 117 页。

人。[1]《1965 年移民法案》的颁布、平权运动的胜利以及多元文化政策的实施，使华人移民与主流社会和其他族裔有了全面的接触。土生华人积极融入美国主流社会，许多人已基本上与中国文化脱钩，特别是没有接受过中文教育的华人，更加认同美国主流社会文化。20 世纪 60 年代后，不涌入美国的新移民通常会主动地做出调适，以适应美国主流社会。与此同时，多元文化政策的实施让美国华人移民可以自由地传承和发扬从中国移植过来的中华文化，并做出相应的调整，以适合自身发展和美国大环境的需求。

北卡华人也正是沿着这条道路改变并保留着自身的社会文化的。然而，像美国其他华人一样，北卡华人并不是一味地顺从美国政府实施的相关移民政策，听之任之；一旦美国政府要出台不利于华人或亚裔的政策时，北卡华人就会团结一致，共同声讨。以加州 2014 年第五号提案为例（SCA5）。2014 年 1 月，加州参议院通过一项法案，提出把美国公立大学亚裔学生的比例从原来的 40% 降至 15%，提高非裔和拉美裔学生的入学率。这项法案如果在加州众议院通过，则将在 2014 年 11 月进行全州公投。这一法案刚一出台，立刻引起了美国各州华人和其他亚裔的极力抗议，认为这是明目张胆的种族歧视行为。华人和其他亚裔族群重视子女教育，子女成绩优秀，反而还要被压制，有悖美国公平竞争的理念。美国各州华人纷纷联合其他亚裔走上街头举行游行示威活动。北卡华人齐声声援，在网络上踊跃投票，反对 SCA5 提案。最终，加州众议院暂停 SCA5 法案，包括北卡华人在内的美国华人和其他亚裔取得了胜利。

祖籍国对移民群体的适应与认同也不容忽视。19 世纪中期鸦片战争结束后，西方列强迫使清政府签订了一系列丧权辱国的不平等条约。19 世纪 60 年代起，西方列强纷纷在中国设立了领馆和使馆。在西方列强和海外华

---

① 邓蜀生：《世代悲欢“美国梦”——美国的移民历程及种族矛盾（1607—2000）》，中国社会科学出版社 2001 年版，第 241 页。

侨的极力要求下，清政府才开始在一些国家派遣使节，设立使馆、领馆。另外，有学者认为，清政府由于大量的战争赔款、借款，进出口贸易亏损巨大，财政极度困难，大量白银外流，镇压太平天国和其他起义，耗费浩大，加上两年水旱风灾，财政极端困难。几百万海外华侨的汇款、捐款及华工出国的注册费等，使清政府可以周转一时。[①] 1875 年 12 月，清政府开始任命驻美公使。虽然他们在保护华侨权益和排华运动中付出了很大的努力，但作为弱国，其外交必然要受到强国的压制，依然没能够阻止美国全面的排华运动。美国华人成为被歧视、被排斥的对象，与当时清王朝统治的每况愈下、日薄西山的局面有着一定的关系。民国时期，以袁世凯为首的北洋政府和以孙中山为领袖的南方革命政府制定了相应的侨务政策。其中，南方革命政府的侨务政策取得了较大的成果。抗战时期，国民党政府继承了孙中山的侨务政策，采取双重国籍，主要体现在维护华侨权益与安全、吸引华侨人力物力资源支持国家抗战及号召华侨协助友邦抗敌等方面。[②] 自晚清到抗战，中国一直处于内忧外患时期。在此期间，华人在美国受到了歧视和排斥，基本处于孤立、隔离的状态，更加把自己认同为中国人。1949 年至 1954 年，中华人民共和国政府在侨务政策上基本沿袭了国民政府时期的做法，即以血统主义为原则，所有海外中国人都是中国的国民，都应对中国政府尽义务；同时，中国政府对华侨负有保护责任。[③] 然而，要求华侨政治上认同中华人民共和国、行动上配合中华人民共和国政府的号召激起了华侨所在国政府的恐慌，迫害华侨事件在“反共”的借口下愈演愈烈。[④] 中华人民共和国成立之初，政治、经济、军事和外交上

① 万晓宏：“浅谈清政府对海外华侨政策之演变”，《八桂侨刊》，2001 年第 1 期，第 13 页。

② 伍菁：《抗战时期的侨务政策与华侨的历史作用》，《安徽大学学报（哲学社会科学版）》，2006 年第 1 期，第 96 页。

③ 庄国土：“新中国政府对海外华侨政策的变化（1945—1965 年）——新中国侨务政策研究之一”，《南洋问题研究》，1992 年第 2 期，第 1 页。

④ 庄国土：“新中国政府对海外华侨政策的变化（1945—1965 年）——新中国侨务政策研究之一”，《南洋问题研究》，1992 年第 2 期，第 3 页。

还不具备强大的力量保护海外华侨。1954 年后，中国政府对海外华侨的政策发生了很大的转变：宣布放弃双重国籍，鼓励华侨加入所在国国籍，在文化和政治上认同所在国。“文化大革命”时期，中国侨务政策趋于紧张，华侨华人被视为敌对的“资产阶级”，有海外关系的人被看作危险的人。改革开放后，中国政府重新把经济建设调整为工作重心，关注海外华侨华人的发展和实力，重视他们在改革开放中的重要作用，实施有效的侨务政策，吸引海外华侨华人与中国在经济和科技等领域的交流与合作。总的方针为：保护华侨的正当权益，发扬爱国爱乡的传统；鼓励华侨自愿加入当地国籍，为促进所在国经济繁荣以及祖国和所在国的合作与交流发挥作用；保护归侨、侨眷的合法权益，适当照顾其特点，发挥海外联系的优势，为祖国建设做贡献。① 21 世纪以来，中国的侨务政策进一步进行了调整，一方面延续之前的政策，鼓励海外华人归化居住国；另一方面，在注重招商引资的同时，也更加注重人才的引进，吸引海外高科技人才为国家服务。

北卡华人十分关注中国的发展与变化，他们认为，中国经济的快速增长、中国的日益强大以及中国整体形象的提升，会促进他们在美国社会地位的提高。这在某种程度上符合美国学者孔飞力的观点：“中华人民共和国努力通过在经济和政治上提供各种有利条件，去吸引海外华人，然而，如此政策可能被某些华人利用来为他们自己在移入国谋取个人利益。”② 孔飞力所指的个人利益应当是个人在居住国地位的提高，这是族群工具性的一种表现形式。除此之外，笔者认为，虽然北卡华人已获得美国的绿卡或公民身份，但是他们源自于中华民族的族群身份是不可能改变的。这一族群上的同根同种也像一根隐性的绳索，牵引着他们关注中国和与中国的往

---

① 庄国土：“1978 年以来中国政府对华侨华人态度和政策的变化”，《南洋问题研究》，2000 年第 3 期，第 6 页。

② 孔飞力，李明欢译：《他者中的华人——中国近代移民史》，江苏人民出版社 2016 年版，第 383 页。

来。最主要的莫过于经济领域，个人大规模在华投资现象在北卡华人中还很少见。历史上，在排华时期，美国华商和华工同样受到种族歧视，同样受美国主流社会的排斥，商人与劳工只能住在唐人街，在夹缝中求生，两个对立的阶层被迫相互依赖，共同对抗美国主流社会的打压和排斥。[①] 不像新加坡等一些东南亚国家的华商，经济活动的范围不只是局限于居住国，还和祖籍国之间存在商贸往来，这是历史原因。关于现实原因，前面已有所涉及，北卡华人主要以从事高科技领域和教育领域的人才为主，多数在北卡的大型高新科技企业和高校工作，经商人数甚少，没有形成像东南亚那样的商业气氛。少数经商的北卡华人也多集中于餐饮、零售业、修理行、诊所、律师事务所、房地产中介等行业，同时也有少数北卡华人创建了高科技产业公司，但整体上看，还没有形成较大的规模和获得较大的利润。因此，具备在中国再投资创业的实力还有待时日。

到中国大规模个人投资虽然还有待时日，但北卡华人最近一些年却非常重视北卡与中国的交流与合作，主要起到为北卡和中国牵线搭桥的作用，特别是最近几年，北卡华人社团在这方面很活跃。对此，本书已经有所述及，其中，尤其是商业社团和科技社团，为促进北卡和中国经济上的往来所做出的努力最为显著，有时是一个社团独自承担，有时是两个或多个社团联合起来行动。这种现象可以看作北卡华人跨国主义的一种表现形式。跨国主义被定义为“移民在祖籍国与移居（接收）国之间所建立并维系的多层社会关系的动态过程”[②]。它既包括经济层面的，也包括政治层面的；既有以个体为单位的跨国主义行为，也有以群体为单位的跨国主义行为。群体跨国主义行为在北卡主要表现为华人社团的广泛参与。在政治层面，一方面表现为促进北卡州政府和中国各级政府的往来，如建立友好省

① 周敏、刘宏：“海外华人跨国主义实践的模式及其差异——基于美国与新加坡的比较分析”，《华侨华人历史研究》，2013 年第 1 期，第 8 页。

② 周敏、刘宏：“海外华人跨国主义实践的模式及其差异——基于美国与新加坡的比较分析”《华侨华人历史研究》，2013 年第 1 期，第 3 页。

州和友好城市关系，目前已结成两对友好州和六对友好城市；另一方面表现为中国驻美大使馆和北卡州政府的往来穿针引线。每当北卡华人社团举办一些大型活动时，都会邀请中国驻美大使馆和北卡州政府政要人物来参加，加深了中国驻美大使馆和北卡之间的相互了解和交流，有利于双方开诚布公地解决相关的实际问题。2016 年 2 月中国传统春节来临时，中国驻美大使馆在北卡夏洛特市举办了春节招待会，这是中国驻美大使馆第一次在华盛顿特区之外召开春节招待会，其中，南北卡华人工商总会做了不少工作。同时，这次春节招待会还邀请到了北卡州长、州议员和州务卿等政要人物莅临并致辞。

移民在祖籍国的参与和在移居国的融入或同化并非相互独立、互相排斥的过程。①以往美国所推崇的逼迫少数族裔彻底抛弃原有族群文化的同化政策并没有取得既定的效果，反而激起了很多少数族裔的反抗和对自身族群文化更深刻的意识。整体而言，美国国内所采取的移民政策和中国的侨务政策都使北卡华人从中受益，为他们提供了有利的条件，使他们在适应美国社会文化的同时也能够发挥自身的能动性，游走于祖籍国和居住国之间。同时，北卡华人也积极利用这些有利的政策发展自身，促进中美经济与政治等方面的交流与合作。笔者认为，这其实是一种“三赢”的局面——北卡华人、北卡和中国都从中获益，各取所需。北卡华人希望寻求更好的发展机会，使自身在美国的经济地位和社会地位有所改善和提升，实现向上的社会流动，北卡州政府和中国希望从彼此的经济合作中获得发展，加强彼此的交流。

此外，个体因素对华人的社会文化适应也发挥着一定的影响作用，如代际、语言掌握程度、受教育程度、心理素质等因素。如何利用个体因素中好的一面、摒弃不好的一面，也是摆在华人面前的一个挑战。成功适应

---

① 周敏、刘宏：“海外华人跨国主义实践的模式及其差异——基于美国与新加坡的比较分析”，《华侨华人历史研究》，2013 年第 1 期，第 4 页。

美国主流社会的华人以第二代华人移民居多。至于1.5代华人移民，因为移民的时间相对较早，幼年或童年时期就随父母移民美国，在祖籍国经历的社会文化经验越少，受到祖籍国价值观念、思维方式和行为方式的影响也越小，因此，对移入国社会文化适应的程度就会越高。1.5代华人社会文化适应速度尚且如此，更不要说土生土长的美国第二代华人了。美国皮尤研究中心的研究报告显示，九成的亚裔第二代移民英语使用熟练，比第一代移民英语水平普遍要高，但在继承语的使用上，亚裔第二代中只有四成声称能和他们的父母水平一样。亚裔第二代移民教育成就和经济成就也明显高于第一代移民。亚裔第二代移民有六成认为自己是“典型的美国人”，而第一代移民只有大概三成认为自己是“典型的美国人”。但多数第二代移民对自己的“根”还是有着强烈的认同感。大多数第二代移民说他们通常以家庭的祖籍国或泛族群或种族标签来鉴别自身。此外，64%的美国亚裔第二代认为他们和其他主要种族和族群相处融洽，比第一代亚裔有更多本族裔之外的朋友。亚裔跨族裔婚姻的比例占23%，远高于全美平均水平8%。[①] 此外，第二代华人政治参与的程度也高于第一代华人，这可以从到目前为止美国华人官员多数是第二代及以后代际为主得到证明，如在美国政治舞台上展露光芒的赵美心、刘醇逸和骆家辉等人。北卡第二代华人的社会文化适应程度明显高于他们的父母，如英语的熟练程度、族际通婚的比率、其他族裔的社交圈等。需要指出的是，虽然北卡第二代华人与其他族裔的社会交往较其父母要多，但是随着年龄的增长，他们与其他族裔的社会交往有减弱的趋势，更趋向于同华人或亚裔族群交往。在族群身份认同上，从儿童时期的一无所知到少年时期的懵懂再到青年时期的彷徨；青春期后，第二代华人对自己的族群身份的认同慢慢变得泰然了，坚定地认为自己是美国人或亚裔美国人或华人。虽然大多数北卡第一代华人

① 参见 http：//www. pewsocialtrends. org/2013/02/07/second - generation - americans/。

已经成为美国公民或是持有美国绿卡，但价值观念、思想意识和行为方式仍然处处流露出中华文化的深远影响。

语言是移民社会文化适应的先锋，语言不通或是不熟练，必然会影响移民在移入国的适应程度，包括学习、工作和生活的各个方面。很多北卡第一代华人由于英文程度不高，在找工作时受到了限制，交友也受到了限制，只能局限于当地的华人社会，更加认同华人族群。要想摆脱这种尴尬的局面，提升向上流动的空间，学好、用好英文是摆在很多北卡第一代华人面前的一项重大任务。对此，当地华人领袖人物李百炼深有感触。详细介绍见本书附录四。

在2013年于海南举办的青年领袖圆桌“共同发展：教育的使命”论坛上，美国前劳工部长赵小兰指出：教育是传统的改变人的命运的一种方式，我们看新移民群体，在美国，这些美国新移民他们获得了高等教育之后，被社会所吸收，融入美国社会的机会远远高于没有接受高等教育的新移民。[①] 北卡华人中高学历的人才占据了很大的比例，就像当地经常有华人开玩笑说：“满大街随便拉一个就是博士。”相对于学历较低的华人移民而言，他们对美国社会文化会了解得更加深入，也容易采取一定的调适策略。此外，高学历华人移民更易获得薪水较高的工作机会，生活水平整体上处于美国社会的中上等阶层。生活的安逸和无忧也使他们愿意向美国主流社会靠近。

个人的心理素质对移民的社会文化适应程度来说也很重要。林飞龙认为，移民的心理素质包括态度与个性。有利于文化适应的态度，包括知识定向，认识到别人拥有比自己更有价值的知识，有对新文化的正面态度和文化移情，以他人的文化视角看问题的能力。[②] 笔者认为，能够正确地看待移入国的文化非常重要。笔者在调查中发现，有些华人对其他族群的社会文化，包括主流社会文化，持有较大的偏见。如针对美国很多白人和黑

① 参见 http：//business. sohu. com/20130406/n371788468. shtml。

② 林飞龙：“华侨华人社会适应内在机理探析”，《东南亚纵横》，2008年第4期，第65页。

人父母不愿意或无能力给子女支付大学学费的现象，一些第一代华人父母表示，这是对自己子女不负责任的表现。子女无后顾之忧，才能更好地接受高等教育，顺利完成学业。他们认为美国父母所坚持的观念——让子女上大学后要学会独立，只是他们推卸责任的借口。其实，这只是中美家庭教育观念之间的差异而已。有利于文化适应的个性因素包括：忍耐力，耐性，容忍力，压力应对能力，持续的人格弹性，自信，健康的自尊。不利于文化适应的个性因素包括：完美主义，刻板，教条主义，民族优越感等。[①] 家住罗利的 S 女士移居到北卡已有 20 多年，在北卡一所大学教书。谈到这里的华人，她总是满怀自豪："中国人在这里是最棒的。""中国人这么聪明，谁还能骗了中国人。"

虽然上述个体因素在北卡华人的社会文化适应与族群认同中有着较大的影响，但也不是每个华人天生就具有全部的有利个性因素或全部的不利个性因素，只是或多或少的问题。在社会文化适应过程中，应当注意培养自身的有利个性因素，意识到并自觉控制、突破自身不利的个性因素。实践证明，通过个人的主观能动性，努力克服个体中的消极因素，照样可以较快、较好地适应美国主流社会文化。

北卡华人是美国华人的重要组成部分，更是美国南部华人的典型。同样作为华人，北卡华人在一定程度上又异于加州、纽约等华人高度聚集地区的华人。这和华人移民背景、移民人数规模与类型、居住格局等诸多因素存在内在的关系。北卡华人大规模移民时间较短，始于 20 世纪 60 年代后，几乎晚于加州华人一个世纪。北卡华人的人数更是远远不能和加州、纽约等华人聚集的地区相比。美国有超过一半的华人居住在加州和纽约州。北卡华人中以高学历的高科技人才、金融业人才和高等教育人才为中坚力量，因此在该州以中产阶级为主。在加州、纽约等华人聚集地区，华

① 林飞龙："华侨华人社会适应内在机理探析"，《东南亚纵横》，2008 年第 4 期，第 65 页。

人类型比较多元化，既包括上述领域的中产阶级人士，也包括许多从事华人传统产业的传统移民——生活状况低于中产阶级，还包括一些财力充足的企业家。从居住格局上看，北卡华人虽然相对集中居住在北卡的几个小城市，但和其他族裔呈现出混居模式。北卡华人社区属于令狐萍所讲的华人文化社区范畴。加州、纽约等华人聚集的地区，既有华人居住在唐人街，也有华人居住在与其他族群——特别是白人混居的郊区社区。在调查过程中，北卡华人十分强调他们与加州、纽约州等华人聚集地区的华人的不同，尤其是强调他们的高学历背景和中产阶级身份。

美国南部华人是美国华人大家庭的成员。然而，国内外学术界针对美国南部华人的研究还不够。到目前为止，只有少数几位美国学者对美国南部华人进行过研究。例如，露西·马坤·科恩1984年所著的《内战后在南部的中国人——没有历史的一批人》一书，还有前面提及的詹姆斯·洛温所著的《介于黑人与白人之间的密西西比的华人》一书。中国学者对美国南部华人的研究屈指可数。早期的研究，如赵善明1978年发表的一篇名为《佐治亚州古斯塔城的中国人》的论文；1989年，杨令侠曾经对美国南部早期中国移民做过简略的介绍，讲述了美国内战前后至重建时期中国“苦力”进入美国南部的短暂历史。[①] 但她的介绍主要也是基于美国早期几位学者的研究。近年来，对美国南部华人的研究只有雷有光2012年的一篇博士论文，它是以密西西比州杰城华人为例，针对海外华人民族文化传承进行的研究。此外，在研究美国南部华人时，还需要同美国北部华人进行必要的对比研究，如移民历史、所从事的行业、居住格局等，发现两者之间的异同，这样才能够完善对美国华人的整体研究。本书中，笔者把北卡华人与美国北部华人做了相应的对比分析，但在深度上还有待进一步深化，这也是笔者未来研究中需要重点关注的方向。

① 杨令侠：“美国南部的中国早期移民”，《历史教学》，1898年第8期，第7~9页。

附　录

附录一：Informed Consent Form for Research

North Carolina State University

Title of Study：Chinese Americans' Ethnic Identity and Ethnic Relations in North Carolina

Principal Investigator：Li Liu　　　　Faculty Sponsor (if applicable)

What are some general things you should know about research studies?

You are being asked to take part in a research study. Your participation in this study is voluntary. You have the right to be a part of this study, to choose not to participate or to stop participating at any time without penalty. The purpose of research studies is to probe Chinese Americans' ethnic identity and ethnic relations in North Carolina. You are not guaranteed any personal benefits from being in this study. Research studies also may pose risks to those that participate. In this consent form you will find specific details about the research in which you are being asked to participate. If you do not understand something in this form it is your right to ask the researcher for clarification or more information. A copy of this consent form will be provided to you. If at any time you have questions about your participation, do not hesitate to contact the researcher(s) named above.

What is the purpose of this study?

The purpose of this study, on one hand, is to explore Chinese Americans' ethnic identity by concentrating on several aspects of their life, such as language use, family values, education and marriage; on the other hand, this study also aims to probe the relations between Chinese Americans and non- Chinese Americans in North Carolina. Therefore, this study would definitely help Chinese Americans in North Carolina deeply realize their ethnic identity, and meanwhile, it would also make other people understand more about Chinese Americans in North Carolina and strengthen the relations between Chinese Americans and non-Chinese Americans in this state.

What will happen if you take part in the study?

If you agree to participate in this study, I would make an appointment with you for an interview, either in your home or in a public area, which depends on you. First, you need to fill out a background survey form concerning your basically personal information. It may take around 10 minutes. Then, you would be asked to answer some questions with regard to your life in North Carolina, such as language use, family values, education and marriage. The interview may take around two hours.

Risks

No risks or discomfort from participation are foreseeable. During the interview, your words will be recorded for the purpose of transcription and the files will be deleted then. The data you provide will be protected by the researcher and other people cannot access it. Moreover, no personally identifying information needs to be given. No reference will be made in oral or written reports which could link you to the research. Additionally, you may choose to withdraw from the interview at any time.

Benefits

There are no financial incentives to provide for you; however, your participation would definitely make people understand more about Chinese Americans and strengthen the relations between Chinese American and other ethnic groups in North Carolina.

Confidentiality

The information in the study records will be kept confidential to the full extent allowed by law. Data will be stored securely in state measures taken to protect the security of data. No reference will be made in oral or written reports which could link you to the study. You will NOT be asked to write your name on any study materials so that no one can match your identity to the answers that you provide.

Compensation

You will not receive anything for participating. However, your help to participate in this study is greatly appreciate and would contribute to explore Chinese Americans' ethnic identity in North Carolina and their current relations with other ethnic groups.

What if you are a NCSU student?

Participation in this study is not a course requirement and your participation or lack thereof, will not affect your class standing or grades at NC State.

What if you are a NCSU employee?

Participation in this study is not a requirement of your employment at NCSU, and your participation or lack thereof, will not affect your job.

What if you have questions about this study?

If you have questions at any time about the study or the procedures, you may contact the researcher,

Li Liu, lliu18@ ncsu. edu

What if you have questions about your rights as a research participant?

If you feel you have not been treated according to the descriptions in this form, or your rights as a participant in research have been violated during the course of this project, you may contact Deb Paxton, Regulatory Compliance Administrator, Box 7514, NCSU Campus (919/515 -4514) .

Consent to participate

"I have read and understand the above information. I have received a copy of this form. I agree to participate in this study with the understanding that I may choose not to participate or to stop participating at any time without penalty or loss of benefits to which I am otherwise entitled."

Subject's signature ____________________ Date ____________________

Investigator's signature ____

附录二：Recruit Letter to Participants

Dear Participant,

I am currently conducting a research on Chinese Americans' ethnic identity and ethnic relations in North Carolina, which would form the basic data of my PhD dissertation. The Institutional Review Board (IRB) of NCSU has approved this research. Now I need your help to participate in the research. If you choose to participate, I would make an appointment with you for an interview. First, you need to fill out a background survey form concerning your basically personal information. It may take around 10 minutes. Then, you would be asked to answer some questions with regard to your life in North Carolina, such as language, education and your communicative circles. The interview may take around two hours.

During the interview, your words will be recorded for the purpose of transcription and the files will be deleted then. Moreover, no personally identifying information needs to be given. No reference will be made in oral or written reports which could link you to the research. There are no financial incentives to provide for you; however, your participation would definitely help Chinese Americans deeply realize their identity in North Carolina, and meanwhile, it would also make other ethnic groups understand more about Chinese Americans in North Carolina and strengthen the relations between Chinese Americans and non – Chinese Americans in this state. Your participation in the research is greatly appreciated.

If you would like to participate or have any questions, please let me know, either by emailing me at lliu@ ncsu. edu or calling me at 919 – 793 – 8874. Thank you for your precious time again.

Respectfully,

Li Liu

附录三：访谈概要

Background Survey for Chinese American Interviewees

Instruction: The following questions are for the purpose of collecting your personal and family information before the interview. In doing so, the researcher may understand some basic information about you and your family so as to conduct interview quickly and successfully. You need to write down the corresponding answer or check the best choice to each question. The researcher will collect the form before the interview starts.

1. The Year You Were Born: ___________

2. Your Gender:

A. Male　　B. Female

3. Your Occupation: ___________

4. Do you have a religion?

A. Yes　　B. No

5. If you choose "Yes" to the Question 4, what is your religion then? ___________

A. Christianity　　B. Catholicism　　C. Buddhism　　D. Taoism

E. Muslim　　F. Other: ___________

6. Your preferred language is ___________.

A. Chinese　　B. English

C. Both Chinese and English　　D. Other: ___________

7. Please write down your birthplaces, your parents and your grandparents

(If either you or they were born in China, please write down the province name in China; if either you or they were bore in U. S. or another country, please write down the state name of U. S. or another country's name.)

Your Birthplace: ________________

Your Father's Birthplace: ________________

Your Mother's Birthplace: ________________

Your Father's Father's Birthplace: ________________

Your Father's Mother's Birthplace: ________________

Your Mother's Father's Birthplace: ________________

Your Mother's Mother's Birthplace: ________________

8. The Year When You started to Live in North Carolina: ____________;

Please write down the reason (s) you settled in North Carolina

____

____

____

9. The State (s) You Lived in before North Carolina:

____

10. Your Education Level (If you received the corresponding education in China, please write down the corresponding province; if you received the corresponding education in U. S. , please write down the corresponding state; if you received the corresponding education in other countries, please write down the corresponding country's name.):

Preschool: ______________________________

Elementary School: ____________________

Middle School: ______________________________

High School: ______________________________

College/University: ______________________________

Graduate School for MA: ______________________________

Graduate School for PhD: ______________________________

11. Your Martial Status: __________

A. Single B. Married C. Separated/Divorced D. Widowed

12. Your spouse is a/an __________. (If you are single, please skip this question and the following questions)

A. Chinese B. Chinese American C. Other Asian American D. White American

E. African American F. Latin African G. Native American H. Other: __________

13. The Number of the Children You Have: __________

His/her/their age (s), gender (s) and birthplace (s):

____

____

____

____

Interview Guide for Chinese Americans

Instruction: Thank you for your participation to this interview! First, you will be asked to answer some questions about your understanding of your life, such as language use, family values, education, marriage, religion, diet habits and customs. Next, you will be asked to talk about your communication with people around you, especially with non – Chinese Americans in North Carolina. Please feel free to answer these questions. If you are not willing to answer one or some of these questions, just ignore it or them. Moreover, you can withdraw from this interview at any time without penalty or loss of benefits.

Language Use

The first generation interviewees:

1. How is your Chinese and how is your English?

2. Do you often read Chinese newspaper or magazine, watch Chinese TV programs or browse Chinese websites? Why or why not? How's English newspaper, TV programs or websites?

3. Which language do your family members usually speak?

4. If you have children, in which degree do you think your children should learn Chinese and why?

5. If you have children, do you or did you teach them to learn Chinese or send them to Chinese school to learn Chinese? How are your children's feelings?

6. Have you ever upset that your children will abandon Chinese? Why?

The second generation interviewees:

1. How is your Chinese and how is your English?

2. Which kinds of newspaper, magazine, TV program or website do you concern about?

3. Can you write Chinese characters? Some or most Chinese characters?

4. In which situations will you use Chinese or Chinese characters?

5. Which language do your family members usually speak?

6. When you were small, did your parents require you to learn Chinese and speak Chinese? How was your feeling?

7. Is it important for you to learn Chinese? Why?

Education

The first generation interviewees:

1. Are/Did you going to move/move to a certain community so that your children could be enrolled by a good school?

2. Did/Will you force your children to attend some activity classes after school? What were these classes?

3. Will/Have you have/had any expectations for your children about their education level?

4. Will/Have you save/saved money for your children's college tuition? Are you willing to pay for them? And is it parents' obligation to pay tuition for children?

5. Compared with non – Chinese American parents, what are differences of children education between you and them?

The second generation interviewees:

1. Did you attend some activity classes after school? What were those classes? Did your parents urge you to attend those or were you willing to attend those? How do you think of those activity classes now?

2. Did your parents move your home to another community so that you could

go to a good school?

3. How do you think of the relations between good elementary, middle and high schools and good universities?

4. Whether are there some differences between Chinese parents and other American parents? If yes, what are these differences?

5. How do you evaluate yourself in view of your other American classmates?

6. People use the term "Model Minority" to mean Asian youth, including Chinese Americans. How is your idea?

Religion

Christian interviewees:

1. When did you choose to convert to Christianity? And why?

2. What has happened to you since you became a Christian/Buddhist?

3. Which church do you usually visit, Chinese church or non – Chinese Church? Why do you choose that church?

4. As for you, are there some differences and similarities between a Chinese Christian church and a non – Chinese Christian church?

5. Do you always communicate with other American Christians about *Bible* or something else? Are most of these people Chinese American Christians or non-Chinese American Christians?

6. Do you feel much closer to Chinese American Christians or to non-Chinese American Christians?

7. How do you view those Chinese Americans who do not have any religious belief? Would you like to make friends with them?

8. Does your religious belief change your lifestyle?

Non-Christian Interviewees:

1. Have you ever considered converting to Christianity? And why?

2. How do you view Chinese Christian Americans?

3. Do you have communication with Chinese Christian Americans? Would you like to make friends with them?

4. Whether do you think that Chinese Christian Americans are different from non-Chinese Christian Americans in some degree?

Family Values

1. Do your parents live with you? And are you willing to live with your parents and take care of them?

2. What does filial piety mean to you?

3. If you have some brothers or sisters and they need your help, for instance, borrowing money, or dealing with an important issue, are you willing to give them a hand?

4. How do you view brotherhood or sisterhood?

5. If you have a son and daughter, will you have different expectations to your son and daughter? Do you think there exist some differences between sons and daughters?

6. What basic behaviors and manners do you require with your children?

7. What values do you always instill in your children?

8. If your children need your help to purchase a car or house, will you

finance them?

Marriage

Single interviewees:

1. Do you prefer to date Chinese American boys/girls or non-Chinese American boys/girls? Why?

2. How's your parents' advice for your date? If you have a non-Chinese American boyfriend/girlfriend, how would be the reaction of your family and how would the reaction of your girlfriend's/boyfriend's family?

3. Have you ever tried dating non-Chinese American boys/girls? If yes, are there any misunderstandings or conflicts during your date? And what do you think causes the misunderstandings or conflicts?

4. Would you change your values or lifestyles for your boyfriend/girlfriend? Or conversely, would you hope your boyfriend/girlfriend to change his/hers?

Interviewees with a Chinese American spouse:

1. How did you meet your wife/husband?

2. How did your family react to your marriage? How was the reaction of your spouse's family?

3. Are there any misunderstandings or conflicts during your marriage? How do you solve them?

4. Did you ever plan to marry a non-Chinese American woman/man? Why?

5. What does the marriage mean to you?

Interviewees with a non-Chinese American spouse:

1. How did you meet your wife/husband?

2. What attracted you to your wife/husband?

3. How did your family react to your marriage? How was the reaction of your spouse's family?

4. Did other people made some comments about your interracial marriage? If yes, could you share with me?

5. Are there any misunderstandings or conflicts in your marriage, like food, holiday celebration, raising children and belief? How do you and your wife/husband solve them?

6. Does your marriage influence your reflections about race? In which ways?

7. Do you think whether you are changed by your wife/husband or your wife/husband is changed by you?

Communities and Neighbors

1. Could you please introduce general situation of people in your community?

2. Have/Will you chosen/choose your community in regard of your neighbors?

3. Which kind of community do you prefer to live, a community with many Chinese Americans or not? Why?

4. How is the relationship between neighbors in your community?

5. Does your community often hold some activities to promote

communications between neighbors?

6. Compared with communities in China or in other cities of U. S. , are there any differences? If yes, please say something about these.

7. What are the criteria of good neighbors for you?

Workplace Communication

1. Could you describe your current job? Is this your ideal job?

2. Is it easy or hard for you to get promoted? Why? What are the criteria for promotion? Is it related to ethnic origins?

3. Are you satisfied with your current salary? Is your salary lower/equal/higher than/to/than your colleagues with the same position with you but out of other ethnic groups?

4. How is the communication between you and your colleagues and leaders during work and out of work? Could you and your colleagues or leaders become friends?

Friend Circle

1. Do you have more Chinese American friends or more other American friends? And how did you become friends?

2. Are you willing to make friends with non-Chinese Americans?

3. How did you start and maintain a friendship with non-Chinese Americans?

4. How do you define the friendship with Chinese Americans and the friendship with non-Chinese Americans?

Political Participation

1. Have you cast some votes in America? If "yes", what votes did you cast?

2. Have you entered into some governmental election contests? If "yes", what were these and why did you enter into?

3. Whether do you agree that Chinese Americans in North Carolina should actively involve themselves to politics and why?

4. How do you think of the current political status of Chinese Americans in North Carolina?

5. What are your thoughts about the political future of Chinese Americans in North Carolina?

Summary

1. Do you think you possess more Chineseness or Americanese in yourself?

2. Do you have any expectations for your life in America?

3. How do you think of your relation with China?

4. How do you relate yourself to Asian American?

5. What are your expectations toward the ethnic relations between Chinese Americans and non-Chinese Americans?

6. How do you identify yourself ethnically?

7. How do you think of the concept of "root"? Where is your "root"?

8. Are there anything else that you want to share with me?

附录四：掀掉华人头上的“竹天花板”
——专访从云南下乡知青到北卡罗来纳州立大学副校长李百炼[①]

人生启蒙始自文庙图书馆

李百炼出生于云南昆明一个普通的干部家庭。出生第二年，举国上下开始大炼钢铁，好在那些“轰轰烈烈”的日子在李百炼懵懵懂懂的孩提时代过去了。李百炼是幸运的，他中学就读的云南建水一中是一座始建于1917年、有着丰厚学养和文化底蕴的老校，即使在“知识无用”的年代里，这所学校仍以特有的方式滋养着它的学生。建水一中坐落在文庙里，是全国第二大文庙，图书馆里的藏书成为少年李百炼无声的人生导师。课余时候他一头扎进文庙图书馆如饥似渴地阅读。《红与黑》《安娜·卡列琳娜》《巴黎圣母院》……经典名著在李百炼脑海里打开了一扇神奇的大门，让他从中见识到，这个世界很大，世界上有各种不同的人，他们有着不一样的价值观和人生追求。读书，让他知道这个世界其实是多元的，世界的颜色不是非黑即白。读书，丰富了他的知识，开拓了他的视野，培养了他独立思考的习惯。阅读让年轻的李百炼有强烈的求知愿望，他开始思索自己的人生，立志要做个有学问、与众不同的人。然而，在那个年代这条路走得非常曲折和艰辛。他中学毕业后下乡当过农民，在工厂当过工人。1977年中国恢复高考那一年，他是昆明一家工厂一个月拿十八块六毛五的车工。他重拾课本，加入了竞争激烈的高考大军。1978年，他接到了北京

① 参见 http：//ny. usqiaobao. com/kong/2015/09 - 17/79352. html。

林业学院的录取通知书，如愿踏进了神圣的知识殿堂。从人文科学中得到人生启蒙的李百炼在自然科学的大千世界里开始了他的探索之旅。毕业前夕，恰逢国家开始公派留学生，他紧紧抓住了这个机会，苦读英文，顺利通过了托福和GRE考试，他是第一届参加GRE考试的国内考生，并以优异成绩拔得头筹。

怀揣50“刀”空降北卡

20世纪80年代初，考研、出国留学，在普通人眼里遥不可及。然而，只有亲身经历，才能体悟其中的酸甜苦辣。时隔三十多年，李百炼仍清晰地记得他报到的准确日期。揣着50美元、拎着两个箱子、怀着忐忑又兴奋的心情，登上了飞往美国的航班，开始了他留学生活的新篇章。和许多当年的留学生一样，国内学的英语到了美国完全失灵。听不懂、说不清，语言成为求学路上的拦路虎，要擒获这只老虎，李百炼拿出蚂蚁啃骨头的精神，横下一条心，一句话一句话地跟着学。他在自己微薄的留学补助里口挪肚攒，挤钱买了个小录音机，将上课内容录下来，课后一遍遍倒带重复听，花好几个小时去消化一节课的内容……最初的留学时光，中国读书人耳熟能详的座右铭——“书山有路勤为径，学海无涯苦作舟”给了李百炼咬定青松不放松的坚韧。一个学期后，英语终于不是问题了。

到美国不久，年轻的李百炼就敏锐地发现，美国人才济济、竞争激烈，中国文化推崇的“内敛、持重”不再是优点，反而是沟通的障碍。要想脱颖而出闯出一片天地，必须超越自己，主动融入异域文化，了解异域文化，让人家认识你，不拿你当外人——这成为今时今日，李百炼传递给从国内来美发展的新人的第一锦囊。直到今天，李百炼还与他刚到美国时的host family保持着密切来往。他非常感激那个友善的美国家庭，每逢假日约他们一起看球赛、一起野餐聚会。通过和他们交谈，听他们嘻嘻哈哈地说段子，加深了他对美国人、美国文化的了解，让他终于能够和身边的美国朋友一起为了一个“梗”笑得前仰后合。李百炼深有感触地告诉记者，他发现许多刚到美国的华人，面对语言、生活习惯方面的差异，一味图“方便”，身在美国却把自己隔绝在另一个世界里。许多留学生在几次简单交往之后，甚至主动放弃了与学校分配的 host family 的联络，白白浪费了了解美国文化的良好资源。

除了闯过语言关和文化融入之外，让李百炼受益匪浅的另一条生存锦囊是“奉献精神”。他认为，这在一定程度上也是每每让海外华人遭遇“竹天花板”的瓶颈所在。这个所谓“奉献精神”，对应的恰当英语表述应该是 volunteer。传统文化背景下成长起来的华人，信奉“多一事不如少一事”，多数人习惯于被指派，往往缺乏主动请缨的意识。在华人文化背景中，“自谦”是美德，但是在美国，“一味谦虚就意味着无能”。李百炼打了个比方，要成立一个公益服务性的委员会，老美和印度人会主动举手：“我能干”“我来试一试”。中国人往往觉得我离要求还有差距，态度不积极。殊不知，你不主动参与，不选择奉献，人家就不会发现你的能力，机会自然也轮不到你的头上。他用两组英文单词对比说明华人文化和美国文化对“half”的态度，在华人文化里，“half-empty”——一半就是空的，而在美国文化里，“half-full”——一半就是满的。恰恰是这种文化差异导致的认识误区，让许多华人在不自觉中错失了展现个人才能的机会。

带领“狼犬”团队获得全美大奖

李百炼自 2007 年起担任北卡州立大学副校长，主管国际事务。自接任这个位置后，他不断改革和创新国际合作和交流项目。一直以来，北卡州立大学因其在理工科领域强大的科技研发能力和产学研一体化在全美公立大学中享有较高声望。但是北卡州立大学的国际学生绝大多数为研究生，本科生的比例不到 1%。三年前，他定了一个目标，要用四年时间将本科留学生的在校比例提高到5%，在他的团队的共同努力下，目前，这个目标已经达到4%。

因为有中美两国高等教育的背景，熟识两国高等教育体系的有关程序，李百炼对全球培训计划增加了许多合作的联结，在国际招生上也有许多创新举措，他探索性地与中国国内多所名牌高校合作，推出“3 + X”双学位办学项目，不仅向北卡州立大学的科研型教授推荐了大量优质生源，而且满足了学子们在较短时间内拿到中国国内名牌大学和北卡州立大学双学位的愿望。这种被赞“十分有创意”的国际合作形式成为教育界争相效仿的范例，他们的有关项目合作文书已经被同行先后二十五次拷贝。

不久前，李百炼带领的团队获得“2014年度综合国际化Paul Simon议员奖”［简称西蒙奖（Simon Award）］。设立于1991年的“西蒙奖”是综合国际合作、课程整合、校园互动、创新项目等方面有清晰的战略并实施取得重大进展、有创新成就和完整记录的全美高校国际化教育最高成果奖。本次有三个学校获奖，北卡州立大学是唯一一所理工科大学获得此殊荣。从云南下乡知青起步，在泥泞荆棘中一路走来，经过多年的奋斗和历练，李百炼如今已是一位享有声望的国际林业专家、美国高等学府的高层管理者、跻身美国主流社会的华人翘楚。他的人生经验也许会给许多正在打拼的海外华人一些启示。

附录五：美国北卡罗来纳州教堂山中文学校中文教学大纲（供讨论稿）[①]

一、总则

1. 教学对象

本大纲适用于使用《标准中文》三级九册在海外初学中文的儿童、少年，对学其他教材的学生，可根据本大纲的教学要求按实际情况参照执行。

2. 教学目的

要使学生具有汉语语音、语法、词汇的初步知识和技能，能用来进行简单的听、说、读、写等形式的交际并了解一定的中国国情知识。

3. 教学要求

学生读完《标准中文》三级九册后，应达到下列要求：

甲、语言方面

（1）比较熟练地掌握汉语拼音，四声；读书说话语音语调基本正确，语速基本正常。

（2）在言语交际中能大致正确地组词造句。

（3）掌握2 000常用汉字，5 000左右常用词，300左右基本句子模式。在词典的帮助下，能独立阅读简易的汉语读物以及难度不大的新闻报道；能写三四百字的短文、简短的书信，用词语法大致正确；能进行一般的口头和书面交际；有一定的自学汉语的能力，并为进一步学习中文和中国文化奠定基础。

---

① 参见 http：//www. docin. com/p－112542376. html。

乙、国情知识方面

（1）知道一点有关中国的地理常识。

（2）了解一点有关中国的历史常识。

（3）熟悉一点有关中国的文化知识。

（4）涉猎某些有关中国民间习俗的常识。

4. 教学安排

（1）《标准中文》分三级九册，每册学两个学期，全书学 18 个学期，跨 9 个年级。

（2）从教学特点出发，9 个年级可分三段：一、二、三为低年级，四、五、六为中年级，七、八、九为高年级。

（3）九个年级的教学都要以“听说领先，读写跟上”为原则。每个阶段在实施这一原则时又有它的中心。低年级要从“拼音入手，抓住认写汉字”，中年级要“说话写话，逐步摆脱拼音”，高年级要“说故事，写短文”。

5. 测试

测试是检查教学大纲执行情况，评估教学质量的有效手段，也是改进教学的重要依据。测试分小测验、期中测试及期末考试三类。小测验每周一次，它的成绩占全学期成绩的30%，期中测试占全学期成绩的20%，期末考试占全学期成绩的50%。

6. 要注意的几个问题

（1）重视培养言语交际能力。

我们教学的最终目的是培养学生能以口头和书面形式进行交际的能力。整个教学阶段都要注意口笔语的训练，使教学活动尽量结合交际需要。四年级以后的课文大多是记事文或者散文，教学中尽量配合交际活动。低年级要训练说写一两句话；中年级要争取说写几句话，一段话；高年级则要说写思想连贯的几段话。

（2）打好语音、语法、词汇基础。

中文学校学习期间是学生语音、声调、语调定型的阶段，从一开始就要狠抓语音、声调、语调的训练。发音基础较差的学生需要课上课下相结合，要发挥家长的作用，要利用录音带。语法方面不要求作很多理论上的讲解，着重训学生能在言语中实际运用，必要的讲解是需要的。整个九年所学的词汇短语都是汉语中最常用的核心部分，必须使学生较好地掌握。中高年级教科书中会遇到一些不很常用，甚至基本不用的词汇，不要求学生掌握。

（3）重视听，说，读，写能力的全面发展。

听和说的训练应占突出位置，低、中年级尤其如此。课堂上应使学生有较多的机会听和说，特别是说。然后逐步提高说的质量。同时也要重视读和写的训练。高年级要教会学生精读和粗读的方法，逐步增加阅读量，提高阅读速度，培养阅读习惯。要培养学生良好的书写习惯，一开始就要抓书法和拼写训练，逐步提高笔头表达思想的能力。要通过分析课文的中心思想段落结构来启发学生学习短文写作。

（4）注意国情知识的教学。

语言与民族文化有密切的联系，尤其是学习本民族的语言，更有必要重视通过学习语言 ，注意学习中国的国情。

附录六：有感于华夏中文学校建校 10 周年[①]

又是一个春光明媚的周日早晨，在 Providence Day School 的校园里，一个个小学生、大同学，背着书包，拿着中文书，在家长们的陪同下，迎着阵阵和煦的春风，兴致勃勃地走进了我们华夏中文学校，又开始了新的一周的中文学习。就是这样一个个平平常常的周日，就是这样一个学期又一个学期，我们华夏中文学校已走过了十年的历程了。我们现在有学生 170 多人，12 个中文班，还有数学班、舞蹈班、小提琴班、武术班。我们还有校委会和家长委员会。已经是一所非常正规的、成熟的培养孩子们学中文的周末学校了。

在这万物复苏、百花即将盛开的春天，我们仅借这小小的“杨柳青”向我们的历任校长表示感谢。他们是第一任校长唐思源女士，第二任和第四任校长刘春莎女士，第三任校长韩宏涛先生，及我们的现任校长余德全先生，是他们的无私、忘我的奉献，是他们那像父母般的爱心，不辞辛劳地带着我们这一百多口人，风风雨雨，一步一步地走到了今天。多少个日日夜夜，多少个周末，他们放弃了自己家务事，为了我们中文学校能找到一个良好的学习环境，联系了多少个学校，真是跑断了腿，费尽了口舌。在教学方面，对老师的教学质量，学生们的学习情绪，家长们的反应，每一件细小的事情，他们都考虑周全，一一做好安排。一个周日又一个周日，一个学年又一个学年，中文学校就是这样在几位校长的带领下，在校委会的协助下，以及我们十几位尽心尽力的教师的努力下，慢慢地成长壮大起来了。我们感谢他们为中文学校所付出的一切。校长们，老师们，你们辛苦了！

---

① 陈宁，http：//www. charlottechineseacademy. org/cgi – bin/cm/cm. pl？ cm_ id = 10YearArticle。

在这里我们还要感谢所有的学生家长，是你们坚持不懈的努力，是你们不顾寒冬和酷暑，是你们在百忙的工作和家务之余，坚持每周日把你们的孩子送到中文学校来，也是你们在家里督促孩子们按时完成作业，才能保证我们每周的教学顺利进行。也感谢你们了，所有的家长们！

记得1997年的春天，几位朋友一起商量，我们应该办一个学简化字及汉语拼音的中文学校。因为当时夏洛特市只有一所学繁体字的中文学校。于是由唐思源、刘春莎和蔡伟牵头，成立了我们现在的这所“华夏中文学校”，当时仅有25个学生和3位正式任课的老师。虽然说是一个规模不大、很新的一个学校，但是从一开始唐思源校长就对各个方面严格把关。教材的挑选、老师的聘请毫不含糊。记得当时印在我们学校第一本教学守则封面上的几个字就是：“十年树木，百年树人”。我们正是按照这样一个守则来办校，来培养孩子们的。学校成立不久，当地的报纸 *The Charlotte Observer* 就几次报道过学校建校及教学情况。

作为一名家长及老师，我也是亲眼看着我们的学校一点点成长起来的。1997年学校刚成立时，我的大女儿只有5岁，她是最小班的学生。当她刚学会了写字以后，就高兴地给在国内的爷爷奶奶写信，骄傲地告诉他们她会写小鱼和小虫了，还说她要做个好学生。那个年头还没有电子邮件，都是靠自己手写，然后再通过邮局寄去。可想而知，在国内的亲人们看到这稚嫩的一笔一画会是多么高兴。孩子们每周日到中文学校来，不仅仅是学中文。他们与在远方亲人们的通信，他们在电话中用中文跟爷爷奶奶的问候，都牵动着老人们的心。就像一条纽带连接着老一辈和新一代，连接着每一个家庭，连接着中国和美国。孩子们就是我们祖国的希望，是中国走向世界的桥梁。

学校成长到今天，靠的是我们每一个人。也许每周日早晨，当上课铃声响过之后，大家看到的只是每个教室里授课的老师。可是又有多少人知道，在这些老师的后面，在每次上课之前，又有多少不声不响主动帮忙的家长。他们在每次上课之前都要提前到校，打开每间教室的门，把所有的桌椅摆好，下课后又把教室整理干净。每个教室在上课时还都有一位值班家长，帮着老师管理学生。这些都是能使我们每次上好课的基本保证。我们华夏中文学校之所以能走到今天，靠的是集体的智慧，集体的力量。

曾几何时，我们中文学校就像一个大家庭。每周日的两小时就是朋友们见面交流的极好机会。孩子们上课时，学校会举办很多有趣的讲座。讲股票，讲法律讲保健，还讲种菜，讲插花。没有讲座时，妈妈们会在一起在做健美操，老人们会边聊天边做保健操。孩子们的爸爸或是三三两两去打网球，或是三五成群去踢足球。每年秋季我们学校的家长委员会还为学校组织郊外的野餐野游，让我们的学校生活尽量的丰富多彩。2006 年夏天，我们学校还参加了当地的龙舟比赛。十几名从未划过龙舟的热心家长，不顾烈日的暴晒，一次次地去参加训练，终于在比赛那天为我们学校拿回了大奖。

2006 年，我们学校还参加了《语文报》举办的全美长城杯作文比赛。我们学校有 7 名同学获奖。胡海平写的童话故事《馒头记》获一等奖。王粟的《放风筝》、胡海莹的《我的小苍鼠》和范大为的《我最不喜欢的事》获二等奖。郭凯文的《我的上海之行》、钱津津的《写给外公外婆的信》和黄琳的《秋天》获三等奖。他们都是我们学校的骄傲。

再说一下我们学校的校刊《柳芽》。十年了，时间飞逝，每个人都是脚步匆匆。只有我们这份校刊一直在静静地观察着，悄悄地记录着我们学校发展变化的每一个细节。这里没有什么大道理，都是大家自己写的，叙述的都是身边的的故事。有老师的教学趣事、感想和杂谈；有自编故事和自己创作的诗歌；有家长的故乡拾零，有健康指南。有小班同学的书法比赛，有大班同学运用自己学到的中文写的感想和体会，还有很多很多。十年中我们收集了上百篇由老师、家长和同学们写来的文章。我们将会挑选一些，陆续发表在《杨柳青》上。也希望我们现在在校的同学们能把自己的故事寄到这里让大家分享。

亲爱的小朋友们，同学们，别看你们现在年龄还小，你们的大哥哥、大姐姐们当年也和你们一样，是那样不情愿地被爸爸妈妈带到中文学校。可是现在，当他们的 SAT 中文考到了满分，当他们能用中文和同学、同事自如交谈时，当他们在工作岗位上能用中文展示他们的特殊才能时，他们是多么感谢他们的爸爸妈妈，又是多么感谢我们的中文学校。

2008 年的 2 月 3 日，我们学校第一次成功地举办了庆祝建校十周年活动、迎新春联欢晚会。有寓言故事表演、儿歌朗诵，有叶艳红老师自编的“三句半”，还有《让我们荡起双桨》的舞蹈、《大海啊！故乡》的配乐诗朗诵，有女声独唱，还有余校长的二胡独奏，最让人耳目一新的要算是青春靓丽的时装表演了……都是熟悉的同学，都是自己的家长。整个三小时的晚会全是我们自己创作的节目。当帷幕徐徐落下，台下响起热烈掌声时，我们也许会想到，这掌声，这阵阵此起彼伏的欢声笑语，也许就是对所有家长们最好的慰藉，也许就是对我们中文学校建校十周年最好的、最真诚的祝福。那就让我们大家一起为我们华夏中文学校的明天献上最美好的祝福吧！

附录七：我是一座“桥”[①]

惯常周末购物的您，推车经过亚洲店出口，会看到陪伴你我10年的《华星报》“功成身退”，取而代之的是《侨报周末》北卡南卡版。A叠是新闻版，B叠是生活休闲副刊，您瞧，她“身材”颀长，版式简约，是不是显得清朗俊雅？

感念社区各方组织、各界人士的热情鼓励，创刊号上，数十个祝贺广告“串场开锣”。您可否从声声祝贺中看到，它仍是本地独一份采编、印刷、发行合一的社区中文报，“杂烩”的内容是否接通了地气和人气？设计的栏目是否体现了个性和特色？

拥有近24年历史的美国《侨报》（*THE CHINA PRESS*），凭借翔实客观的新闻报道和紧贴生活时尚的丰富资讯，尤其是中国大陆新闻的权威优势，影响力跨越美中，辐射全球。依托“母体”的《侨报周末》，将触角深入华人社区，此前已在纽约、洛杉矶、旧金山、大华府、芝加哥、休斯敦、波士顿等15个华人集中的城市先后创刊发行。今日问世的北卡南卡版，是《侨报》扎根北卡、南卡华人社区，尤其是北卡三角园区的周末报系新成员。

《侨报》之“侨”，赋予我们的使命是，在人与人之间搭起沟通的桥梁。

我们首先要做华人社区传递声音、表达情感、互帮互助的“信息桥”。远离故土，置身他乡，海外游子的生命之源、文化根基都指向同一个方向——古老中华。孔子有言：“四海之内皆兄弟。”何况同种同族的血脉同胞。见证社区的变化、发展，维护同胞的团结和形象，展示杰出华人、华

① 参见http：//ny. usqiaobao. com/kong/2013/11 –07/45899. html。

侨的风采，当好大家工作、学习、生活的参谋，当是《侨报周末》首要任务。宿命的牵引、时运的巧合，将一群优秀的炎黄子孙推到文明冲突的风口浪尖。《侨报周末》也应是一座融通文化、守望家园的“心桥”。背倚泱泱中华，树立自信自尊，亲历异域风物，更懂自谦自省。借助这份报纸联结中美两国、本地华人社区和美国社会，可以促进文化交流、经济协作和情感互通，襄助您去施展人生抱负，追逐幸福生活。

《侨报周末》还是一座通向外部世界的“天桥”。媒体的本分就是尽力当好您的新闻管家，把精彩的世界交给您，同时将编发的每一条稿件、出版的每一个版面，通过侨报网（www. usqiaobao. com）广泛传播。《侨报》还是唯一微博粉丝超过 200 万的海外华文媒体。借助新媒体的无远弗届的传播力，北卡南卡华人社区的风云际会、您的创举和卓见，必将传扬遐迩。

附录八：北卡华人社区社团领导峰会成功举办[①]

3月20日，在北卡华人联合会（北卡华联）的倡议和组织下，北卡华人社区领导峰会在Kitts Creek Club House成功举办。华联董事会主席姚承伟和会长刘冉精心组织，召集了罗利汉语学校、凯瑞中文学校、教堂山中文学校、北卡州立大学孔子学院、优胜学院、旅美科协北卡分会、北卡华人企业家协会、美国南北卡华人工商总会RTP分会、北卡生物制药协会、杜克华人学生学者联谊会等社团领导及代表，大家济济一堂，共商社区团结合作，资源共享。

北卡华联：希望与各社团合作，为所有华人服务

华联董事会主席姚承伟开场，北卡华联去年更名，从原来的北卡华人联谊会改为现在的北卡华人联合会，其宗旨就是要更广泛更全面地为所有华人服务。北卡华联今年建会20年，会长几乎每年更换，志愿者也是换了一批又一批，可是北卡华联为华人服务的宗旨没有变。感谢今天到场的所有的组织和社团，华联愿意用自身的资源在各个方面与兄弟社团联手，更加深入地为华人服务，并把服务做得更加具体落实。今天是彼此交流、彼此认识的平台，可能谈不到具体的合作，但是今天是各社团合作的一个里程碑，感谢来参加和愿意合作的社团。

华联发展20年，取得了不少成绩，也遇到了一些瓶颈，譬如年轻人的参与少、为华人服务的局限性等，希望通过社团合作解决这些瓶颈问题。

今年连任华联会长的刘冉，人年轻，说话很深沉：华联愿意完善自

① 参见http：//ny. uschinapress. com/weekends/2016/03 –24/91322. html。

我，更好地服务社区，服务社会，加强社团间的合作，合作共赢。

北卡州立孔院：愿意和社区合作

孔院院长丁建宁表示，孔院的主要精力是为非华裔学习语言和文化而设，但是很愿意利用其资源，为华人社区服务。

中文学校：希望携手华联，为华人提供更多服务

教堂山中文学校、凯瑞中文学校、罗利汉语学校、优胜学院的校长都介绍了自己学校情况。教堂山中文学校蔡学忠表示，因为地理位置，教堂山中文学校除了语言课程和文化课的开展以外，还组织了很多活动，例如市政议员竞选的参与、市政听证意见的表达等活动，在某种程度上行使着一个小“CAFA”的职责。凯瑞中文学校校长熊亚林介绍了学校的情况，强烈表达了愿意和华联合作的愿望，罗利汉语学校的校长方馨表示，很多新来的家庭都是先给孩子找中文学校，如果和华联联手，可以推进更多华人服务。优胜学院的院长欧阳表示，会一如既往地为华联提供场地，优胜学院除了给孩子提供语言课文化课以外，还提供艺术课程。

旅美科协北卡分会、企业家协会、商会、生物制药协会：建立中美桥梁，推动合作

旅美科协北卡分会会长陆俊杰介绍了旅美协会的宗旨：职场互助、科技交流、中美桥梁、人才网络。

分会的工作以讲座为主，今年办了几场很不错的讲座，韩八斤回国感受、请专业人员介绍专利、请蒋薇介绍成功的心理历程；

分会今年还举办了科技大赛，选送全国的比赛获得第一名，为科技落地实体提供了很便利的条件；

建立合作桥梁，为国内纳贤招才搭建平台，介绍回国人才。

引入新鲜血液参加组织，增加协会合作。

陆俊杰表示，希望华联做增加华人影响的领头羊，给予网络和资金支持。

北卡华人企业家协会会长章燕青表示，CAFA 是这里最早的华人组织，每个人都是华联的成员，NCCBA 的活动也邀请华联代表荣誉参加。并介绍了企业家协会的情况，NCCBA 成立于 2003 年，在这 13 年里，致力于贸易商业领域里的文化沟通，开办了很多话题的讲座，最近集中于全球国际化的系列讲座，每个月的第一个周五午餐交友传统。5 月 2 日将举办另一场国际化合作的讲座，邀请到联想的乔健和北卡经济合作的 CEO Chris，欢迎大家积极参与。

美国南北卡华人工商总会 RTP 分会会长郭旭光介绍商会为搭建中美桥梁做了几件实事，譬如去年成功组织了北卡州政府政商团访问中国，六省市万里行，为北卡了解中国、招商引资、为北卡创造工作机会走了坚实的一步，北卡政府专门成立中国事务委员会，拨款做实事。商会鼓励华人参政，马上邀请到州长到总会会长家，与华人互动。

北卡华人生物医药协会（NCCIBA）的王学杰介绍了 NCCIBA 的情况，在生物制药领域搭建中美桥梁，因为两国的文化背景和管理模式不同，而且涉及很多专业领域，所以有很多的沟通需要。表示愿意与 CAFA 建立资源共享。

北卡新青年：愿意参与社区

北卡新青年是北卡华联 2014 年成立的一个分组织，主要依托几所大学的华人学生，杜克学生会前会长王君介绍了北卡新青年成立以来开展的一些联谊活动，活跃了青年人的生活，以后逐渐会帮助年轻人找对象。来这里学习有两大难，找工作和找对象。新来的杜克学生会会长×××表示愿意参与社区活动，只是有时候因为交通的问题，不能参加。希望主办者在选址的时候，能考虑这个实际困难。

侨报：永远支持社区正能量

《侨报周末》南卡北卡版主任胡艳萍表示，侨报支持这样正能量的活动，作为一份媒体，见证社区的发展历史，与社区同成长是一件很荣幸的事。记得当初的《华星报》在 2007 年召集社区各团体第一次聚会，吃了一个年夜饭，今天华联召集的峰会不可同日而语，这是社区的发展，值得骄傲。社团从当年传说中的吵架打架或者老死不相往来，到今天的聚会谈合作，这是社区的进步。侨报永远支持社区的正能量。感谢华联起到了这样的带头作用。

附录九：掌舵商海 不忘初心

——美国南北卡华人工商总会会长杨华东专访①

25年前，25岁的杨华东怀揣几百美元，远离中国踏上了美国的土地；25年后，杨华东代表美国华商，站在中国的天安门广场前，与祖国共庆反法西斯战争胜利70周年。作为本报“如何突破华裔职场的‘竹天花板’分享会”活动主讲嘉宾之一，本报对他进行了专访。

今天，杨华东神采飞扬地出现在中国商务部2015年“海外华人风采”的封面上，身兼美国南北卡华人工商总会会长、美国北卡州长中国事务特别顾问、杨氏控股集团董事长等要职。

他成功的光环背后有着怎样的成长经历？他走过了几番风雨泥泞？他怎样走进美国的主流、雄踞南北卡华裔政商的前沿？

掌舵商海

1965年6月5日，杨华东出生在彼时还很贫穷落后的安徽合肥地区。他从小就知道要改变命运，必须靠自己的勤奋努力。从上小学二年级开始到高中毕业，他始终是班里的第一名。1983年高考预考时，他的成绩在全县8000名考生中首当其冲。正式考试时身体不适，但仍以优异的成绩考入安徽大学，进入当时最有前途、令人艳羡的外贸专业。

四年的大学生活，他不仅充分汲取专业知识，还积极横向发展，参与各类社会活动，并担任班长、书记和学委等职。1987年大学毕业后就职于合肥市外贸部门，短短半年后就被破格提为科长，他带领的团队业绩骄人，好评如潮。那几年的锤炼，无疑为日后更宏大的事业奠定了基础。

① 参见http：//ny. usqiaobao. com/weekends/2015/09－24/79825. html。

虽然他完全可以接着在那时“吃香喝辣”的外贸部门顺当安逸地干下去，但他始终不停地向自己挑战，他的使命就是更高更远。1990 年，杨华东决定到美国发展。

像大多数早期来美的华人一样，他也曾饱尝创业之艰，其实别说创业，来美伊始，生存都是最大问题——他住过黑人区，捡过二手家具和电器，端过盘子，做过包装工，卖过鞋子，也在跳蚤市场试过手。不过，他秉信“艰难孕育成功”，定有苦尽甘来的日子，始终乐观地承受生活给他的任何重压。

一年后，杨华东又给自己定下下一个目标，他进入纽约一家颇有影响力的贸易公司，扎实的国际贸易理论知识和英文基础使他如鱼得水，又是短短半年时间，已经提升为公司业务经理，代表公司到美国 30 多个城市参加各式展销会，大大地开阔他的市场营销视野。

又一次，他的目光射向更辉煌的未来，他不满足于为别人打工，他要在商海中掌舵，掌握自己的命运。他根据美国市场的需求和自身的优势条件寻觅到了发展之路。1993 年，杨华东在纽约布鲁克林创立了自己的第一家贸易公司——贝尔顿进出口公司，从事百货、工艺品、保健品、玩具和瓷器等商品的批发。其中最出名的两个品牌为功夫牌人参精、人参蜂王浆和功夫牌健身球，风靡美国大街小巷；而毛皮玩具等业务更是一统美国市场，占有率高达 1/3。经营有方，对人诚信，合作伙伴也接踵而来。1997 年，杨华东携手上海最大的家具城——“上海菱方圆家具大世界”在纽约的黄金位置开办了近 100 000 英尺的家具城，在纽约独立家具零售店中的规模首屈一指，又与客流量巨大的 Costco 比邻，声名远扬，开创了中国家具大批量进入美国的先例。在公司开业的短短七年后，2000 年，杨华东获得美国中小企业家奖。

2002 年，杨华东看准中国家具行业在美国发展的巨大潜力，举家迁到北卡最大的城市，距世界家具之都 High Point 仅一小时车程的夏洛特。如今，他的杨氏控股公司已经发展成为美国第二大连锁酒店、餐饮、老年中心、度假村等商用家具的制造商、供货商，同时涉及高档钟表业，他还身为中国美时嘉钟表有限公司董事长，在中国的合肥、杭州、烟台、天津等地都设有分公司。

2012 年，杨华东凭借敏锐的商业目光，再度拓展业务领域，与朋友一起收购了专门从事亚洲鲤鱼捕捞加工出口的“美国大河渔业有限公司”。生长在密西西比河上游和支流里的纯天然鲤鱼科类，约四十年前来自中国，由于没有天敌，很快就反客为主，鸠占鹊巢，目前储量巨大，破坏了美国河流的生态平衡。由于多刺，美国人不吃，而它恰恰是中国人最喜爱的四大家鱼，物美价廉，营养丰富。杨华东说：“我们绝不赚暴利，誓将中国消费者的健康和消费承受能力放首位，同时帮助美国解决生态平衡问题，又增加就业，是几方都双赢的事业。”

不忘初心

在个人事业如日中天、财源滚滚的时候，杨华东同时不遗余力地参与小区的各项政治、经济及文化活动，以及慈善和公益事业，对弘扬中国传统文化也总是身体力行地给予支持。早在 1998 年，杨华东曾当选为有 8 000会员的、总部位于纽约的北美江浙工商总会副会长。

搬到夏洛特以后，他立即投入到为夏洛特华人服务的事业，多年来历任夏洛特华美协会理事、华夏中文学校校长等职。2012 年，杨华东与本地多位商界成功华裔创办了美国南北卡华人工商总会，并任首届创会会长。三年多来，商会同仁慷慨捐助社会各项公益活动，积极参与美国主流社政，为多位联邦议员、州长、副州长、州议员、市长、市议员等捐款近 30 万美元，提高了当地华人的参政意识，改变了美国主流社会和政界对华裔形象的模糊认识。他说：“在美的中国人多数都事业成功家庭幸福，高薪大房下一代进名门名校，但同时大部分人也比较低调，尤其在政治领域的声音更为细微。我们作为美国公民，应积极参与主流社会的活动，多为我们热爱的国家奉献。商会的作用之一就是要带动周边的华人及我们的下一代融入参与美国的主流社会，让美国人从我们身上正面地认识到中国人的本质——我们不唯唯诺诺，我们是受过高等教育的、有经济能力和奉献精神的民族。”

2014 年 8 月，杨华东应邀出任北卡州副州长丹·福里斯特的国际商贸首席顾问，这也是北卡华人历史上的首位华人顾问。为了争取更多的美商到中国投资，杨华东多次组织美国企业、投资者到中国考察、洽谈。目前，商会正在组织南北卡的联邦参众议员共聚中国驻美国大使馆，让双方就中美关系开诚布公，畅所欲言，增加了解，合作共赢。同时，他还在筹办北卡州政府、市政府、州议会，本地大企业和商会同仁一起，于 2015 年底赴中国经贸考察团活动。

“苟富贵，勿忘乡”，杨华东始终对家乡安徽的发展给予无私的关注和援助，还经常接待来自家乡的政要、商人和亲朋好友。不仅是自己的故土，杨华东热爱美国，但也从未丢掉对祖国的深情。2008 年 5 月中国汶川特大地震，杨华东得知此消息后，立即带领会员们为灾区人民捐款四万多美元。2010 年青海玉树地震、2013 年雅安地震，每次祖国有难，他都不忘伸出援助之手，为灾区人民捐款、捐物。

掌舵商海也不忘初心，杨华东在美国积极参政融入主流，同时费心劳神为华人谋福，对祖国仍一腔赤诚，他将聪明才智倾注商业的前瞻和华裔的利益。

掌舵商海使他富有，不忘初心使他的人生更富有。

附录十：新时期华文媒体的新使命（节选）[①]

……

鼓励华人积极参加选举

多年来，我们努力在选举方面着力，无论是在竞选知识、竞选人介绍，还是在竞选消息的跟踪报道上都不遗余力。除了我们自己记者编辑写，也欢迎热心读者加入我们一起写。华人参政的点滴活动我们都着重报道。去年中选，我们的北卡州联邦议员选举的文章介绍受到广泛关注，出现了候选人主动接近华人的局面，在热心华人企业家刘起国的午餐赞助下，我们组织了华人的参选签名活动，鼓励大家积极参加投票，很多人对我们报以称赞和信任的目光。

有些社团积极给政客募捐和投票，我们也积极配合报道和参加组织，树立本地的典范和侨领。譬如，美国南北卡华人总商会在这方面做得很积极，他们积极为市议员、州议员、州长、副州长大力度募捐，把以往为联邦议员过生日的传统活动延伸到地方选举的积极参与，并且活动规模增大，为华人在市政府和州政府里争取职位和发声付出努力，在北卡华人参政议政的历史上写下了新的篇章。

商会 RTP 分会副会长符江秀去年参选，并获得大家点赞。她也加速参政步伐，一天火速加入共和党，并在当天当选共和党一个选区的主席。至今，她活跃于共和党的各种聚会，选区、州长、联邦议员、华盛顿都是常去开会的对象和地点，她自己打趣说这是刚刚开始，还在见习长经验阶段。相信通过我们的报道，像这样年轻有理想的华人朋友会陆续挖掘出

① 参见 http：//news. hexun. com/2015 – 08 – 17/178383943. html。

来，活跃于美国的政坛，服务人民大众。

这些听起来似乎很光鲜亮丽，实际上做起来还很艰难，很多场面都不大，华人性格内敛，思想观念里有浓浓的中国元素，入乡随俗还需一个过程，参政行为仅仅还在摇篮里刚刚萌芽。尽管如此，这样的正能量社区还是需要的，每每出了问题，你看到那么多寻求帮助的眼光，那么多寻找组织依赖的愿望，去年到今年，本地区中餐馆的老板屡屡遭劫，没有地位的确不好办事，没有声音的确是无能为力。

我们有心鼓励各类参政行为，譬如我们这里抗议 ABC 主播的侮辱华人的言行游行、抗议 Orange 郡的中文双语学校的撤销行动、抗议大学内定按照族裔录取比例的联合行动、纪念无辜被杀的华人教授的大型烛光默祷会等，我们都在积极报道和呼吁，我们还是一些活动的主办者和执行者。

我们见证北卡华人参政发声的发展足迹

北卡的华人以科研骨干闻名，最开始这里成立了 CAST－NC（旅美科技协会北卡分会），成立了北卡华联、中文学校、NCCBA 和各类文艺社团，都是以传承中国文化、普及中文教育、华人联谊、科技探讨等为目的。2000 年，华人的参政议政主要是老侨领卫高荣帅大家去参加联邦议员的生日派对，在大家的工作探亲签证、移民申请遇到问题时，可以获得议员的查对、敦促等帮助。后来，北卡华联的主要领导团队意识到有些事做起来的确需要政府里有人能代表华人的利益，曾组织过为州务卿募捐、为州财长募捐，大家你几百我几百的募捐数量在几千左右，虽说募捐规模很有限，但的确为大家能参与罗利国际节推广中国文化走了“后门”。同时，华人的参政意识也在逐渐发展，期间 Joe Zhou 积极组织华人参与美国人口统计，陈曦、杨堃一批中青年组织大家抗议 ABC 主播有损华人的言行，NAAAP 组织白宫亚裔协会与北卡华人的互动，NCCBA 组织过很多中美话题探讨的活动，也邀请联邦议员来与华人互动交流。北卡中国中心的成立和推动，把北卡的对华交流推到了一个高潮，后来北卡州立大学的谢立安教授成立了卡罗莱纳—中国友好交流协会，促进湖南和北卡州的交流合作。10年前，北卡的州长不理会中国，把来北卡寻求合作的中国代表团拒之门外。现在，经过大家循序渐进的努力，中国成为北卡的主要合作伙伴。2008年上任的女州长普度在任4年期间就两次访问中国，接待来自中国的大小型代表团无数，其中有中国国家组织的，有来自省市企业的，北卡还和中国建立了5个友好城市。2013年，美国南北卡华人总商会（CCCC）孕育成立，杨华东、李建明、李闵、苏中等一批有胆有识的成功企业家站出来，他们积极为北卡州长、副州长募捐，为州议员募捐，为市议员募捐，募捐数量是几万到十几万，并成功为华人在市里、州里争取到一些席位。2013年《侨报周末》北卡南卡版落地，坚持及时准确客观的报道，大大促进了北卡州和中国的商贸交流和文化交流，把北卡华人参政议政的局面提高到一个新的台阶。最近，共和党州长麦柯瑞派大型商务和农业代表团去中国访问，湖南省委书记率团来北卡访问，北卡和中国的各项交流将会好戏连台，硕果频出。

求同存异 团结华人一起发声

我们通过微信平台、报纸媒体与华人社区广泛交流，大家各抒己见，虽说关心的人是少数，但所有参与的人都热情高涨，很多时候争执热烈，很难有统一意见。仔细分析，可以将社区的大部分华人概括为以下三类：

第一种是持中国护照（或者说短期居住），他们里外都仍然是中国人，爱国、爱中国，维护中国利益，关心中美关系，尽管身在美国远离中国，但更看重中国的消息和动态，更关心中国那里发生了什么，爱吃中国菜，爱说中国话，更有一颗中国心。

第二种人，有持中国护照美国绿卡的，也有为了身份和工作换了美国护照的，他们比较温和，既看重中国的利益，也看重美国的利益，主张中美双方多合作多理解、合作共赢的原则，这些人没有明确的政治态度，一边是自己的居住国，一边是自己的祖籍国，希望两边都好。想参政，又抱有中国思维放不开，这样的人占绝大多数 。

第三种人，加入了美国籍，从价值观、人生观方面彻底西化了，完全接受了美国的观念，认为自己是纯金十足的美国人，和别的美国人没有两样，所以要以美国的利益为重，中国的利益与自己无关，也不主张在美国社会争取华人的利益，认为这是搞特殊，华人和其他民族一样都是平等的。这些人很多都是在美国混得自我感觉不错，其中部分人也许并没有见到美国的黑暗部分，对美国的愿景很是乐观，加上自己在中国有些坎坷或者不是很自豪的经历，所以对美国很感恩。他们是参政的主力军，标榜要为美国效力。

上面的第一和第三种人是比较极端的，他们的立场绝然不同，在一起讨论问题时观点极为对立 。至于是支持共和党还是支持民主党，又是一个可以引起北卡华人大战的问题，目前华人还处在一个看个人结交圈子的状态。譬如一位企业家受到了民主党的邀请和督促，就热情高涨地支持民主党，但是问起为什么支持民主党，他的回答是“我还真的不知道”。商会的募捐也主要是针对共和党个人的朋友圈子，以争取华人的商业权益为主。符江秀参与共和党很积极，但是她说她不一定赞成共和党的所有作为，至于是否要代表华人的利益，还不是很明朗，一切还都刚刚开始。

我们社区的华文媒体，首先要鼓励大家求同存异，能团结发声。华人参政意识的觉醒是最宝贵的，身在美国，先把美国的事情和生活处理好是当务之急。华人在政治舞台上角色的建立是一个漫长的过程，任重而道远。

参考文献

一、中文参考文献

（一）专著与编著

[1] 彼得·邝. 新唐人街：当代美国华人社区［M］. 杨立信，等，译. 北京：世界知识出版社，2002.

[2] 陈静瑜. 从落叶归根到落地生根——美国华人社会史论文集［M］. 台北：稻乡出版社，1992.

[3] 陈志明. 迁徙、家乡与认同［M］. 北京：商务印书馆，2012.

[4] 陈依范. 美国华人史［M］. 北京：世界知识出版社，1987.

[5] 邓蜀生. 世代悲欢“美国梦”——美国的移民历程及种族矛盾（1607—2000）［M］. 北京：中国社会科学出版社，2001.

[6] 弗雷德里克·巴斯，主编. 族群与边界——文化差异下的社会组织［M］. 李丽琴，译. 北京：商务印书馆，2014.

[7] 费孝通，等. 中华民族多元一体格局［M］. 北京：中央民族大学出版社，1989.

[8] 费孝通. 乡土中国［M］. 南京：江苏文艺出版社，2007.

[9] 哈罗德·伊罗生. 群氓之族：群体认同与政治变迁［M］. 邓伯宸，译. 南宁：广西师范大学出版社，2015.

[10] 姬虹. 美国新移民研究（1965 年至今）［M］. 北京：知识产权出版社，2008.

[11] 孔飞力. 他者中的华人——中国近代移民史［M］. 李明欢，译.

南京：江苏人民出版社，2016.

［12］麦礼谦. 从华侨到华人——二十世纪美国华人社会发展史［M］. 香港：香港三联书店，1992.

［13］李明欢. 当代海外华人社团研究［M］. 厦门：厦门大学出版社，1995.

［14］李其荣. 国际移民与海外华人续篇［M］. 武汉：湖北人民出版社，2013.

［15］李四龙. 美国佛教：亚洲佛教在西方社会的传播与转型［M］. 北京：人民出版社，2014.

［16］刘伯骥. 美国华侨逸史［M］. 台北：台湾黎明文化事业公司，1973.

［17］令狐萍. 金山谣——美国华裔妇女史［M］. 北京：中国社会科学出版社，1999.

［18］梁丽萍. 中国人的宗教——宗教认同的理论分析与实证研究［M］. 北京：社会科学文献出版社，2004.

［19］马戎. 民族社会学：社会学的族群关系研究［M］. 北京：北京大学出版社，2004.

［20］米尔顿·M. 戈登. 美国生活中的同化［M］. 马戎，译. 上海：译林出版社，2015.

［21］纳日碧力戈. 现代背景下的族群建构［M］. 昆明：云南教育出版社，2000.

［22］塞缪尔·亨廷顿. 文明的冲突与世界秩序的重建［M］. 周琪，等，译. 北京：新华出版社，1998.

［23］塞缪尔·亨廷顿. 谁是美国人？——美国国民特性面临的挑战［M］. 程克雄，译. 北京：新华出版社，2010.

［24］沈已尧. 海外排华百年史［M］. 香港：海峡学术出版社，1993.

［25］《圣经・箴言》，第 13 章 24 节。

［26］《圣经・出埃及记》，第 20 章 12 节。

［27］施于杭. 美籍华人的政治取向和期望：兼论美籍华人在中美关系发展中的作用［M］//孔秉德、尹晓煌，主编. 美籍华人与中美关系 . 宇宁平，等，译. 北京：新华出版社，2004.

［28］托马斯・奥戴. 宗教社会学［M］. 刘润忠，译. 北京：中国社会科学出版社，1990.

［29］万晓宏. 当代美国华人政治参与与研究［M］. 广州：暨南大学出版社，2013.

［30］吴景超. 唐人街：共生与同化［M］. 天津：天津人民出版社，1991.

［31］星云大师. 在入世与出世之间［M］. 上海：上海人民出版社，2010.

［32］星云大师. 佛陀真言（中）［M］. 上海：上海辞书出版社，2008.

［33］星云大师. 佛教与社会［M］. 上海：上海辞书出版社，2008.

［34］约翰・贝利，简・菲妮. 文化过渡中的移民青少年——跨国背景下的涵化、认同与适应［M］. 刘真，常永才，译. 北京：中央民族大学出版社，2014.

［35］杨凤岗. 皈信・同化・叠合身份认同——北美华人基督教徒研究［M］. 北京：民族出版社，2008.

［36］曾少聪. 漂泊与根植——当代东南亚华人族群关系研究［M］. 北京：中国社会科学出版社，2004.

［37］詹姆斯・洛温. 密西西比的华人［M］. 何翠萍，译. 台北：台北正中书局，1985.

［38］赵小建. 重建家园：动荡中的美国华人社会（1945—1965）［M］. 上海：复旦大学出版社，2006.

［39］周大明. 文化人类学概论［M］. 广州：中山大学出版社，2009.

［40］周敏. 唐人街：深具社会经济潜质的华人社区［M］. 鲍霭斌，译：北京：商务印书馆，1995.

［41］周敏. 美国华人社会的变迁［M］. 上海：上海三联书店，2006.

［42］方雄普，许振礼. 海外侨团寻踪［M］. 北京：中国华侨出版社，1995.

（二）期刊论文

［1］白玉广. 美国族裔政治的发展与华侨华人在中美关系中的作用［J］. 国际论坛，2014（5）.

［2］曹贤文. 继承语理论视角下的海外华文教学再观察［J］. 华文教学与研究，2014（4）.

［3］潮龙起. 试论早期美国华侨的“堂斗”［J］. 江苏社会科学，2007（3）.

［4］潮起龙. 美国华人的认同历史演变［J］. 史学理论研究，2014（2）.

［5］陈凯，黄小强. 垄断与危机——美国北卡州 Sanford - herald 社区日报采访记［J］. 传媒，2010（11）.

［6］陈奕平. 当代美国人家庭与婚姻模式的演变与影响［J］. 世界民族，2006（2）.

［7］邓蜀生. 关于美国华人历史的几点思考［J］. 世界历史，1988（1）.

［8］杜宪兵. “恋旧”与“洋化”：纽约唐人街美国华人的民俗生活与文化认同［J］. 民俗研究，2009（1）.

［9］段晓蕊. 在美华人参政影响分析［J］. 八桂侨刊，2013（4）.

［10］范可. 文化多样性及其挑战［J］. 中国农业大学学报（社会科学版），2008（4）.

［11］方积根，胡文英. 美国华文报刊的历史与现状［J］. 新闻研究资料，1988（4）.

[12] 关凯. 基于文化的分析：族群认同从何而来 [J]. 甘肃理论学刊，2013 (1).

[13] 郝时远. 对西方学界有关族群 ethnic group 释义的辨析 [J]. 广西民族学院学报 (哲学社会科学版)，2002 (4).

[14] 郝亚明. 试论民族概念界定的困境与转向 [J]. 民族研究，2011 (2).

[15] 黄兆群. 美国华人家庭模式的历史演变 [J]. 山东师大学报 (社会科学版)，1992 (2).

[16] 侯斌. 三角园，仅次于硅谷的科技园 [J]. 中国高新区，2011 (8).

[17] 李爱慧. 当代美国华人基督徒的构成 [J]. 世界民族，2009 (4).

[18] 李明欢. 当代海外华人社团领导层剖析 [J]. 华侨华人历史研究，1994 (2).

[19] 李明欢. "多元文化"论争世纪回眸 [J]. 社会学研究，2001 (3).

[20] 李嘉郁. 谈谈北美地区新型中文学校的社会功能 [J]. 八桂侨刊，2001 (4).

[21] 李其荣，姚照丰. 美国华人新移民第二代及其身份认同 [J]. 世界民族，2012 (1).

[22] 李永. 美国华人家庭的历史演变 [J]. 八桂侨刊，2008 (4).

[23] 李永，顾晓莉. 家庭教育·中文学校·文化认同——二战前美国中华传统文化教育活动研究 [J]. 江汉大学学报 (社会科学版)，2012 (5).

[24] 梁茂春. 从精神健康看美国华人的文化适应 [J]. 华侨华人历史研究，2005 (4).

[25] 梁波，王海英. 国外移民社会融入研究综述 [J]. 甘肃行政学院学报，2010 (2).

[26] 梁培炽. 美国华文教育发展新理念 [J]. 暨南学报 (哲学社会科学版)，1998 (4).

[27] 林飞龙. 华侨华人社会适应内在机理探析 [J]. 东南亚纵横，

2008（4）.

［28］林云，曾少聪. 族群认同：菲律宾华人认同的变迁［J］. 当代亚太，2006（6）.

［29］令狐萍. 美国华人研究的新视角——文化社区理论［J］. 华侨华人历史研究，2007（1）.

［30］刘海铭. 李爱慧，译. 美国华人餐饮业及其文化认同［J］. 华侨华人历史研究，2008（1）.

［31］莫光木. 二战后美国华人社团的发展［J］. 前沿，2012（14）.

［32］莫里森·G·黄. 美国华人家庭［J］. 黄兆群，译. 世界民族，1993（4）.

［33］宋李瑞芳. 吴藜，译. 纽约华人异族通婚［J］. 华侨华人历史研究，1992（4）.

［34］伍菁. 抗战时期的侨务政策与华侨的历史作用［J］. 安徽大学学报（哲学社会科学版），2006（1）.

［35］万晓宏. 浅谈清政府对海外华侨政策之演变［J］. 八桂侨刊，2001（1）.

［36］万晓宏. 影响当代美国华人政治参与的主观因素［J］. 八桂侨刊，2009（4）.

［37］万晓宏. 美国华人基督教会研究——以大波士顿地区为例［J］. 世界宗教研究，2010（1）.

［38］王成. 美国家庭价值观及其形成的文化要素［J］. 世界文化，2005（6）.

［39］王希. 多元文化主义的起源、实践与局限性［J］. 美国研究，2000（2）.

［40］王忠. 海外华文媒体发展现状及存在问题探析［J］. 新闻知识，2010（10）.

[41] 肖炜蘅. 当代美国华文教育浅析 [J]. 八桂侨史，1999 (3).

[42] 辛世俊. 论宗教的调适功能 [J]. 青海社会科学，1994 (6).

[43] 叶小利. 美国华人地区政治参与新态势——新社区视角下的路径分析 [J]. 汕头大学学报（人文社会科学版），2014 (5).

[44] 殷琦. 美国华文传媒：多元文化主义背景下的发展状况 [J]. 厦门大学学报（哲学社会科学版），2015 (6).

[45] 杨晋涛. 从美国 PM 老年华人社区看新华人的聚居性 [J]. 世界民族，2011 (1).

[46] 杨令侠. 美国南部的中国早期移民 [J]. 历史教学，1898 (8).

[47] 曾少聪. 全球化背景下的东南亚华人社会 [J]. 世界民族，2003 (6).

[48] 曾少聪. 美国华人新移民与华人社会 [J]. 世界民族，2005 (6).

[49] 左宏愿. 原生论与建构论：当代西方的两种族群认同理论 [J]. 国外社会科学，2012 (3).

[50] 张淑华，李海莹，刘芳. 身份认同研究综述 [J]. 心理研究，2012 (5).

[51] 张志营. 美国华文报刊历史研究 [J]. 新闻爱好者，2010 (4).

[52] 赵小建. 美国华人社会的阶级研究——以个人访谈为主的分析 [J]. 华侨华人历史研究，2009 (1).

[53] 朱慧玲. 美国华人参政历程及其发展态势 [J]. 八桂侨刊，2008 (3).

[54] 周继红. 试论战后美国华人社团发展的特点及其在中美关系中的作用 [J]. 国际关系学院学报，2008 (6).

[55] 周敏，蔡国萱. 美国华文媒体的发展及其对华人社区的影响 [J]. 社会学研究，2002 (5).

[56] 周敏，黎熙元. 族裔特性、社会资本与美国华人中文学校——从美国华人中文学校和华裔辅助性教育体系的发展看美国华人移民的社会适应 [J]. 世界民族，2005 (4).

[57] 周敏，刘宏，译. 美国华人移民家庭的代际关系与跨文化冲突 [J]. 华侨华人历史研究，2006（4）.

[58] 周敏，刘宏. 海外华人跨国主义实践的模式及其差异——基于美国与新加坡的比较分析 [J]. 华侨华人历史研究，2013（1）.

[59] 庄国土. “华侨”一词名称考 [J]. 南洋研究，1984（1）.

[60] 庄国土. 新中国政府对海外华侨政策的变化（1945—1965年）——新中国侨务政策研究之一 [J]. 南洋问题研究，1992（2）.

[61] 庄国土. 1978 年以来中国政府对华侨华人态度和政策的变化 [J]. 南洋问题研究，2000（3）.

[62] 庄国土. 略论东南亚华族的族群认同及其发展趋势 [J]. 厦门大学学报（哲学社会科学版），2002（3）.

[63] 庄国土. 从跳船者到东百老汇大街的“主人”：近 20 年来福州人移民美国研究 [J]. 华侨华人历史研究，2003（3）.

[64] 黄霜. 华裔美国人家庭与婚姻模式的演变及其影响——美国加州华裔与白人的婚姻实例调查 [D]. 上海：上海外国语大学，2010.

[65] 李英姿. 美国语言政策研究 [D]. 天津：南开大学，2009.

[66] 雷有光. 海外华人民族文化传承研究——以美国密西西比州杰城华人为个案 [D]. 北京：中央民族大学，2012.

（三）报纸资料

[1] 杨凤岗. 北美华人佛教的本土化 [N]. 中国民族报，2009－4－8，005：宗教周刊.

[2] 熊雪莹. 人民日报海外版读者：我与海外版二十多年的情缘 [N]. 人民日报（海外版），2010－7－16.

[3] 李冉. 北卡一对母子为中国学生专设奖学金 [N]. 侨报周末（北卡南卡版），2014－3－7：18（A1）.

［4］杜美娟. 抢劫罗利多家中餐馆嫌犯落网［N］. 侨报周末（北卡南卡版），2014－7－18：37（A1）.

［5］杜美娟. 忆斯人，难诉音容笑貌；借烛光，作别良师益友［N］. 侨报周末（北卡南卡版），2014－8－1：39（A3）.

二、英文参考文献

（一）专著与编著

［1］Barth, Gunther. Bitter Strength: History of the Chinese in the United States 1850－1870, Cambridge, Mass: Harvard University Press, 1964.

［2］Berry, John W. Conceptual approaches to acculturation［M］// Kevin M. Chun, Pamela Balls Organista & Gerardo Martin (eds.). Acculturation: Advances in theory, measurement & applied research. Washington D. C.: American Psychological Association Press, 2003.

［3］Chan, Sucheng. Entry Denied: Exclusion and the Chinese Community in America, 1882－1943, Philadelphia: Temple University Press, 1991.

［4］Chow, Claire S. Ethnicity and Identity: Creating a Sense of Self［M］//Joseph Calabreses & Susan Tchudi (eds.). Diversity－Strength and Struggle, New York: Pearson Education Inc., 2006.

［5］Cohen, Abner. Custom and Politics in Urban Africa［M］. Berkley: University of California, 1969.

［6］Coolidge, Mary R. Chinese Immigration［M］. New York: Hentry Holt and Company, 1909.

［7］Du, Liang. Learning to B e Chinese American－Community, Education, and Ethnic Identity［M］. Lanham: Lexington Books, 2010.

［8］Fishman, J. 300 plus years of heritage language education in the

United States [M] //J. K. Peyton, D. A. Ranard & S. McGinnis (eds). InHeritage Languaga in America Preserving a National Resource, Washington D C: McHenry II. Ceter for Applied Linguistics, 2001.

[9] Gade, Ole, Arthur B. Rex, James E. Young & L. Baker Perrborth. North Carolina: People and Environment [M] . Boon: Parkway Publishers, Inc. , 2002.

[10] Geertz, Clifford. The Interpretation of Cultures [M] . London: Fontana Press, 1993.

[11] Glick, Clarence E. Sojourners and Settlers: Chinese Migrants in Hawaii [M] . Honolulu: University Press of Hawaii, 1980.

[12] Isajiw, Wisvolod W. Ethnic Identity Retention [M] //R. Breton, W. W. Isajiw, W. E. Kalbach & J. G. Reitz (eds), Ethnic Identity and Equality. Toronro: University of Toronto Press, 1990.

[13] Kang , C. H. & Ethel R. Nelson. The Discovery of Genesis: How the Truths of Genesis Were Found Hidden in the Chinese Language [M] . St. Loiuse MO: Concordia Publishing House, 1979.

[14] Kitano, Harry H. L. Asian Americans – Emerging Minorities [M]. New Jersey: Prentice Hall Inc. , 1988.

[15] Ger Yeong – Kuang. Ethnic identity and ethnic Political Development: The Experience of Chinese Americans [D] . Madison: University of Wisconsin – Madison, 1985.

[16] Lee, Rose Hum. The Chinese in the United States of America [M]. Hong Kong: Hong Kong University Press, 1960.

[17] Lin, Noel Y. Finding Buddha in the West : An Ethnographic Study of a Chinese Buddhist Community in North Carolina [J] . North Carolina Collection Thesis, 2001.

[18] Lyman, Stanford M. Chinese Americans [M]. New York: Random House, 1974.

[19] Mitchener, Peter John. From China to Chapel Hill: A Look at the Social Values of Chinese and Taiwanese Americans [J]. North Carolina Collection Thesis, 1993.

[20] Neils, Conzen Kathleen. Mainstreams and Side Channels—The Localization of Immigrant Cultures [J]. Journal of American Ethnic History, II Fall, 1991.

[21] Orr, Douglas M. Jr. & Alfred W. Stuart. The North Carolina Atlas [M]. Chapel Hill and London: University of North Carolina Press, 2000.

[22] Prebish, Charles S. Family Life and Spiritual Kinship in American Buddhist Communities [M] //Gary Storhoff and John Whalen – Bridge (eds.). American Buddhism as a Way of life. Albany NY: State University of New York Press, 2010.

[23] Reminick, Ronald A. The Theory of Ethnicity—An Anthropologist's Perspective [M]. Lanham MD: University Press of American™, Inc. 1983.

[24] Smith, Seymour. Charlotte 1986 Dictionary of Anthropology [M]. London & Basingstoke: Macmilan, 1986.

[25] Song, Jingyi. Shaping and Reshaping Chinese American Identity – New York's Chinese during the Depression and World War II [M]. Lanham: Lexington Books, 2010.

[26] Sung, Betty Lee. Chinese American Intermarriage [M]. Staten Island NY: Center for Migration Studies, 1990.

[27] Terrence G. Wile, . Language Planning, language policy, and the English – only Movement [M] // James W. Tollefson (eds.). Language Policies in Education Critical Issues. New Jersey: Mahwah Lawrence Erlbaum

Associates, Inc. , Publishers, 2002.

[28] Weber, M. The Ethnic Group [M] // T. Parsons & E. Shils (eds.) . Theories of Society. Vol. 1, Gleereol IL: The Fress Press, 1969.

[29] Wier, Georgia. The Chinese Way: the Taste of Chinese Food in Chapel Hill [J] . North Carolina Collection Thesis, 1992.

（二）期刊论文

[1] Bourhis, R. Y. , L. Moise, S. Perreault & S. Senecal. Towards an Interactive Acculturation Model [J] . International journal of Psychology, vol. 32 No. 6, 1997.

[2] Glenn, Evelyn N. Split Household, Small Producer and Dual Wage Earner: An Analysis of Chinese – American Family Strategies [J] . Journal of Marriage and the Family, vol. 45 No. 1, 1983.

[3] Lyman, Stanford M. Marriage and the Family Among Chinese Immigrants to America, 1850 – 1960 [J] . Phylon, vol. 24, 1968.

（三）报刊资料

[1] "Wilminton", The Wilmington Gazette, July 28, 1807.

[2] "The Chinese Trade", Carolina Watchman, February 25, 1843.

[3] "The Big Chinese Letter", Carolina Watchman, July 15, 1845.

[4] "Yonkee Discontent", Carolina Watchman, January 27, 1862.

[5] "An Empire Obliterated – Kashgar Swallowed up by China while Russia is busy withTurkey", Carolina Watchman, April 4, 1878.

[6] "China seems determined to resisit vigorously the effort of France to seize upon a portion of her territory", Carolina Watchman, May 10, 1883.

[7] "Forakerisms", Carolina Watchman, September 10, 1885.

[8] “WAR FORMALLY DECLARED BY JAPAN”, Carolina Watchman, August 8, 1894.

三、网站资料

[1] http://www. census. gov/population/www/documentation/twps 0056/tab48. pdf。

[2] http://www. census. gov/population/www/documentation/twps 0056/appA. pdf。

[3] http://www. socialexplorer. com/tables/C2010/R10692894。

[4] http: //www. kejiaren. cc/showtopic – 1035. aspx。

[5] http://digital. ncdcr. gov/cdm/ref/collection/p15012coll13/id/4127。

[6] http://ny. usqiaobao. com/weekends/2015/11 –26/84035. html。

[7] http://us. mofcom. gov. cn/article/ddgk/states/201407/20140700681678. shtml。

[8] http: //ny. usqiaobao. com/weekends/2016/02 –04/88248. html。

[9] http: //ny. usqiaobao. com/weekends/2015/11 –26/84035. html。

[10] http: //ny. uschinapress. com/weekends/2014/12 –18/61082. html。

[11] http: //www. racl. org/罗利汉语学校家长守则/。

[12] http: //www. racl. org/forms/。

[13] http: //www. racl. org/罗利汉语学校欢迎校友们为 20 周年校庆捐款/。

[14] http: //www. csch – nc. org/Default. asp? Typ = ItemText&ID = 1&MenuTitle = Overview。

[15] http://www. gallup. com/poll/187955/percentage – christians – g_source = Christians% 2020015&g_ medium = search&g_ campaign = tiles。

[16] http://www. eventbrite. com/e/children – blessing – ceremony 532015 –

tickets－16642712802。

[17] http：//www. chinanews. com/hr/2013/11－09/5482224. shtml。

[18] http：//ny. usqiaobao. com/kong/2013/11－07/45899. html。

[19] http://ny. usqiaobao. com/junior－reporter/2015/01－21/256. html。

[20] http：//finance. ifeng. com/a/20131219/11302128_ 0. shtml。

[21] http：//www. chinanews. com/hr/2013/11－09/5482224. shtml。

[22] http：//www. foyuan. net/article－383995－1. html。

[23] http：//www. docin. com/p－137641094. html。

[24] http://www. raleighnc. gov/government/content//PlanDev/Articles/LongRange/RaleighDemographics. html。

[25] http://ny. usqiaobao. com/weekends/2015/09－24/79825. html。

[26] http：//ny. usqiaobao. com/weekends/2014/10－14/56895. html。

[27] http：//ny. usqiaobao. com/weekends/2016/02－11/88666. html。

[28] http：//ny. usqiaobao. com/weekends/2015/11－19/83617. html。

[29] http：//ny. usqiaobao. com/weekends/2015/09－24/79825. html。

[30] http：//ny. usqiaobao. com/weekends/2014/10－22/57385. html。

[31] http：//news. hexun. com/2015－08－17/178383943. html。

[32] http：//ny. usqiaobao. com/weekends/2016/02－25/89569. html。

[33] http：//asaatunc. weebly. com/about－us. html。

[34] http：//ny. usqiaobao. com/weekends/2014/12－18/61082. html。

[35] http://www. pewsocialtrends. org/2013/02/07/second－generation－americans/。

[36] http：//business. sohu. com/20130406/n371788468. shtml。

[37] http：//ny. usqiaobao. com/kong/2015/09－17/79352. html。

[38] http：//www. xmqs. org/old/0601－web/06－11m－qx/061121－wlz. htm。

[39] http：//ny. uschinapress. com/weekends/2016/03－24/91322. html。